丛书主编　诸大建　　　

Sustainability
A History

可持续性通史

从思想到实践

[美]杰里米·L.卡拉东纳（Jeremy L. Caradonna）　著

张大川　译

上海科技教育出版社

图书在版编目(CIP)数据

可持续性通史:从思想到实践/(美)杰里米·L.卡拉东纳(Jeremy L. Caradonna)著;张大川译. —上海:上海科技教育出版社,2023.12

(绿色发展文丛/诸大建主编)

书名原文:Sustainability: A History

ISBN 978-7-5428-7968-4

Ⅰ.①可… Ⅱ.①杰… ②张… Ⅲ.①世界史—通史 Ⅳ.①K10

中国国家版本馆CIP数据核字(2023)第173276号

丛 书 总 序
第三个里程碑的思想经典

可持续发展战略的发生、发展,在世界上有3个里程碑式事件。第一个是1972年在瑞典斯德哥尔摩举行的联合国人类环境会议,第二个是1992年在巴西里约热内卢举行的联合国环境与发展大会,第三个是2012年在巴西里约热内卢举行的联合国可持续发展峰会(又称"里约+20"峰会)。

每个里程碑的时间相差20年,这期间出现了一批各具代表性的绿色经典著作,累积形成了可持续发展的思想宝库。20世纪90年代,北京大学吴国盛教授牵头在吉林人民出版社出版了第一个里程碑时代的一些绿色经典著作,包括《只有一个地球》(1972)、《增长的极限》(1972)、《我们共同的未来》(1987)等。21世纪初,由我主持在上海译文出版社出版了第二个里程碑时代的一些绿色经典著作,包括《超越极限》(1992)、《商业生态学》(1994)、《超越增长》(1996)等。在上海科技教育出版社支持下,策划出版这套"绿色发展文丛",是要介绍第三个里程碑时代的一些绿色经典著作。

在过去的50年中,可持续发展的思想是不断深化的。如果说1972年第一个里程碑提出了经济社会发展需要加强生态环境保护的问题,1992年第二个里程碑强调了要用可持续发展整合环境与发展的思想,那么2012年第三个里程碑以来的思想进展,主要表现在对可持续发展的认识需要从弱可持续性向强可持续性进行升华,大的趋势可以概括为如下5个方面:

第一,可持续发展思想需要区分强与弱。可持续发展的基本问题在于一种选择,即主张没有地球生态物理极限的经济增长,还是追求地球生态物理极限之内的经济社会繁荣。强调前者是弱可持续性观点,强调后者是强可持续性观点。过去10年间的科学研究,发现地球上的9个地球生态物理边界已经有4个被人类活动突破,其中最典型的就是全球气候变化和生物多样性问题,这证明自然资本与物质资本之间具有重要的不可替代性和互补性。学术界提出了人类世的强可持续性概念,强调人类发展需要在地球生物物理极限内实现经济社会繁荣。

第二,可持续发展要求从技术优化向系统创新迈进。绿色发展通常有两条路线:一条是路径依赖的技术优化和效率改进路线,不涉及科学技术和经济社会的系统变革;另一条是非线性、颠覆性的系统创新路线,要求通过经济社会发展模式变革来大幅提升资源生产率。在经济社会发展存在生态环境红线的背景下,人类社会的可持续发展需要强调颠覆性的系统创新,而非普通的技术优化。联合国通过的《巴黎气候变化协定》,实质就是非线性的系统创新和社会变革,人类发展要变换跑道,在30~50年的时间里用新能源替代化石能源,最终实现碳中和。

第三,可持续性导向的转型需要有不同的模式。与传统增长主义的A模式有别,可持续发展导向的社会转型,理论上需要区分两种模式:一种是发达国家的先过增长(overgrowth)后退回模式,国际上称之为B模式或减增长(degrowth)模式,即发达国家的物质消耗足迹已经大大超过了地球行星边界,需要在不减少经济、社会福祉的前提下将其降回到生态门槛之内;另一种是发展中国家的聪明增长(smart growth)模式,即发展中国家的当务之急是提高人民的生活水平和生活质量,但要利用后发优势使物质消耗足迹不超过生态承载能力,这是我们做可持续发展研究时强调的C模式。

第四,文化建设需要独立出来,发挥软实力作用。联合国"里约+20"峰会和2015—2030年全球可持续发展目标(SDGs),强调可持续发展战略包括经济、社会、环境和治理4个支柱。近年来越来越多的研究认识到,文化建设需要从社会建设中独立出来,强化成为具有黏合性和渗透性的可持续发展的软实力:一方面起到整合物质资本、人力资本、自然资本3种发展资本的作用；另一方面起到协调政府机制、市场机制和社会机制3个治理机制的作用。"五位一体"的中国式现代化包括经济建设、政治建设、文化建设、社会建设和生态文明建设5个方面，已经强调了文化建设是可持续发展的重要独立维度。

第五，可持续发展需要发展可持续性科学。可持续发展的推进和深化需要理论思维，而可持续性科学正是有关可持续发展的学理研究。过去10年来的研究进展，充分认识到没有可持续性科学指导的可持续发展实践是盲目的，没有可持续发展实践作为基础的可持续性科学是空洞的。可持续性科学的发展，不是单个学科所能承担的，也不能变成各个学科的大杂烩，而应定位为不同学科面对共同问题去创造可以共享的元概念和元方法，各个学科需要在整合性的范式之下各显身手去研究可持续发展的具体问题。可持续性科学的发展趋势，是超越多学科（multi-）和交叉学科（inter-）的研究现状，走向跨学科（trans-）的知识集成和整合，发展具有范式变革意义的崭新本体论、价值观和方法论。

2019年6月，习近平主席在第23届圣彼得堡国际经济论坛全会致辞时指出，可持续发展是破解当前全球性问题的"金钥匙"。可持续发展是在联合国大会上一致举手通过的发展理念和全世界认同的国际通用语言，中国生态文明和中国式现代化的实践是当今世界上最大的可持续发展实验室。出版这套丛书，我们希望有助于社会各界特别是决策者、企业家和研究者去了解可持续发展第三个里程碑以来出现的一系列新思想、新理念，在中国式现代化与可持续发展之间加强对话，进而能够运用中国故事和中国思想加速国际上可持续发展的深入推进。

"绿色发展文丛"主编　诸大建

2019年7月于同济大学

理解可持续性需要进行三个辨误
（代序）

如果你自认对可持续性与可持续发展已经足够了解，那么当你读完这本书，可能会感叹自己太天真了。尽管1992年在联合国环境与发展大会上通过的可持续发展概念已经流行了30多年，2015年联合国推出的全球可持续发展目标（SDGs）在社会上也随处可见，但事实上对可持续发展的理解仍处于五花八门、各说各话的状态。因此，我推荐读一读这本言近旨远的《可持续性通史》，它是目前图书市场上仍然少见的论述可持续性思想发生、发展历史的著作，既有系统性，又有针对性，可以帮助我们厘清一些常见的认识误区和思想误解，有效地推进可持续发展的理论和实践。

理解可持续发展这一概念的关键在于理解其中的"可持续性"。请注意本书的书名是《可持续性通史》（*Sustainability: a History*）而不是《可持续发展通史》。我认为，阅读本书有助于进行三个方面的辨误，并有助于区分可持续性的概念、运动与科学：可持续性的概念与可持续林业有关联，可持续性的运动与联合国SDGs有关联，可持续性的科学与生态经济学有关联。

第一个辨误是针对可持续性概念的辨误，即理解可持续性的概念到底是什么，如何区别于环境保护的概念。有关可持续发展的常见误解之一，是把可持续发展的历史当作环保运动的历史。许多人解读可持续发展时往往从20世纪60年代的环保主义开始，把卡森1962年出版的《寂静的春天》看作可持续性思想的萌芽。但本书开宗明义指出，可持续性不能仅仅作为环保主义的代名词，书写可持续性的历史也并不意味着同环境史（environmental history)画等号。作者强调可持续主义者(sustainists)的目的是观察复杂的系统,找寻社会、经济、自然三者间的关系。可持续主义和环保主义曾经有过一段共同的历程,但可持续性思想的起源远早于环保运动经常提起的那些人和书,如缪尔、利奥波德、卡森和康芒纳等环保思想家和他们的作品。可持续性的历史不仅仅是环境史,也是社会史、政治史、经济史。对此,还可以具体指出三点。

一是可持续性的概念大于单纯的环境概念,包括了经济、社会、环境三大方面。其中环境包括资源输入、污染排放、生态愉悦等完整的地球系统生态服务功能,而20世纪60年代的环保运动大体上只涉及其中的污染治理领域。更详细地说,本书认为可持续性概念包含四个基本点:① 发展涉及经济、社会、环境的关系(如冯·卡洛维茨的可持续林业),② 经济社会发展存在生态极限(如罗马俱乐部的《增长的极限》),③ 发展规划需要考虑长远(如布伦特兰报告《我们共同的未来》),④ 可持续性发展需要在地化和去中心化(如舒马赫的《小的是美好的》)。

二是可持续性的思想萌芽来自于17—18世纪的可持续林业概念。尤其是德国的冯·卡洛维茨于1713年出版的《林业经济学》,被视为可持续性历史中的一部开创性作品。可持续林业认为森林采伐的速度应该低于森林再生的速度,这样的比例关系可以实现可持续发展。后来戴利在此基础上提出了可持续发展的三个原则,即可再生资源的消耗不能超过再生能力,不可再生资源的消耗不能超过替代能力,污染物的排放不能超过自然界的净化能力。可惜的是,工业化社会开始广泛使用不可再生的化石能源替代林业资源,并使人类产生了自身可以支配自然的迷思。

三是可持续性的重点在于探讨发展与环境之间的关系。环保主义只涉及一个E(Environment),可持续性主义把3个E放到了一起(Economy, Equity, Environment)。以发展/不发展、可持续/不可持续建立二维矩阵,可以识别发展的四种状态。区别于可持续的不发展、不可持续的发展以及不可持续的不发展,可持续发展强调资源与环境可以承受的经济、社会发展才是可持续的,是可以期望的且可能的。本书作者说,相对于常常呈现出悲观色彩的环保主义,可持续发展的倡导者恰恰是对未来发展持乐观态度,或者说谨慎积极态度的。

第二个辨误是针对可持续性运动的辨误,即理解可持续性思想如何演变为世界性的可持续发展运动。环保运动盛行于20世纪60—70年代,而可持续发展的社会运动是20世纪80—90年代由联合国有组织地推动起来的。我本人就是赴墨尔本大学访学一年期间,目睹了墨尔本市采用联合国的可持续发展战略推进宜居城市的建设,因此在回国后开始学术转型,搞起了可持续发展研究。

联合国推动可持续发展,有三个里程碑式事件。

第一个里程碑是1972年联合国在瑞典斯德哥尔摩召开联合国人类环境会议,会议后成立联合国环境署,推进了世界性的环境治理,但当时出现了北方国家强调环境、南方国家强调发展的南北分歧。

第二个里程碑是1992年联合国在里约热内卢举行联合国环境与发展大会,会议把可持续发展战略确立为世界共同的发展战略,把社会维度纳入可持续发展的三重目标,各国开始实施21世纪议程。在此之前联合国做过一系列铺垫工作,1980年的《世界自然保护纲要》提出了可持续发展的概念,1987年布伦特兰夫人主持编写的报告《我们共同的未来》界定了可持续发展的含义。

第三个里程碑是2012年联合国在里约热内卢召开联合国可持续发展峰会("里约+20"峰会),反思自可持续发展确立以来20年间的成败得失。我有幸被邀请参加该峰会,在绿色经济等研讨会上发表了看法。2015年联合国通过2016—2030年全球可持续发展目标,其中包括17个目标、169个具体目标和200多个指标,成为当下最普遍的可持续发展运动。

联合国推动可持续发展成为世界性的社会运动,其优点是建立了涵盖三个维度的发展概念,强调社会公平是构建可持续发展的重要方面,要解决南北贫富差距问题,因为存在"贫穷是最大的污染""奢侈是最大的污染"之说。2012年后联合国又增加了治理作为可持续发展的第四个维度,强调治理是实现经济、社会、环境和谐发展的体制能力,因此可持续发展的概念已经大大超越了狭义环保主义。

可持续发展运动的缺点则是由"可持续性"概念拓展而来的"可持续发展"之名本身。这个术语实际上是模棱两可的,看起来谁都可以接受,但内中却蕴含着富于矛盾张力的环境与增长两方面。强可持续性观点强调重点在于可持续性,认为可持续发展要实现的是维持在地球生物物理界限之内的经济、社会繁荣;弱可持续性观点仍然把经济增长看作优先选项,因此把可持续发展解读为持续的绿色增长。许多人认为"里约+20"峰会本质上是一次"热热闹闹的失败",因为持续的经济增长导致地球在生物物理层面出现气候变化、生物多样性丧失等进一步衰退的"症状",可持续发展的愿景与现实之间的差距在拉大。我亲眼见证了峰会现场有关绿色增长的激烈思想碰撞,实事求是地说,当时我甚至沮丧到认为自己以后大概不会再想参加这样的会议了。

第三个辨误是关于可持续性科学的辨误,即理解可持续性的学术研究如何孕育并创造了可持续性的科学。可持续性发展的学术研究源于20世纪60年代问世的生态经济学,但被同一时期兴起的环保运动挡住了光辉,直到21世纪初科学家提出"人类世"(Anthropocene)和地球的"行星边界"(planetary boundaries)的概念,才证明了其具有强大的前瞻性和解释力。生态经济学旨在从根本上对工业化时代的理论机理进行反思,进行经济学甚至整个科学思维的变革,其代表性人物包括鲍尔丁、罗根、戴利等人。与新古典经济学将经济与环境分离的做法不同,生态经济学继承并发扬了古典经济学将经济与环境融合起来考虑问题的研究传统,目标是要实现地球生物物理极限内的经济社会繁荣。对此有三方面的信息值得关注。

一是生态经济学的境遇经历了从边缘向中心的三个发展阶段。第一个阶段是20世纪60—70年代，与《增长的极限》的遭遇相一致，生态经济学的思考被主流经济学家认为不属于经济学的思维方式，处于被边缘化的状态。第二个阶段是20世纪80年代联合国提出可持续发展的概念之后，生态经济学家指出其中存在着没有极限的经济增长与极限之内的社会繁荣这两者间的尖锐矛盾，并由此开始把生态经济学解读为可持续发展的科学与管理，区分了强可持续性与弱可持续性，分别相当于本书中的可持续主义派和可持续增长派，两者处于相互僵持的阶段。第三个阶段是进入21世纪后，通过气候变化和生物多样性丧失等全球生态环境的急剧衰退现象，人类开始更多地认识到生态经济学的强可持续性看法亟须进入主流，联合国的SDGs需要放在强可持续性的思想指导下来进行推进。同时，占地球人口五分之一以上的中国，明确提出了在生态红线内实现新发展的生态文明新概念。

二是21世纪以来生态经济学在经验研究和研究方法两方面出现了深化。在经验研究方面，学术界基于地球系统科学的经验研究提出了人类世的概念，2009年和2015年发现地球的9个行星边界中已经有4个被人类的经济增长活动所突破，证明过去30年间基于可持续增长观点的可持续发展是不成功的，而生态经济学有关经济社会发展存在地球生物物理极限的看法是有根据的。在研究方法方面，生态经济学或可持续性科学的探索已经从第一代学者所注重的批判性走向更全面的建设性，提出了许多有助于实现可持续性转型的手段、方法和工具，包括生态足迹分析、碳足迹分析、物质流分析、绝对脱钩概念等，从而使强可持续性的思想具备了扎实的可操作性。在这种背景下，生态经济学的主要理论家戴利等人和罗马俱乐部被数次提名诺贝尔经济学奖或和平奖，可惜戴利已于2022年因病逝世了。

三是本书出版于2015年，讨论的内容主要截至2012年"里约+20"峰会。2012年以来又过去10年，当前可持续性发展的理论研究越来越多地出现了大合流的趋势。一个是在社会科学领域，生态经济学从经济学、社会学、环境学以及政治学的整合角度,梳理经济学和社会科学的范式变迁,要对从新古典经济学发展起来的传统经济增长范式发起系统性的思想变革;另一个是在自然科学领域,地球系统科学的发展日益要求与社会科学联手,从而进行以可持续发展为导向的学科交叉和融合。有人建议要以生态经济学为基础,建立并发展人类世的可持续性交叉科学,目标是创造人类世的可持续发展新文明。我觉得,这需要并且可以成为未来撰写可持续性史话的新篇章。

"绿色发展文丛"主编 诸大建

同济大学特聘教授,可持续发展与管理研究所所长

2023年6月25日

本书谨献给参与加拿大阿尔伯塔大学的历史495(可持续性通史)课程的全体同学,没有他们的贡献就没有本书的诞生。

目　录

001 — 引　言

019 — 第一章　厌弃这种增长——近代世界可持续性概念的来源
046 — 第二章　工业革命及其不满者
074 — 第三章　生态勇士——环保运动与生态智慧的成长（20世纪60—70年代）
096 — 第四章　生态经济学
116 — 第五章　从概念到运动
149 — 第六章　当代可持续性——从2000年至今
196 — 第七章　未来——可持续性面临的十大挑战

214 — 注释
256 — 参考文献
277 — 汉英人名对照表
285 — 致谢

引　言

我们（对森林）的利用要做到不间断、有韧性*、可持续……
　　　　　　　　　　——汉斯·冯·卡洛维茨（Hans Carl von Carlowitz），1713年

可持续性是一种功在长久的生活方式。
　　　　　　　　　　——克里斯·特纳（Chris Turner），2010年[1]

　　说来有些难以置信，以前世界上并不存在"可持续"（sustainable）和"可持续性"（sustainablity）这类词**，而如今它们几乎无处不在。你去食杂铺买的是"可持续食品"，顾名思义，它们当然产自"可持续农业"；很多国家的自然资源主管部门现在都在想方设法实现林业的"可持续产出"；联合国早已开始推崇"可持续发展"，将其作为实现全球稳定的一项策略；城市居民如果不去追求"可持续的生活方式"，那可能就要面对一连串麻烦了。

　　在20世纪70年代末和整个80年代，可持续性作为涉及社会、环境和经济的一套明确理念初次显现。20世纪90年代前后，可持续性一词在政策专

---

*　原文为resilient，工程学中多译为"弹性"，如"弹性齿轮""弹性接触件"；规划设计中多译为"韧性"，如"韧性城市""韧性社会"。生态学中生态系统稳定性分为抵抗力稳定性（resistance stability）和恢复力稳定性（resilience stability）。本书中将形容词形式resilient译为"韧性"，名词形式resilience译为"恢复力"。本书脚注为译者注。

**　现代汉语中"性"同时可作为名词和形容词的后缀，为了显示区分，本书中将名词形式sustainablity译为"可持续性"，形容词形式sustainable译为"可持续"，如最常见的"可持续发展"。

家圈内[如克林顿(B. Clinton)总统的可持续发展委员会]已司空见惯,不过其拥趸尚难称普遍。麦吉本(B. McKibben)大概是过去30年间声名最为显赫的环保主义者了,而他在1996年发表于《纽约时报》的评论中贬斥了可持续性一词,称其为"毫无噱头的所谓时髦词汇"(buzzless buzzword),"多半是为扰乱视听而生",根本无望风靡社会主流。麦吉本的意见是可持续性"从未跻身术语行列"——以后也肯定不行。"应该找找这背后的原因,再琢磨个新词出来。"[麦吉本自己偏爱"成熟"(maturity)一词[2]。]此后还有很多人继续对"可持续性"和"可持续发展"两词挑毛病,嫌它们肤浅,掩盖了正在不断恶化的环境状况,对"一切照旧"(business-as-usual)式经济增长观而言属于小骂大帮忙。本书将要述及的这些观点争议颇多,但有一点是肯定的:麦吉本说"可持续性"一词会迅速退潮,这显然是大错特错了。

有个办法可以证明可持续性的热度在持续走高,那就是去查询一下包含"sustainable"或"sustainability"的书名。1976年之前,很少见到正式出版的书籍用它们做书名,甚至连做关键词都轮不到[3]。如图Ⅰ-1所示,在1970年之前,没有任何一本英文书籍的标题用到它们;而在1980年以后,以"可持续性"为题、从不同侧面探讨可持续问题的书籍或文章陡然增多。事实上,由成千上万种相关图书构成的文献库仍在不断扩容。除此之外,你可以通过搜索引擎查询关键词"sustainability",搜索结果会出现约1.5亿条内容。

可持续性算是个时髦词汇吗?当然算。还能说它"毫无噱头"吗?肯定不行。从政府、社区、各类组织团体到个体,全世界在各个层级上都在努力比照名为可持续性的基本原则自行调整——为的是建设一个安全、稳定、繁荣且具备生态意识的社会。继1万年前的农业革命和18世纪末至19世纪的(多重)工业革命*之后,以可持续理念为指导的实践活动在世界范围内兴起了第三次社会—经济转型。可持续性这个词不仅相当时髦,而且属于具备席卷包举之力的术语,一经应用便将诸多运动统揽至旗下,其中最重要的当

---

* 原文为复数形式。

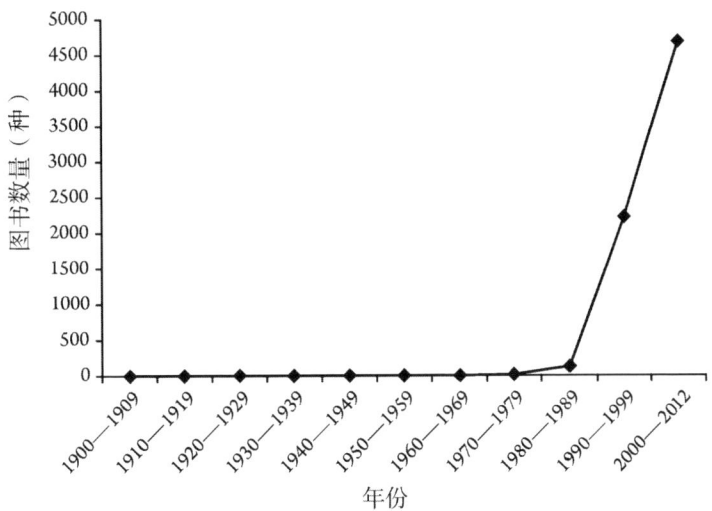

图Ⅰ-1　1900—2012年书名包含 sustainable 或 sustainability 的英文书籍数量

属环境保护。

首先要说的是,可持续性一词被用作一种矫正措施和制衡手段,并且与气候变化(大多数政府都想回避这个词)直接绑定。好谈可持续性的人辩称:人类对自身居住的地球进行的这场"不可持续"式生态侵害已有250年之久,这场侵害自工业化进程的启动而扣下扳机,一路留下了太多东西需要反思和清理。由此可见,使用可持续性一词本身便是一种承认——承认是人类自己造成了生态失衡。正如萨克斯(J. D. Sachs)所说,我们生活在(地质史上的)人类世(Anthropocene)时代,在这个时代,人类活动已经成为自然环境的决定性驱动力[4]。人类已经是*,或者说已经变成一种自然灾害。

政府间气候变化专门委员会(IPCC)**是一支科研工作者团队,其主要工作是梳理和总结气候科学的现状。IPCC在2014年发布的《第五次评估报告》明确指出:由于人为产生的(anthropogenic)温室气体浓度不断升高,地球气候在逐渐变暖。二氧化碳、甲烷和氧化亚氮***等温室气体会吸收原本可散

---

* 原文斜体字母表强调处译文用加粗楷体字表示,下同。

** 全称是 Intergovernmental Panel on Climate Change。

*** 又名一氧化二氮,俗称笑气。

逸至大气层外的热量（由红外辐射产生），将其锁回地表。报告在结尾处说："人类影响很可能是20世纪中叶以来观测到的气候变暖之主因。"[5]气候变化开始逐渐改变各种自然系统和环境，造成了令人担忧的问题：气温和天气的时空格局日益变化莫测，水循环的改变引发了干旱以及更强、更频繁的风暴，冰盖融化造成海平面上升，一些物种发生灭绝，诸多异变层现错出。气候变化的另一个重要原因是正反馈循环（冰盖消失使地表反照率下降、自然界中储存的甲烷被释放出来等）。此类循环会呈现出多米诺骨牌效应，进一步加速全球变暖。如果温室气体的排放量继续增加，全球平均气温到2100年时可能会升高8.1℉（4.5℃）[6]。另外，地球的人口仍在不断增长，2012年已突破70亿*，再加上人为污染物，以及人类所占用的30%以上有机质净初级生产量（换言之，人类使用或改变了自然界提供的很大一部分东西），这一切都已对地球上的诸多生态系统造成了毁灭性影响[7]。

这正是可持续性想要解决的问题：一种濒临崩溃的经济制度正在垂死挣扎。它大量消耗淡水、石油等多种有限的资源，将全球金融体系弄得危机四伏，加剧了世界不同地区的社会不平等状况；它愚蠢地鼓动我们通过消耗资源和生态系统的基本服务来推动经济增长，从而将人类文明逼向灾难的边缘[8]。

我们称之为可持续主义者（sustainists）**的群体囊括了科学家、工程师、经济学家、教育家、政策制定者及社会活动家。他们已经着手应对上述挑战了。他们想要实现什么，及应如何去实现，一直都饱受争议，连他们内部也争辩得不可开交，但其整体轮廓倒是不难说清：城市要有大片绿地，要安全且宜居；建筑能够能源自给；足以降低出行者对私家车依赖性的公共交通网

---

*　2022年世界人口已突破80亿。

**　后文中有时会译作"可持续派"。

络;农业系统在不使用遗传修饰生物体*,不采取单作单养(monoculture)模式,同时不施用会导致水土退化的石化产品这些前提下,生产的粮食能够充分满足人类的需求;环境要卫生而健康。可持续主义者认为,可持续性意味着要为未来规划,凡是损害子孙后代福祉的事一律不做。可持续性就是要创造"绿色""低碳""韧性"的经济形态,这种形态的经济依靠可再生能源推动,若经济增长方式会损害人类及其他生物在地球上永续生存的能力,则不予支持[9]。在许多人看来,可持续性的概念有其乌托邦化的一面:它主张有利于和平与社会公正的去中心式民主[10]。

简言之,可持续性的拥趸将其视为一种涉及环境、社会、经济和政治的理想状态。在他们看来,人类文明正处于十字路口,前方有两条路:一条是我行我素,一切照旧,无视气候变化科学的研究结论而进行自我欺骗,假装现行的经济体系尚未走到岌岌可危的境地;另一条就是按照可持续方针改造人类社会,重新铸就规范。

本书的主要内容将围绕着可持续运动的形成过程展开。为了涵盖涉及的全部内容,本书不得不按广义使用"运动"(movement)一词。抗议者高举标语,游行示威,占据公共场所,这只是运动的部分表现。可持续运动远不止于此,它还包括可持续理念在诸多具体领域的发展和应用,如城市化建设、农业与生态设计、林业、渔业、商业、经济、贸易、人口、住建、交通、教育及社会公正等。本书探讨的重点是可持续性如何从一个边缘化概念一跃成为国际性协议的核心内容,成为各国政府、各家企业及非营利机构的首要事

---

* 原文为 genetically modified organism。在中国现行术语标准中,《生物化学与分子生物学名词》《植物学名词》《微生物学名词》《生态学名词》《资源科学技术名词》《林学名词》均将"genetically modified organism"(缩写为 GMO)译为"遗传修饰生物体",而《林学名词》将"genetically modified tree"译为"转基因树木",《食品科学技术名词》将"genetically modified food"译为"转基因食品"。译者认为随着现代基因工程技术的升级换代,该词翻译理应与时俱进,与传统的"转基因"(transgene)进行区分。

项,成为一种与希望、恢复力相关,并且魅力无限的思想。

本书是一部可持续运动的成长史,它会告诉读者可持续运动源自何方,如何成型。可持续运动的源起虽晚,但思想铺垫早已有迹可循。过去的30年中,联合国大会及其各委员会将可持续性列入国际社会议程。从某种意义上说,联合国大会的召开和各委员会的成立就是关于人类与自然界关系长达3个世纪争论的成果。是某些历史事件使可持续性成为正式论题,进入人们的思想范畴,如果不了解这些事件,就无从理解当代的可持续运动。

可持续性概念的思想源头可以追溯到17世纪后期。本书的主旨之一便是揭示可持续运动的思想发展脉络[11]。

可持续性概念的出现不宜被视作一种历史必然,认定工业化社会迟早会接受该理念是欠妥的,但可持续革命日渐增长的重要性确实与其历史沿革紧密相关[12]。然而,考察可持续思想的相关研究,在描述其历史时基本上都是一笔带过,而且很多作者给人这样一种印象:该思想纯属横空出世,乍现于1987年。那年布伦特兰夫人(G. H. Brundtland)*与联合国支持的世界环境与发展委员会**联合发布了一份极具影响力的文件《我们共同的未来》(*Our Common Future*,又称《布伦特兰报告》),首次给出了"可持续发展"的完整定义。

然而,自20世纪80年代后期以来,人们对可持续性定义的争论变得十分激烈。可持续性描述的究竟是一个终点还是一种过程?

什么是可持续的?什么是不可持续的?这些定性又该由谁来判断与认证?当我们查阅相关文献,会发现学界普遍认为该定义过于模糊,以致易受累于滥用或洗绿(greenwashing)***行为[13]。的确,可持续性是一种构想宽泛

---

* 布伦特兰夫人时任挪威首相。

** 世界环境与发展委员会英文名为World Commission on Environment and Development,英文缩写为WCED。

*** 可参照"洗白"一词理解。

的哲学思想。换言之,它有点像"民主""公正""社群",因为这些概念都会构建出自身的话语场域,它们给出的是一组条件而非特定的、具体且明确的单一结果。我们在后文中会看到,在思想市场上,宽泛度(breadth)一直是可持续理念的一种优势。

了解一点词源学有助于开始我们的探讨。英语中的sustainable和sustainability源自拉丁语中的sustinēre,后者由拉丁语中的sub(自下而上)和tenēre(持有)接合而成,有"维持""维系""支持""忍受"等词义,包括最为深刻而精准的"抑制和约束"之义。拉丁语sustinēre演化为古法语sostenir,后转变为现代法语soutenir(类似的语言演化过程也见于中世纪罗曼语族的其他语言)[14]。此后,soutenir由法语传入英语,变为动词to sustain,在近代被广泛使用。例如,伊夫林(J. Evelyn)写过一部很有影响力的林学专著《林木志》(*Sylva*, 1664),其中就用到了该词。据《牛津英语词典》(*Oxford English Dictionary*)称:形容词sustainable于1965年成为通用词,该年出版的一部经济学词典收录了"sustainable growth"词条。名词sustainability于20世纪70年代初进入英语。这些新词语的出现是一项重要证据,表明动词to sustain在20世纪后期便已演化为一个可辨认的独特概念(对人类社会的长期维持)。还有个细节值得一提,在德语中也存在平行的词源学现象:形容词nachhaltig和名词Nachhaltigkeit,这两个词在18世纪借助冯·卡洛维茨关于林业可持续生产的著作进入德语的萨克森方言。

近年来,流行的可持续性定义基本都从强调生态学的角度出发,认为人类的社会、经济与自然环境关系密切,人类想要在地球上生存、适应并永续繁荣,就必须同自然界和谐相处。可持续理念并非将人类社会和自然环境视为彼此孤立甚至对立的圈层,而是认为人类与其经济体系所仰赖的诸系统之间的联系无法割裂。近几年特别流行的可持续模型是一幅凸显"3E"要素的维恩图(Venn diagram),即环境(environment)、经济(economy)、公平(equity)或社会平等(social equality)三要素之间的内在联系(图

Ⅰ-2)。该模型获得了2005年联合国世界领导人峰会*的认可;如今,在无数书籍、网站和生态模型中都能瞥见它的身影。有时这幅图里还会加上第四个E,也就是教育(education),用来说明教育在可持续社会的建设中的重要作用。

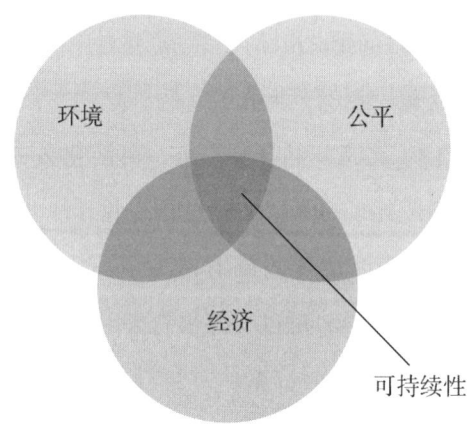

图Ⅰ-2 用一幅图展示可持续性的3E特征。一个可持续社会必须兼顾环境、社会平等和经济三方面,对三者一视同仁并取得平衡

新版模型对原版维恩图重新进行了概念梳理,将3E解释为一组同心圆。在这组同心圆中,环境被视作可持续性的基础,社会和经济寓于其中(图Ⅰ-3)。这种新模型反映了维克托(P. Victor)和戴利(H. Daly)等可持续经济学家的见解,他们认为社会和经济皆依托环境,没有后者作为支撑,前两者不可能存在,所以无论哪种可持续模型都应在思想上把环境摆在首位。诚如戴利所言,"所有经济系统无一不是更大的生物物理学系统中的子系统,后者的组分在生态上相互依存"[15]。

不少经济学家、生态学家与其他领域的科学家以及机构和组织纷纷就可持续性给出了精确定义[16]。1989年,瑞典肿瘤学家罗伯特(K. Robèrt)创建

---

* 联合国世界领导人峰会英文名为 UN World Summit。

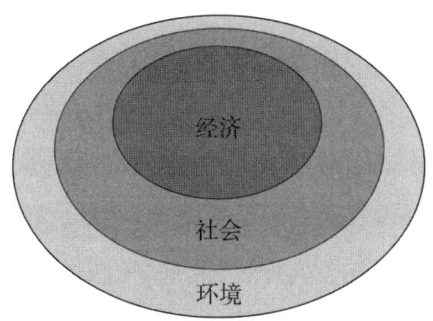

图 I-3 这幅图把环境放在模型的根基位置,强调人类社会和人类经济离不开环境,因此环境具备首要性

了一个名为"自然之道"(Natural Step)的组织。该组织致力于倡导建设可持续社会,此后产生了很大的影响力。罗伯特与其同事列举了实现可持续性的四个系统条件,并以此指导他们在世界各地的咨询与宣传工作。

在可持续社会中,自然界不会表现出下列系统性增加现象:①从地壳中提取(挖掘开采)所得物质的浓度稳定增加,②人类社会所产生(释放)物质的浓度稳定增加,③物理手段造成的退化(破坏)稳定增加。④同时,人类也不会陷入满足自身需求的能力被逐步削弱的境况[17]。

自然之道组织运用科学框架,努力维护生态系统的完整性,其重点在于影响和改变企业、机构和政府的具体决策,因此很少提及个体在创建可持续社会方面的作用。这一点与其他组织提出的若干定义形成了鲜明对比。

后碳研究所(Post Carbon Institute)的高级研究员海因伯格(R. Heinberg)堪称石油峰值问题研究的世界顶级专家,他为可持续性总结了五条公理(在其笔下又被称为"不证自明的真理"):

①凡继续以不可持续的方式利用关键资源的社会必将崩溃。②人口增长和(或)资源消耗率的提升无法持续下去。③要实现可持续,可再生资源的利用速度必须小于等于其自然补给速度。④要实现可持续,必须降低不

可再生资源的利用速度,并且其降幅必须大于等于资源耗竭速度。⑤实现可持续要求经由人类活动输送至环境的物质量必须最少化,且这些物质必须对生物圈执行的功能而言无害化[18]。

不难看出,这段表述和自然之道组织列出的四个条件颇为相似。两种可持续性的定义都强调社会必须保护资源与生态系统,并最大限度地减少污染。两者的不同之处在于,自然之道组织给出的第四个条件包含了社会公平要素,而这一点在海因伯格的定义中并未涉及[19]。

物理学家巴特利特(A. A. Bartlett)给出的可持续性定义也许是最为详尽的,它涉及多个定律、假设、观察和预测,是在1997—1998年的一篇题为《对可持续性、人口增长与环境的审思及反思》(*Reflections on Sustainability, Population Growth, and the Environment—Revisited*)的文章中发表的。由于该定义过于繁杂,很难进行简要的概括,但该定义所强调的是无节制的人口增长、经济增长与化石燃料使用对人类在地球上长久生存构成的威胁。巴特利特指出:作为众多可持续经济学家的共同信条,"可持续增长"实际上是一个对顶词组(oxymoron)*。然后他语带嘲讽地写道:"现代农业就是借助土地把石油变成粮食。"正是这些词句使巴特利特声名大噪。在文章的结尾,巴特利特再度提出要限制人口增长,要"让(经济)增长支付赔偿",从而"提升社会公正与社会公平"。值得留意的是:巴特利特的定义侧重经济增长、人口、农业和能源等因素,却较少提及"环境"一词[20]。

最后我们来看德雷泽克(J. Dryzek)对可持续性的解释。德雷泽克在《地球政治学》(*Politics of the Earth*)中谈道:在讨论环境问题时,目前流行的几种话语(discourse)之间存在竞争关系。他对"话语"一词的使用方式借鉴了法国哲学家福柯(M. Foucault)。福柯笔下的"话语"并非普通意义上的"对话"

---

* 对顶指的是修辞学上将两个逻辑上相互矛盾、对立与互斥的词、短语或分句巧妙地结合,从而精微辩证地描述一个事物或说明一个道理。此处巴特利特意指sustainable和growth之间存有内在的矛盾张力。

或"辩论",而是一个知识体系的谈论方式,这个知识体系随着时间的推移逐步成型,生成其内部的类目和术语系统,至少按理论而言,会对一种文化(或个体)关于何为真、何为实在以及何为本质的理解产生形塑级别的影响[21]。德雷泽克认为,在过去几十年间,环境话语的关注重点已经发生了转移,以前的关注重点是原生野境(wilderness)、自然守存(preservation)和人口增长,现在转向了能源供应、动物权利、物种灭绝、人为气候变化、臭氧层损耗、有毒废物、完整生态系统的保护(protection)、环境正义、食品安全(food safety)*以及遗传修饰生物体等。在转向过程中,旧式普罗米修斯主义(认为自然资源是无限的,市场可以解决一切环境问题)的旁边形成了一些新话语,如绿色激进主义、生存至上主义(survivalism)、问题排解,此外便是可持续性。德雷泽克把可持续性定义为一种力图消解经济价值和环境价值间冲突的话语,"具有想象力和改革派的论调"。他还阐述了可持续性内含的多元主义倾向及由此产生的深刻矛盾和分歧,如在讨论经济增长等议题时所表现出来的分歧[22]。

德雷泽克认为可持续性可被视为一场广泛的辩论而非某种特定的模型、系统或理念。话虽如此,有关可持续性的探讨中还是有不少术语、类目和原则反复出现,并终成通用。笔者将四个有待讨论的主要特性或原则列述如下,它们构成了可持续运动的知识基础。对这四个特性的认识乃是理解本书所述历史的关键。

人类社会、经济与自然环境是相互联系的

这是前文3E模型所表达的本质内容,该认知植根于科学形态的生态学。沃斯特(D. Worster)在《自然的经济体系:生态思想史》(*Nature's Economic: A History of Ecological Ideas*)中写道:生态学所代表的科学概念的起源可以追溯到18世纪,早于德语单词oecologie被创造出来的1866年[23]。从18世纪开始,对"自然经济体系"思想的认识经历了多个发展阶段。"生态系统"在生态

---

* 注意与粮食安全(food security)的区别。

学中是一个现代才出现的新概念,身处生态系统之中的生物与非生物组分通过能量流动和营养物质循环联系在一起,这幅理念图景深刻影响了关于可持续性的"系统思维"。前文提到的3E模型的本质就是一种生态理念,它强调了人类社区、资源流和自然环境三者之间的动态互作关系。

可持续性并非仅涉及"环境",它以同等力度关注社会的可持续性(通常被概括为福祉、平等、民主和公正)及合理的经济状态,尤其是这几个领域的内在关系[24]。其实,可持续发展领域已经产生了经济可持续、环境可持续和社会可持续这几个存在相互交叠内涵的定义。经济可持续要求有一个能够持续生产物品和服务、规避过度负债、兼顾各部门需求的经济体系。环境可持续要求维持稳定的资源基础,保存可再生资源与处理污染物的"汇"(sinks),守护生物多样性与生态系统的基本服务功能。最后是社会可持续,它涉及一系列因素,诸如资源的公平分配,所有公民的机会平等,社会公正,公民身心健康,能够过上安全而有意义的生活,能够接受教育,性别平等,民主建制,享有参政议政的权利[25]。总之,若一个社会被认定是可持续的,则其不仅要解决环境问题,而且要解决社会和经济问题。

一个社会必须慎待生态极限,否则必有崩溃之虞

极限思想是对古典经济学和工业主义信念的直接回应。这类信念背后的设定是:大自然就是一个取之不尽用之不竭的聚宝盆(即便并非如此,市场价格和技术进步也会"拯救我们"),因此过度消费并不是问题,而人口也可以无限度地增长下去。经济学家西蒙(J. Simon)曾在1997年写道:"总体而言,大部分国家中大部分人的物质生活条件会持续改善,没有最好,只有更好[26]。"20世纪中叶,一些经济学家和生态学家开始质疑经济和人口的(无限)增长,而与上述关切的联系最为紧密的重磅炸弹式著作当属罗马俱乐部于1972年出版的《增长的极限》(*The Limits to Growth*)。该书的作者包括系统理论学家德内拉·梅多斯(Donella Meadows)、丹尼斯·梅多斯(Dennis Meadows)、兰德斯(J. Randers)和贝伦斯三世(W. W. Behrens Ⅲ),他们认为在全球范围内,增长痴迷型(growth-obsessed)社会正遭遇挑战。书中写道:"如果全世界的人口、工业化、污染、粮食生产和资源损耗都按照当前的趋势继续发展下去,那么这颗星球必将在未来100年内的某一时刻达到增长的极限。届时,最有可能出现的结果便是人口和工业生产能力陷入突发性的失控衰退,继而一蹶不振。"戴蒙德(J. Diamond)的《崩溃》(Collapse)也在警示我们:一个社会如果寅吃卯粮,强行超越自身极限,最后会怎样自食其果[27]。

罗马俱乐部的这本书总结了20世纪60年代末和70年代其他生态经济学家的著述,以离经叛道的姿态向传统的经济学思想发起挑战,迫使人们对增长的弊端展开全球大讨论[28]。人类必须生活在极限之内,这一基本理念现已成为可持续观的共识,虽然可持续派群体内部在对待经济增长问题上仍然存在明显的分歧[29]。20世纪90年代,戴利提出了三条简单规则,阐明了能量和物质吞吐量(throughput)的限度。如今,这三条规则在论述可持续性的文献中已是常见资料,包括:

对于土壤、森林、鱼类等可再生资源,其可持续利用速率不能大于资源的再生速率。

对于化石燃料、高品位矿藏、古地下水等不可再生资源,其可持续利用速率不能大于同等可持续条件下可再生资源对其的替代速率。

对于污染物,其可持续排放速率不能大于其被循环、吸收或降解至无害状态的速率[30]。

一个社会想要长存,就必须具备谋划未来的智慧

可持续运动的代际特征部分受到千年口传律法*的启发,该律法流传于印第安人易洛魁联盟(Iroquois Confederacy)。律法规定,酋长要考虑到自己作出的决定会影响子孙后代:"凡议事,当虑其影响远及七代。"其中包含这样一种认识:一个社会应当未雨绸缪,作好未来的规划——绝不能抵押未

---

* 口传律法指《长屋人民的大和平法》(The Great Law of Peace of the People of the Longhouse)。

来,给后世子孙造成不必要的负担。这种认识恰恰就是可持续伦理思想的基本内容。可持续性的倡导者认为,损害社会、经济和环境的行为如乱砍滥伐、放射性废物的释放、大量温室气体和消耗臭氧层的氯氟烃的排放等,都是违背伦理的,因为这样做把本可避免的麻烦留给了后代(当然也是我们这一代人的麻烦,正因当代人未能解决才会留给后代)。牺牲我们尚未降生的后代来换取眼前的利益,这是有悖伦理的行为。《我们共同的未来》在诠释"可持续发展"时使用了响亮的代际语言:"人类有能力实现发展的可持续化,既确保满足当代人的需求,又不会对子孙后代满足其自身需求的能力造成损害。[31]"工业生态学家埃伦菲尔德(J. Ehrenfeld)认为,我们必须相信"人类和其他生命是可以在地球上永远繁衍生息下去的[32]"。

该思想的文学化表述出自韦斯曼(A. Weisman)所著的《没有我们的世界》(*The World Without Us*)。书中写道,只有在一种情况下才能认为人类社会实现了可持续,那就是全体人类突然从地球上消失,且人类社会的遗留物不再损害其他生物(植物和动物)的生长繁育能力[33]。从当前情况来看,如果出现人类的大规模灭绝,肯定会对地球生态系统产生严重后果。不妨试想人类灭绝后,全球现有的440多座核电站会怎样。它们要么会直接爆炸,要么会发生堆芯熔毁。在想象力不那么夸张的层面上,我们可以简单地说可持续性要求在进行社会—政治、经济和环境规划时应当态度更加审慎,目光放得更长远,同时少些功利、少些自私。

要实现本地化与去中心化

可持续性作为一种理念、一场运动,是对工业社会(至少针对其诸多核心特征)不可持续状态的回应。有人提出要回归小规模能源生产、本地农业、去中心化决策和低环境冲击实践。当然,这个建议不是给新几内亚地区高地人的,因为他们已经同自身所处的环境和谐共存了4万多年[34]。"小即美"这种激进想法在大规模工业化社会的语境中才会涌现,这类社会的特点包括权力集中在精英手中,资源远距离运输且集中,其运作基于以下认识:能源生产必须主要来自肮脏*而不可再生的化石燃料。和"小即美"类似,"买本地货"运动是对国际化农业企业和工业集团不断提升的市场支配地位的一种回应。小型化、本地化的想法(几乎总能被提炼为某种形式的"回归"概念)生发于这样一种意识:工业主义的传统实践已经不可能再按现有的方式延续下去了[35]。因此,重新强调小型化、本地化其实是在拒斥关于工业革命和现代性的一个核心认识——依靠棕色能源(brown energy)**运行的集中化庞大社会是一股势不可挡的力量。可持续主义者的看法则恰恰相反,他们认为工业社会很脆弱,难以抵抗崩溃的到来;重新定位到回归本地的取向是培养韧性社会的良策。

在上述几个方面,可持续性概念深受舒马赫(E. F. Schumacher)的《小的是美好的》(*Small Is Beautiful: Economics as if People Mattered*)影响(该书名也是"小即美"理念的出典)。1973年,该书首次出版,旋即在政经两界掀起轩然大波。舒马赫时任英国国家煤炭委员会***的首席经济顾问,却蓦然来了个180度大转身对古典经济学发难,言辞激烈地抨击发达国家的能源生产集中化,过度依赖化石燃料,剥夺公众权利,狂热信奉无限度的经济增长。他在一个著名的段落中写道:"人的实质所重,不是用国民生产总值(Gross National Product, GNP)就能衡量的。"他在该书的另一处写道:

> 巨型化和自动化的经济学理论是19世纪境况与19世纪思想的遗存,已经彻底无法解决当今的任何实际问题。今天我们需要一个全新的思想体系,一种以人为本而非以商品为重的体系(商品会自得其所)。这个思想体系一言以蔽之,就是大众生产(production by the masses)而非大规模生产(mass production)。

舒马赫反对一切形式的集中式巨型化——极权主义、指令性经济和寡

---

* 肮脏指化石燃料不属于清洁能源。

** 棕色能源是与绿色能源相对的概念。

*** 英国国家煤炭委员会的英文是 United Kingdom's National Coal Board。

头资本主义；他为新经济体系提供了一个框架：注重小规模的政治单位和技术、本地化的决策和能源生产，强调自给自足（self-sufficiency）和工作的人性化。"况且，相较于那些自诩全宇宙皆其合法采石场的匿名公司，或妄自尊大的政府，能够更好照看自己的一方土地或其他自然资源的，是按照小规模单位组织起来的人。"

舒马赫的经济学思想对可持续运动的影响是巨大的。不过，回归小规模与回归本地的理念不仅超越了经济问题，还诠释了一种责任和赋权的道德观。德雷泽克提醒我们，可持续性的设定中包含了个体层级的积极行动——不同于坐等政府或"别人"来解决我们自身问题的被动态度，这是一种去中心化的**职责**（responsibility）下放。给我们的社会开启"节电模式"——删繁就简，重拾对本土文化与资源的重视，这一思想可以运用到诸多方面，如食品消费（百里饮食*）、创造自给能源（净零能耗家庭**），再如决策过程的本地化（市政可持续行动计划、邻里土地利用委员会）及扶持本地小型企业等。

过去几十年间，"小"和"本地"概念得到了多种多样的应用，也产生了各种解释。不妨品味一下霍姆格伦（D. Holmgren）的朴门之道（permaculture）***中第九条永续原则："用小而缓的方式来解决问题。"里夫金（J. Rifkin）鼓吹"分布式低碳时代"与"扁平权力"（lateral power）的好处，称扁平权力很快会取代"传统等级式组织的经济、政治权力"[37]****。布朗（L. R. Brown）主张"提高本地的自立自足（self-reliance）程度"[38]。但这并不是说大型化、集中化的东

---

* 严格来说，英文 The 100-Mile Diet 应译为"百英里饮食"或"三百里饮食"（100 英里约合 161 千米，即 322 市里），指只用产自方圆 100 英里范围内的本土食物构建食谱的生活方式。但考虑相关书名的"百里饮食"译法已广为人知，且该词组主要是一种食品本地化精神的象征，具体距离本身相对而言并非关键，故未作修改。

** 净零能耗家庭的英文是 Net-Zero homes。

*** 朴门最初指一种永续农业生产方式，朴门之道现已扩展为一整套永续生活和永续设计的方法论体系。

**** 在里夫金笔下，有时 lateral power 指的是与扁平权力相匹配的扁平能源模式。

西在可持续社会中没有立足之地,布朗要否定的是这样一种观念:社会必须始终把集中化的大规模技术视为默认的运作方式(*modus operandi*)。

可持续运动基本上以上述四个认识为思想基础,虽然具体到细节层面还存在广泛的争议,但在可持续性这个总括性的概念之下包容了彼此冲突的不同观点。前文讨论的文献和理论属于管中窥豹,该领域令人惊讶的观点之众、冲突之多,由此可见一斑。本书拟叙述这些观点的演化过程及其复杂性,探讨历史上的思想理论与当前可持续运动的起源与相互关系。

笔者在本书中将提出两个论点。其一,可持续性不能仅仅作为环保主义的代名词,书写可持续性的历史也并不意味着同环境史画等号[39]。可持续主义者接受(学术)训练是为了观察复杂的系统,找寻社会、经济、自然三者之间的关系。可持续主义和环保主义也许曾经有过一段共同的历程,但可持续思想的起源要远早于那些影响了环保运动走向的经典名著,如缪尔(J. Muir)、利奥波德(A. Leopold)、卡森(R. Carson)、康芒纳(B. Commoner)等环保思想家的作品。可持续性的历史既是环境史,也是社会史、政治史和经济史。其二,可持续性理念成形于世界多地,可持续运动现已遍及全球,但本书所讲述的内容主要集中在欧洲和北美地区,所以它称不上是一部关于可持续性的全球史。本书中会提到非西方的社会,如新几内亚的高地人、易洛魁联盟、中国和日本等,但本书的侧重点还是详述可持续性作为一种建设性回应的出现过程,它回应的是欧美工业社会的不可持续状态[40]。如前所述,可持续主义预设了工业现状不能持久——认识到了当前的生产生活方式随着时间的推移将难以维持的状况。它实质上是对现代性和工业主义中已被察觉的缺陷与弊端作出的回应——进步的另一面被解读为过度消费、人口爆炸、环境退化、以破坏生态为代价实现经济增长、物种灭绝、社会的极端不平等、经济不稳定、环境污染与浪费型社会等。一个社会如能真正实现可持续,那就无须再来一场旗帜鲜明的运动了。这本书写给那些正在寻求恢复平衡并实现稳定的社会，书中所谈也都是该类社会中的事情。我们已不可能复古重返工业化时代之前的那种被理想化了的生态乌托邦。但是，通过考察可持续运动的历史沿革，我们可以规划出一条通向可持续未来的道路。

第一章

厌弃这种增长——近代世界可持续性概念的来源

本章所述时期被欧美历史学家称为"近代"(17与18世纪)。本来,这一章可以从中世纪写起,因为那时的欧洲统治者已经在威尼斯等地划定了狩猎保护区和受保护的林区;此外,也可以从分析原住民社会入手,如选择写复活节岛的居民或玛雅人,描述这些没有按照可持续方式生活的社会最终如何走向崩溃;甚至还可以从古代写起,谈谈老普林尼(Pliny the Elder)和他的《自然史》(*Natural History*)*,因为这部著作详细讲述了罗马人对自然的认识。但是,本章放弃了这些写法。

本章从近代写起的原因是21世纪的现代可持续运动与近代的可持续意识、实践存在更明显的关联。毕竟,"可持续性"这个概念是由18世纪早期的一位萨克森(Saxon)官员提出的,他创造了一个德语词Nachhaltigkeit来描述从同一片森林长期持续采伐木材的方法。其实,当时不只在西欧逐渐形成了林业的可持续产出方法,在日本和其他亚洲地区以及西印度群岛、东印度群岛等岛屿殖民地,也都存在类似的做法。能够实现森林的可持续利用说明人们已经从生物物理学意义上朦胧地意识到"生活在极限之内"**的价值,以及预防资源耗竭的必要性。该时期遗存的大量文献显示,时人可能已经

---

* 另译《博物志》。

** 哈丁有同名著作。

对社会福祉、经济和自然界的复杂关系产生了粗浅的认识；也就是说，关于可持续性的"系统思维"（针对复杂且相互关联系统的一种研究方法），可以在此前的工业化世界追根溯源。

1700年，全球人口为6亿—6.5亿。其中北京可能有近百万人，属于超大型城市，而当时大多数所谓"城市"的人口尚不及5万。在此之前，巴黎是欧洲最大的城市，而到了该时期伦敦约有57.5万人，超过了巴黎，且在继续增长。不过，那时候地球上的绝大多数人仍然生活在农村或小型聚居地，即使像欧洲这样城市化程度相当高的地区也是如此。无数农民未曾见过城市，农村地区没有电，没有电话，没有内燃机，没有人工合成的高分子聚合物，没有燃烧化石燃料的飞行器，也没有大众传媒（虽然欧洲等地确实出现了一些报刊）。

当然，在各个历史时期，星罗棋布于这个星球上的游牧社会、狩猎-采集社会和农业社会都会对人类赖以生活和劳动的环境造成影响。但在大规模工业化生产方式出现之前，由于不存在塑料、核废料和其他合成化学品，总体而言，地球的污染程度和环境退化程度要比现在轻得多[1]。克罗农（W. Cronon）等环境历史学者曾经做过开创性研究，据其研究结论可知，早在工业化之前，原住民社会就已经改变了供养它的环境。即便在欧洲人的斧锯和工业到来之前，大自然也从未处于纯粹的静态。克罗农写道："纯粹静态的永恒荒野并不存在[2]。"美洲的原住民社会为了狩猎（和农耕），曾经策略性地破坏森林，广泛实施农林间作（agroforestry）[3]。在工业化前的中世纪欧洲，林地损失的现象已变得日益严重。13世纪，英格兰的森林遭受了极大的毁坏。其实在很多古代社会（包括古希腊与共和国时期的罗马），毁林已经成为不小的问题[4]。近期的一项研究表明：在18世纪的法国，森林面积仅占国土总面积的16%，而此前法兰西曾被茂密的森林覆盖[5]。在世界上的大部分地区，特别是北半球，小冰河期从14世纪持续到19世纪初，造成的气温波动干扰了农业生产，寒威之下，人们疲于应付[6]。

上述史实说明,在工业革命前地球上也存在生态问题,只不过与当今世界所面临的生态危机相比显得微不足道罢了。19世纪以前,很多社会同样要应对乱砍滥伐、土地荒漠化、水土流失、河道淤塞、城市空气污染、干旱及时不时出现的作物歉收等各种问题。戴蒙德曾在他的畅销著作《崩溃:社会如何选择成败兴亡》(*Collapse: How Societies Choose to Fail or Succeed*)中讲述了历史上很多社会由于过度榨取其所处的环境而导致崩溃的故事,如复活节岛、皮特凯恩(Pitcairn)岛和亨德森(Henderson)岛(均位于南太平洋)上的原住岛民,北美原住民阿那萨吉人(Anasazi,他们居住的地区位于今日的美国新墨西哥州),兴盛于尤卡坦半岛及周边地区的中美洲玛雅文明,生活在格陵兰岛南部的维京人。戴蒙德总结了5点具体原因来解释这些往昔社会的崩溃,分别是环境破坏、气候变化(人为的或非人为的)、敌对的强邻、友善的贸易伙伴(或缺乏这种伙伴支持),以及该社会就环境问题采取的应对方式[7]。最后一点尤为重要,因为处置这类问题首先需要整个社会或社会中的部分成员勇于承认自身的错误与过失。在能够有所作为之前,先要建立这样一种社会共识:因循守旧而不可持续的老路已经走不下去了。

本章的论点是:至少在某些前工业化(或刚开始进行工业化)的近代社会(或这些社会中的部分成员)中,已经认识到了我们今天称为"不可持续生活方式"的诸多样式,于是开始进行相应的建设性批评,并提出了创新性实践举措。18世纪的引人注目之处(尤其是对欧洲而言)在于它既见证了一个以增长为本的不可持续工业化社会的起源,又见证了一整套强有力的实践和反话语(counter-discourses)的诞生,后者指明了一条替代路径。有一点必须说明:上述语句并不意味着因为当时的英国、法国或日耳曼诸小邦已经开始意识到有些做法是不可持续的,并采取了应对措施,就能定性它们那时已经是(或到现在一直是)可持续社会了。这些国家固然没有像格陵兰岛上的古挪威定居者社会那样崩溃,但也不宜浪漫地把它们视为生态乌托邦。以法国人和英国人为例,他们在自家地盘上毁林伐木、耗尽土地之后,又以开拓的名义行殖民主义之实,大肆攫取未曾开发的殖民地资源[8]。尽管存在上述历史复杂性,但关于人类本身及其与自然界的关系,在这方面不断变化的近代认识最终成为现代可持续运动的思想来源,即便它们在当年并未成功促使"先进"经济体走上通往生态乌托邦之路。

从某种意义上说,我们从近代继承了两种不同却又相互关联的文化遗产。一方面,自18世纪工业革命开始,出现了以增长为本的现代经济学,还有现在被称为"消费革命"的现象。尽管在19世纪之前,新机器和新技术对经济的影响还较为有限,但早在18世纪就已出现现代制造业,蒸汽机等机器逐步取代了畜力,基于工厂实现的工资制劳动生产逐步取代了手工作坊的长聘制体系。英美两国的发明家制造出各种新机器,最终使全球经济发生了革命性的变化,从而改变了人类的历史进程。珍妮纺纱机(1764年)、蒸汽机(1769年)、水力纺纱机(1771年)、动力织机(1785年)和轧棉机(1794年)等的发明,为现代形式的交通运输和工业生产开辟了道路。在经济学领域,资本主义的经典理论滥觞于亚当·斯密(Adam Smith)1776年发表的《国富论》以及像杜尔哥(A. Turgot)这类法国重农主义经济学家*的著述(还有他们参政后推行的政策)。重农派主张自由市场和经济增长,还主张严格分工,因为分工能大大提高生产效率。

在消费领域,英国的历史学家把1690年之后的时期看作"消费革命"的开端,换言之,欧洲人靠殖民贸易发了财,便开始消费文化和产品(咖啡、烟草、糖、纺织品以及其他细货)。当然,获取殖民财富与实现经济增长更多地

---

* 重农主义经济学家的英文是Physiocrat,该词中physio-部分在希腊语中本义为自然(可对照同源词physiology)。重农主义虽然确实主张重视农业,但该学派的理论基础是"自然秩序"乃神意的体现,不应被政策等"人为秩序"干扰,故其根本主张是对市场的自由放任,与之相反的重商主义经济学家(Mercantilist)则强调国家对经济领域的干预和控制,在此前提下牺牲农业优先发展工商业。如果望文生义,与中国历史上的重农抑商思想混淆,则容易误读。

是靠奴隶劳动实现的。近代史上的非洲奴隶有一半出现在18世纪，他们被运到法国、英国和葡萄牙的船上，一路漂洋过海[10]。殖民资本主义也表现出了对自然世界的敌意（至少是冷漠），许多欧洲人怀揣着这种敌意或冷漠大肆砍伐森林，以便种植更值钱的经济作物，这种情况在热带岛屿上尤为突出。这就是克罗斯比（A. Crosby）所说的"生态帝国主义"[11]。

另一方面，为现代可持续运动提供滋养的很多思想也是在18世纪萌芽的。这一时期，废奴主义对奴隶制作出了有力批判，人权思想在大西洋两岸广泛传播；在今天称为"大西洋革命"（包括美国革命、法国革命、海地革命以及奥属尼德兰*、荷兰**、爱尔兰等地的重要起义）的历史进程中，人权思想渐成焦点[12]。若没有废奴运动与民主革命，社会公正的思想便无从谈起。此外，一提起18世纪，往往会将其定为古典经济学的形成期，其实18世纪后期就已经有人开始批判经济自由主义了，他们把不断变化的经济政策与社会问题、环境问题联系起来。可以肯定的是，20世纪后期对经济增长的批评并不是凭空出现的（参见本书第四章）。而且，当时作为新鲜事物的消费社会并非所有人都赞成，许多欧洲伦理学家把批评的矛头指向伴随物质主义、贪欲和消费出现的虚荣和颓废。有人甚至把贪欲与过度消费同毁林联系在一起。的确，正是在这一时期，林业成为一门正式学科，森林的过度消耗已是当时公认的问题，实现林业的永续产出是许多国家和地区的官方政策。这一时期，至少在西方世界，人们对自然的认识也出现了观念革命。地球是（被神明）创造出来的宗教信念逐渐被世俗的启蒙观念所取代，后者认为自然界是有惰性的，需要被人类驾驭，说到底，它是有用的，受（自然）规律支配，而这种规律是可以被人类系统地认识的。最后一点，在这一时期，一些

---

* 此处奥属尼德兰16世纪尼德兰革命时期的南尼德兰，大致相当于今天的比利时和卢森堡。

** 此处荷兰指尼德兰革命时期的北尼德兰。

城市主义和科学进步的批判者,如瑞士哲学家卢梭(J. Rousseau)*,开始钟情于森林,试图构建崇尚大自然和简单生活的"自然宗教"。

这两份近代思想遗产既不能流于简化理解,也不能说相互排斥。今日称为"启蒙运动"时期的这段历史充满了矛盾,要断言在这份复杂的遗产中何为"精华"何为"糟粕"殊非易事。有一点需要明确,那就是18世纪的西方世界还没有清晰可辨的可持续运动(连环保运动也没有),遑论整体性的生态学概念,因为当时许多原住民社会正在遭受欧洲帝国主义者的残酷压榨。本章考察的人物和文献无不显示出该时期特有的人类中心主义。当时的欧洲几乎无人会为"自然界的权利"**著书立说,甚至连关心人类需求之外的自然本身需求也做不到,因为那时人们秉持的是这样一种观念:人独立于自然,且支配自然。毁林之所以受到批评只是因为这一行为对人类自身不利,**但好在至少有人认为这种举动不是好事了**。即便这些人的看法、诉求与今人有异,我们还是可以在这一时期找到很多有益于形成可持续认识的来源。从多方面来看,可持续性概念的形成是一种有意识的回归尝试,这不是指回归工业化之前的社会,而是指回归到人类对地球影响程度较轻的时代。

在欧洲社会和欧洲移民构成的社会里,如今称为"科学革命"(16世纪末至17世纪末)和"启蒙运动"(17世纪末至18世纪末)的思想文化运动开启了人类对自然界产生浓厚兴趣的时期。人类这种对自然及"自然哲学"(当时对科学的称谓)的普遍好奇和兴趣不是由某个单一事件倏然触发的,而是在化学、物理学、力学、水力学、自然史〔又名博物学,当时包括植物学(botany)

---

* 原文如此。卢梭1712年出生于日内瓦共和国,当时该城邦独立于法国与瑞士。拿破仑时期,该国在1798年被法国短暂吞并。1815年该地加入瑞士联邦。卢梭学说在当时被日内瓦政府批判,他自己一生中的大部分时间以法国人自居。

** 自然界的权利英文为the rights of nature,与自然权利(natural rights)不同,后者指的是人的天赋权利。

和生物学（biology）]、林学、动物学（zoology）、地质学和解剖学等学科逐渐形成的过程中展现出来的。和这些学科相关的新思想最终取代了学界苦其久矣的亚里士多德（Aristotle）自然观范式，这种自然观得到了盖伦（C. Galenus）医学和托勒玫（C. Ptolemaeus）天文学的支持，中世纪的欧洲宗教组织将其扶为正统思想，并进行了修饰。在整个中世纪，亚里士多德的追随者无不认为地球是宇宙的中心，相信存在本质不同的各类物质，将人格意义投射在各种生物有机体身上，认为支配天体所在天国的律法和支配人间尘世王国的律法是不同的[13]。可是到了科学革命时期，一种新的范式出现了，它用力学的眼光看待宇宙，认为宇宙是运动的，并由本质单一的物质构成[14]。物理定律只有一套，不仅适用于地上尘世，而且同样适用于天国；于是有了日心说，把地球从宇宙中心的位置上拉了下来。

这股新生的自然哲学兴趣在17—18世纪的各种事件和实践活动中得到了广泛的体现。这一时期印行的大量图书反映了这种兴趣，其中就有牛顿（I. Newton）的巨著《自然哲学的数学原理》（*Naturalis Principia Mathematica*，1687），它打破了旧范式，辅立新的物理学。欧洲各地及北美地区新建的一批科学院所也是这种兴趣的体现，其中最有分量的两家是位于伦敦的英国皇家学会（Royal Society, 1660）和位于巴黎的法国科学院（Académie des sciences, 1666）[15]。这一兴趣还体现在专事科研交流的新创办的期刊，出于科研目的而修造的私有小型动物园、自然史标本展柜（用于收集珍奇的外来物种标本），以及令18世纪欧洲民众兴奋不已的科学仪器公开展览上。

科学兴趣日渐浓厚的一个重要特征是人类开始重新评价自身以及人与自然的关系。托马斯（K. Thomas）在《人类与自然世界：1500—1800年英国观念的变化》（*Man and the Natural World: Changing Attitudes in England, 1500-1800*）中讨论了"自然界是上帝为了人类的福祉创造出来的"这一根深蒂固的基督教信条。从某种意义上说，自然是人类的所有物，但人类对其相处之道须如怀柔劲敌。可是，在17—18世纪，"关于人类在自然界中地位的某些确立已久的教条被抛弃了,而人们对动物、植物和景观则有了新的感触和领悟"[16]。新的世界观不断成型,很大程度上消解了人类是被(神明)创造出来的观念,取而代之的是把人视为"自然的经济体系"中的一部分。这并不是说人类中心主义就此倏然消失了,宗教信条从世俗观念中的攘除也不是一蹴而就的。尽管当时许多人已相信人类是自然界的一部分,但人类在自然秩序中仍然占据着崇高而尊贵的地位[17]。这也并不意味着大多数自然哲学家立即便对自然涌起了崇敬之情。笛卡儿(R. Descartes)写道,人类需要成为"自然的主人和占有者"[18]。17世纪伟大的科学功用鼓吹者培根(F. Bacon)号召人类"征服并治理"自然,这是在呼应《圣经·创世记》中的一句名言:"遍满地面,治理这地[19]"*。同样,培根梦想中学院的作用就是要创造出能让国家主宰自然的知识。的确,培根经常谈论的是"权力"与"科学"的关系**。

这一不断变化的世界观还带来了另一个后果,它对原本带有魔法与超自然属性的自然界施行了祛魅,从而产生了一种新共识:自然有惰性而无灵魂。此后,自然便成为理性分析的对象,而不再是敬畏与心灵评判之源。为了寻其幽、探其秘,自然本身成了可戳、可刺、可解剖且可拷问之物,同时还可供展演。这个时期的主流观点是:破坏自然没什么害处,因为自然对此毫无"感觉",也不存在固有权利,人类行为无须自然认可。亚当·斯密以及那个时代的许多人都认为自然"只是人类创造力的原料仓库"[20]。在18世纪的自然哲学家看来,自然界既不晦涩,也不存在魔法,而是凡俗且可解读的(尽管当时仍有一些炼金术士在世)。当时巴黎有一位激进的无神论者叫霍尔巴赫(Baron d'Holbach),他说自然是一架无知无觉的巨型机器,通过科学分析便能弄清其运行机理[21]。

---

* 整句为"神赐福给人,使人生养众多,遍满地面,治理这地"。

** 培根的名句一般译为"知识就是力量"(拉丁文 *Ipsa Scientia Potestas Est*),但正如本书作者所指出的,"力量"一词含有来自宗教神学的(神明)"权能""权柄"之义,故培根所讨论的不是泛指的力量,而是狭义的国家政府"权力"。

想要研究与认识自然,这一时期产生的分类学和自然史著作最能反映这种愿望。法国的博物学大师布丰(Comte de Buffon)发表了多卷本《自然史》(*Histoire naturelle*, 1749—1789),收纳当时已知的动物和矿物的名录,成为那个时代生物学者和地质学者的标准文献*。[22] 瑞典植物学家与动物学家林奈(C. Linnaeus)于18世纪30—70年代发表了一系列著作,创立了科学的生物分类学,还有为生物赋学名的双名法;时至今日,这套体系仍然是生命科学的结构基础[23]。第一部现代百科全书也是在这一时期问世的。狄德罗(D. Diderot)和达朗贝尔(J. d'Alembert)延请数十位撰稿专家,共同编纂了著名的《百科全书》(*Encyclopédie*, 1751—1772;包括文本17卷与图版11卷),力图集当时所有已知的最先进知识之大成[24]。18世纪末,在许多欧洲人看来,自然的奥秘已昭然若揭,人类对其分门别类的研究可谓科目允当,而且基本水落石出了。

那么,我们不难从某个角度看出启蒙运动实际上催动了人们对环境的无情破坏,激励了奴隶制殖民帝国的扩张,这种见解当然有其道理。不过,这一时期的世界观转变、话语多元化也为不同观点的产生创造了条件。当时有许多知识分子和社会观察家运用自然哲学批判浪费与堕落,并谴责社会不公和政策不合理。格罗夫(R. Grove)说:"对机械论式分析、比较的日益提高的兴趣,事实上促成了理性、谨慎的保护主义回应[25]。"再一次,启蒙运动留下的这笔思想遗产中的矛盾冲突变得显而易见。

有一部著作追踪了这种价值冲突,它就是沃斯特撰写的《自然的经济体系:生态思想史》(*Nature's Economics: A History of Ecological Ideas*)。沃斯特用两个词分别概括了18世纪的两种对立自然观:一种是"帝国主义派";另一种是"阿卡迪亚派**"。林奈属于典型的帝国主义派,他赞成人类凌驾并统御自

---

* 当时的博物学家没有将无生命的矿物与有生命的动物分配到不同学科去研究的意识。
** 原文为Arcadianism。该词源自古希腊时代伯罗奔尼撒半岛的山区地名,当地居民被认为与大自然和谐相处,过着简单而幸福的生活。在后世的欧美文学作品中,阿卡迪亚象征着向往远离城市尘嚣,回到乡间自然的田园牧歌式生活方式,其意境与汉语中的"世外桃源"堪称异曲同工。

然,把动植物看作冷静分析的对象。这是当时的主流观点。而阿卡迪亚派则不同,该派有一位颇具代表性的人物叫吉尔伯特·怀特(Gilbert White),他是一名英国牧师兼博物学家,追求"简单而谦恭的生活,意在恢复人类与其他生物之间和平共存的状态"[26]。G.怀特看见了自然界内部诸多和谐而复杂的系统,显然,他对众生都怀有深深的敬畏。

不过,有一点会让人错愕,那就是帝国主义派和阿卡迪亚派都对生态思想的形成作出了贡献:林奈著书提出了"自然的经济"(oeconomy of nature),G.怀特则认为"自然是一位了不起的经济学家",于是两派均以人类社会中的资源流通类比说明自然界中的诸多循环和系统[27]。不仅如此,帝国主义派和阿卡迪亚派也都动用自然知识来反对不可持续的环境实践。因此,沃斯特认为在18世纪就形成了多种生态观,远早于1866年出现的词oecologie(生态学)。启蒙运动如同轰然打开的闸门,各种思想与观点随之喷涌而出。这一时期的不少思想者十分重视"人类要在自然的限度内生活"这一理念,虽然他们几乎不会站在自然本身的立场去关注自然的本质,但无论怎样,早期的生态意识毕竟是一个极其有利的制高点,可以据此批判人类对自然的破坏和敌视。

由近代可持续思想的萌芽过程不难看出,可持续性概念有其林业渊源,这一点并非巧合。在广泛使用化石燃料之前,世界上的众多社会主要以木材为燃料,或用木材来满足其他需求,而滥伐毁林也招致社会崩溃。森林维系着生存。由于工业化之前各民族与森林这个自然系统之间存在直接联系,所以他们较易认识到森林的价值和滥用木材的后果。毫不夸张地说,欧洲的经济和社会福祉完全依赖森林的存续和林木资源的稳定供应。城乡居民都需要木材来取暖、修围栏和造房子。要是没有木材,大多数人会在寒冷的冬天冻僵,生火做饭也几无可能。农民和牧民因各自的需求走进森林,在那里采集作为辅食的坚果和浆果以及作为牲畜饲料的乔木嫩枝与林下灌丛植物。此外，还有大量行业需要稳定的木材供应。胶水制造商把树液转化为黏合剂；皮革、玻璃和木炭的制造商也都耗用大量木材，往往对当地森林造成直接破坏[28]。欧洲的各君主国也很重视森林，但原因各不相同。对精英阶层的权贵而言，森林可供休闲狩猎，更重要的是海军需要源源不断的密实木材来建造战舰，尤其是橡木和榆木。造一艘大型战舰需要2000—3000棵合格的成年橡树。

一方面，人们把森林视为极其重要的资源；另一方面，从17世纪晚期开始，人们逐渐意识到森林在迅速萎缩，这是一个影响深广的严重问题。历史资料和生态数据十分清晰地表明这一时期森林在消失。18世纪欧洲大部分地方的人均林木消耗率保持不变，而欧洲人口却出现大幅增长（如法国人口从1700年的2000万增长到18世纪90年代的2800万），给森林资源带来新的压力。在此期间，一些以木材为原料的行业也在扩张。欧洲部分地区的煤炭使用量在18世纪增加了，但直到18世纪晚期甚至进入19世纪后，这一变化对森林被破坏速度的减缓作用方才体现出来。威廉斯（M. Williams）所著《滥伐地球》（*Deforesting the Earth*）估计：1700—1850年，欧洲人滥伐破坏的森林面积达2500万公顷，此外还破坏了4000万公顷草地，数量十分惊人[29]。

我们知道，不论哪个社会阶层都把毁林视为弊害。不过，为这萌芽阶段的生态意识留下最详细证据的是精英阶层有学识之人。生态意识最早的一批倡导者包括皇家学会的创始人之一——英国贵族伊夫林。1664年，他发表了著作《林木志》（*Sylva*），又名《林木论，兼论国王陛下领地中用材树种的繁育》（*Discourse of Forest-Trees, and the Propagation of Timber in His Majesty's Dominions*），感叹森林的破坏已成为17世纪英格兰的积弊。此书对当时的用材树木品类和林木复植方法，以及种植、移栽、修剪与伐木等问题做了百科全书式的描述，一经面世便堪称洛阳纸贵。书中还热情洋溢地呼吁贵族植树造林、大兴绿化[30]。虽然伊夫林关注的重点是实现英国的能源自给，维持海军武威和国力，但该书深刻影响了不列颠群岛内外的植树造林活动。

例如,受该书的影响,出现了再造迪恩皇家森林(Royal Forest of Dean)之举。再如,贵族地主受其思想鼓动,在英格兰各地的庄园里栽种了"数百万"株树木[31]。格罗贝尔(U. Grober)在伊夫林的书上批注:"我们(可以看出本书使用的)各种词汇相当接近……现代可持续话语[32]。"

来自林业的另一种思想来源是科尔贝(J. Colbert)的行政管理工作。科尔贝原是法国的一名平头小吏,在路易十四统治时期顺着官僚阶梯一路往上爬,最终升官为财政大臣。他曾在商贸政策和行会监管方面推行过保护主义和社团主义的管理哲学,故也想在林业推行这套理念。1669年,科尔贝整理、修订了13世纪以来法国颁布的所有森林相关法令,随后推出一部集大成式的《水与森林特别法典》(*Ordonnance sur le fait des Eaux et Forêts*),此后至19世纪前,法国一直用这部法典指导林业政策[33]。这部法典影响巨大,欧洲及欧洲之外的国家纷纷把它作为国家林业"条条框框"的样板。不过,科尔贝的法典虽然减缓了某些地区滥伐毁林的步伐,但其最终目的是保证能为法国海军提供足够的木材,保障森林所有者的权利,防止有人在森林中非法偷猎、放牧和伐木。结果,这部法典整体上功不抵过,造成的问题比解决的问题还多,农民和政府之间的暴力冲突较之前更甚,而森林管理政策前后不一致,也加剧了毁灭森林的采伐活动[34]。

如果从沃斯特的视角出发,科尔贝大概会被划作帝国主义派。他本人也确实是个地地道道的帝国主义派,看看他在法国东印度公司(名为公司,实则兼顾商业与殖民"事业")担任的角色便知。科尔贝对自然本身并不重视,在他看来自然只是大块惰性物质,其存在目的就是造福人类,尤其是满足国家所需。保护原始森林是因为法国宫廷需要它们,而且在18世纪60年代重农派进入政府后,法国出售了多处皇家森林,巩固了贵族的森林资源开采权,鼓励毁林造田,这些政策实际上加速了森林的破坏[35]。格罗贝尔指出:"1789年法国大革命前夕,法国的森林面积已经小于1669年的面积了[36]。"可以这样说,近代早期科尔贝在保护森林和实行森林综合管理制度方面有所尝试，但结果喜忧参半。对可持续性的历史感兴趣的人认为，《水与森林特别法典》的真正意义在于：科尔贝启发了后人著书立说以及制定相关的法令法规。

有一本1713年出版的林业专著就深受科尔贝的影响，该书作者是冯·卡洛维茨，书名是《林业经济学》(Sylvicultura oeconomica)[37]。近年来，冯·卡洛维茨的这本林业手册被认为是可持续历史上的一部划时代作品，确系实至名归[38]。冯·卡洛维茨担任萨克森选帝侯的皇家矿业管理员，萨克森选侯国是构成神圣罗马帝国的德意志诸邦之一*。在其职业生涯早期，冯·卡洛维茨去过法国、英国，科尔贝的理性森林管理方法和伊夫林对能源自足的不俗激赏都深深影响了他。萨克森采矿业发达，获利丰厚，冶金业及银、铜、锡、钴的开采是当地经济的支柱产业。冯·卡洛维茨关注的重点是采矿业，但他把研究的目光转向了森林，因为他知道当地工业需要大量木材的持续供应。由此，他清楚地看到了经济和本土自然资源之间的内在联系，看出如果社会管理部门不解决采伐问题，扭转毁林势头，整个工业系统很可能会垮掉[39]。

冯·卡洛维茨出身贵族，家族拥有世袭森林，但他直到职业生涯的后期才开始自学林学。去世前一年，他出版了名作《林业经济学》，这是他在萨克森的森林里进行数年考察、实验的成果。这本书内容广博、主题多样，探讨了萨克森的木材短缺问题，介绍了能够减少燃料消耗的冶金新技术、新发明和禁止砍伐幼树的罗马森林法，研究了毁坏森林的自然因素（如风暴与病害）与人为因素（工业驱动的过度消耗）、种子收集、森林再生的可能性、伐木活动的重要性，以及各种集约育林方法。最后，冯·卡洛维茨提出了实现永续林业的首套综合性策略，批判了造成自然资源短缺的短视行为、管理不善和贪婪心态。用格罗贝尔的话来说，"冯·卡洛维茨不只创造了这个词（可持

---

* 1356年神圣罗马帝国皇帝查理四世颁布金玺诏书，萨克森公爵成为七大选帝侯之一，其治下的萨克森公国升级为萨克森选侯国。选帝侯是神圣罗马帝国最重要的大诸侯，非侯爵之义，选侯国地位高于一般公爵治下的公国。

续性），还勾勒出现代可持续话语的整个架构"[40]。冯·卡洛维茨用下面这段话阐述了林地永续利用的重要性：

> 因此，这一地区（萨克森）最庞大的艺术、科学、工业、政府机构都基于它（林业）。所以，必须着力护树、植树。必须把不间断的、可自我恢复的、永续的利用作为目标，因为它（林木）是不可或缺的物资，没了它，这个国家与国内的众多锻造厂便无法续存[41]。

这段陈述看似不言而喻，实则是一种来之不易的认识。在德意志诸邦遭遇到严重的燃料危机，木材价格持续攀升之后才产生了这种认识。读者不宜就此认为是森林的消减导致冯·卡洛维茨反对毁林，因为1700年前后，很多破坏森林的社会并不在意资源耗竭。但关于可持续性的思想毕竟是对滥用森林资源的一种**反动**(reaction)*，这一点是明确的。冯·卡洛维茨的主张逐渐成为德意志诸邦、西欧乃至北美地区林业的主导范式。

在18世纪最初的几十年里，冯·卡洛维茨的一些想法被付诸实践，比如选择性采伐、修剪林木、植树造林、用泥炭**（后来也用煤炭）代替木材等。《林业经济学》成为森林管理员的标准指南。到了18世纪后期，"可持续林业（已然）发展成一门学科"[42]。冯·卡洛维茨的思想走进了哈尔茨（Harz）、齐尔巴赫（Zillbach）、塔兰特（Tharandt）等地的大学、林业学校，自此神圣罗马帝国减缓了滥伐毁林的速度。19世纪初，萨克森、普鲁士、南锡（Nancy，属于洛林地区）等地的大学都开设了永续林学，德国人在这个领域处于世界领先位置[43]。甚至到19世纪末20世纪初，世界各地的学生还纷纷负笈德国，学习先进的林业技术。平肖（G. Pinchot）是美国林业局的首任局长，也是20世纪初资源

---

* 如《老子》所言："反者道之动。"

** 泥炭(peat)是湿地环境死亡植物残体的有机质经过不完全分解的泥炭化作用（包括物理变化与生物化学变化）形成的一种松散沉积物，外观多呈棕褐色，含水量高，具可燃性。泥炭是褐煤形成过程中的过渡性产物，其经过地质过程硬化成岩便是褐煤。

保护主义(conservationism)*的重要代表人物,他的早期培训就是在德国和欧洲的其他地方进行的,后来他把永续林业的理念带回了美国。

把冯·卡洛维茨划入帝国主义派似乎也说得通,虽然他偶尔也会称颂自然之大美与化育生命之德,但他眼中的树木无非是一种实用资源[44]。伊夫林和科尔贝也算帝国主义派,因为他俩都把自然看成原料的集合体。不过,我们还可以选择另一种视角将18世纪的生态意识划分为两类:一类主要关注国家的需求及其经济、政治利益(伊夫林、科尔贝、冯·卡洛维茨属于此类);另一类则认识到了树木的复杂价值以及森林丧失会产生的社会后果。

例如,很多法国作者参加了以"树木和森林的毁失"为主题的公开征文大赛(这类赛事是启蒙运动时期进行知识交流的一个重要手段),他们都能明确指出毁林的原因及影响,并提出一些解决方法。虽然这些文章的作者在思想上基本属于人类中心论,但他们已具备那种环境破坏会如何关联到社会、经济问题的动态意识。这批早期的系统思维运用者为我们留下了极为有力的证据,证明18世纪的人们对3E已经有了初步的认识。格罗贝尔写过关于冯·卡洛维茨的多篇文章,在他看来身为萨克森行政官员的冯·卡洛维茨对当代可持续性的三个支柱颇感兴趣,因为他时不时提到穷人[45]。笔者认为,这些法国随笔作家的文字以探讨社会公正问题为主,而冯·卡洛维茨之所以关注林木(3E之环境),主要是因为林木是保障萨克森精英阶层(3E之社会)持有永续财富与权力的产业工具(3E之经济)。

法国随笔作家首先写到的是毁林的原因。他们把森林的消失同工业部门(特别是冶金和烧炭)过度消耗木材,社会上最富有的阶层大肆囤积木材以及政府为提振农业鼓励毁林造田、推行不合理政策等联系起来。批评的

---

* 资源保护主义与缪尔首倡的自然保护主义(preservationism)理念不同。资源保护主义主张为"科学地利用"而保护,避免资源耗竭即可,自然保护主义则强调自然的审美价值和道德意义独立于人类,应力求维持大自然的原貌。20世纪初,两派曾就能否在加利福尼亚州赫奇赫奇(Hetchy Hetchy)山谷修建水库一事激烈交锋。

矛头最终指向重农派,后者主张自由市场经济,这与亚当·斯密有着密切的关系。重农派在18世纪60—70年代对法国的经济政策产生了深刻影响,他们认为经济增长必然要消耗自然资源。

谈及毁林的影响,随笔作家对森林资源减少带来的社会后果可谓体察入微。他们认为滥伐毁林造成木材价格上涨(当代历史学者告诉我们,1785年的木材价格比1730年高91%),他们还注意到法国很多地方出现过木柴的严重短缺[46]。此处的关键点在于,随笔作家十分清楚物以稀为贵,物资匮乏且价格高昂时最先受苦的是社会中最贫困的人;城市工人阶级被剥夺了烧柴做饭与点壁炉取暖的选择,这是一种社会不公。更让人意想不到的是,这些随笔作家已然认识到今人所谓环境问题与森林的毁坏相关,这种认识比任何当代官僚的认识更深刻。很多随笔作家注意到,砍伐森林会造成土壤侵蚀加剧。他们写道:伐木刨根,山为童山,岭为秃岭,高处的土壤顺坡流下,毁坏了山谷里的农田。18世纪后期,法国无数农民不得不绞尽脑汁去解决这个问题。另外,随笔作家还谈到了水循环、土壤养分以及地力衰竭等问题。

最后,随笔作家为解决毁林问题献计献策,其中有些计策颇具创造性。他们提议:林地应予以"保护"(conservation,该词在18世纪80年代就已被使用,远早于19世纪后期的资源保护运动);为公有森林制定合理的法律法规,实行明智的管理;采用可持续林业技术如选择性砍伐。他们还权衡考虑了如下做法:若全面私有化法国的森林,而非保留部分林地作为本地居民共有的公地(后一做法在欧洲有很深的历史渊源)*,相对而言能有何益处[47]。简言之,这些名声不显的启蒙运动思考者从社会和经济两方面对破坏环境的行为进行了谴责。在意识到可行的消耗限度已被突破时,他们做出了回应。就笔者所知,谈及近代欧洲人把社会、经济和环境构想为一个存在内在联系的系统,并由此批判不可持续的实践活动时,上述事例应该是读者所能看到的最佳例子。

---

* 本句中的"公地"正是哈丁(G. Hardin)笔下"公地悲剧"中所用的词commons。

在这一时期,重视可持续林业生产措施的并不仅限于欧洲社会。事实上,很多原住民社会数千年来一直在按照可持续方式利用森林。一个典型例子源自新几内亚的高地,当地居民在那里可持续地生活了4.6万年,一个主要原因是他们掌握了一套十分巧妙的林业方法,也就是将河岸带中自然萌芽的木麻黄幼苗进行移栽,确保薪柴的永续供应[48]。在美洲,从北美东部滨海地区到亚马孙雨林都分布着原住民部落,他们也都以可持续方式利用森林,满足各种需求。在欧洲人和欧式生态活动登陆美洲之前,小规模的刀耕火种型农业、为围捕猎物在林间进行的策略性放火及普遍开展的农林间作,早已施行有年[49]。特别是本土农林间作,它是一种可持续土地利用系统。在受到管理的林区,当地人把乔木和灌木组成群丛密植在一起,从而生产果实、可燃的生物质、地被物以及其他有用的物料。

在前工业化的原住民社会,这些生态实践往往是自下而上的;而日本向可持续林业转变的特点与欧洲一样是自上而下的。这说明全球各社会对土地的可持续利用采取了不同的途径。德川幕府时期(1603—1868年),日本实现了统一,在幕府将军治下经历了一段和平、繁荣和发展的时期,由此带来的人口激增、产业扩大与城市发展也使日本的森林承受巨大压力。到17世纪,日本的森林已明显减少。葡萄牙天主教徒来到日本群岛寻求贸易机会和宗教皈依者,德川幕府与其交恶后决意闭关自守,把日本变成一个自给自足的社会,这使得森林耗损问题雪上加霜。此后,能和日本人进行贸易的外来者(19世纪50年代之前)只剩下朝鲜人与荷兰人,而且他们被圈限在特定的几处飞地或港口。换句话说,这一时期日本无法进口木材。17世纪60年代,德川幕府开始对滥伐毁林行为采取措施,要求人们栽苗植树。到了1700年,日本"已经在社会各阶层开展行动,对森林利用实行管制",还建立了"一套精细的管理制度"[50]。德川幕府监管林地的使用情况,收集林木存量的精确数据(确保国家能获取最优质的树木),推广修剪技术,着手建立人工林储备以利于长期的可持续采伐[51]。

这一时期的欧洲和日本之间是否存在林业知识的传播交流目前尚不可知。戴蒙德认为,日本的律法自成一体,与德国并无关系。不过,荷兰的远航水手在两个文化圈之间充当知识传输者的可能性是否存在？日本人是否影响了欧洲人？欧洲人是否影响了日本人？仅就现有的资料看,日本和德意志的萨克森选侯国在同一时期出现可持续林业,这种历史现象似乎只是巧合,而这两个"先进"社会似乎也都未曾关注过前工业化原住民社会的林业实践。对于能否将德川幕府划入沃斯特定义的帝国主义派,学界尚存争议;戴蒙德低估了佛教慈悲护生观对德川幕府资源管理策略的影响力[52]。不过,有一点似乎是清楚的:德川幕府是出于国家需求自上而下地制定了林业法规。这样看来,德川幕府的眼光似乎更接近科尔贝与冯·卡洛维茨,而非前述法国随笔作家,因为幕府对林木的重视主要还是顾及产业经济和政治,而不是社会公正与穷人的需求。

还有一点也是清楚的:德川幕府在处理林地保护与使用的问题上做得很好。19世纪后期,在外界了解到日本的林业管理策略之后,日本模式便成了另一个公认的永续林业生产模式。所以,日本绝对应被视为现代可持续运动的策源地之一。不过,正如欧洲不宜被视为生态乌托邦,我们也同样不能过分夸大日本幕府时代的可持续消费。尽管当今日本的人口密度很高,木材需求量很大,但其国土的森林覆盖率仍高达80%,位居所有发达国家第一。实际上,自20世纪50年代后期以来,日本大量消耗来自亚洲等地区热带森林中的木材,其实质是将破坏环境的毁林活动由国内转移至国外[53]。从1960年左右开始,日本的木材产品自给率急剧降低,这说明随着日本的经济发展,其资源危机加重了[54]。

这一时期在印度西部与中国,当地政府也自上而下地采取了"国家森林保护、治水和水土保持等方法措施……其先进性不逊于欧洲[55]。"这些来龙去脉都属于组成可持续性这部多样化且多语言历史的背景的一部分。中国遗存的证据显示:在这一时期,学者十分关注对水源地和林地的保护。17世纪

90年代,印度信德(Sind)地区的埃米尔统治者在印度河冲积平原上的植树造林面积超过100万英亩*,他们还建立了近90个狩猎和森林保护区。18世纪初,英国东印度公司掌控印度次大陆时基本照搬了本土统治者原来的做法[56]。看一看欧洲殖民者如何借鉴非西方文化来推行森林保护措施,的确给人以启发;再看一看18世纪时可持续林业如何受全世界关注,也很有教益。

近代可持续林业实践在这一时期的最后一个例子出自欧洲殖民主义背景:一批殖民地官僚受到启蒙运动的科学文化及非西方社会的环保实践影响,着手扭转第一批欧洲殖民者开启的毁林趋势。格罗夫所著《绿色帝国主义:1600—1860年的殖民扩张、热带岛屿伊甸园与环保主义的起源》(*Green Imperialism: Colonial Expansion, Tropical Island Edens and the Origins of Environmentalism, 1600-1860*)对其所称的"绿色帝国主义"的复杂性与悖谬性**作了精彩的分析。格罗夫认为,加勒比海、大西洋和印度洋等地区由欧洲人控制的岛屿,对现代环境意识及此后可持续发展理念的形成产生了深刻影响。从某种意义上说,比起身居故国,欧洲入侵者在孤立而闭塞的热带岛屿上更容易意识到环境退化问题及其后果。数千年来,法国、荷兰和英国的居民始终在一点一滴地蚕食破坏森林,这种破坏在近代以前看似自然,尚可容忍。然而到了岛上,殖民者很容易觉察到森林在迅速消亡,本地的气候、物种和水文系统因此受到明显影响,这是因为这些变化是短时间内就在狭小的空间里发生的。自古以来,人们就对环境退化的影响有所觉察,但是:

直到17世纪中叶,因新兴资本主义、殖民统治的需要造成了生态影响,对这种影响的内在连贯、条理清晰的意识才开始形成,继而发展为对地球自然资源有限性的充分了解,并激发出对保护必要性的意识[57]。

这段历史的讽刺之处在于:假如早期的欧洲殖民者没有破坏热带岛屿

---

* 1英亩约合0.4047公顷。

** 此处paradox指Green与Imperialism两词之间看似矛盾,实则似非而是,本质上并不存在自相矛盾的谬误。

上的原始森林（当地居民千百年来一直在对其进行可持续利用），或者岛上无人居住，森林从未遭受人类这个外来入侵种的干扰，那也就不存在保护的必要了。17世纪，英国、法国、荷兰、葡萄牙等国的殖民势力控制了毛里求斯、圣赫勒拿、巴巴多斯、圣文森特、蒙特塞拉特和牙买加等岛屿，企图将这些地方变成大发利市的农业前哨。由于推行毁林开荒政策，工业过度耗用木材，以及引入了外来种牲畜，仅过了数十年这些岛屿上的大部分森林就遭受了严重的破坏。原住民不是被杀光（后被强制移民而来的非洲奴工替代）就是人口锐减。在这种所谓"生态帝国主义"过程中，外来的动植物和新农业方式占据了绝对优势，永久改变了这些地方的生态环境。

但在18世纪中后期，一批主张改革的官员在这些岛屿上逐渐得势，他们试图扭转这种破坏环境的趋势。不少改革派也反对奴隶制，尽管作为以国为重的帝国主义派，他们最关心的还是各自国家的经济利益，他们的"环保主义"（按格罗夫的术语用法）并不是以社会福祉为理念的。在法国控制的毛里求斯岛上，普瓦夫尔（P. Poivre）等人为了保护原始森林旁征博引，欧洲启蒙运动的科学成果以及波斯人、印度人和琐罗亚斯德教的植物学知识皆被引为依据。正如格罗夫所言："殖民国家日益感受到资源保护主义甚合其意，且有利于维持其经济优势，尤其在两个方面：一是保证木材和水的可持续供给；二是借助森林保护机制来控制难以驾驭的化外人与物[58]。"这些技术官僚还意识到，破坏森林会影响经济和环境。破坏森林妨碍农业生产，譬如糖的生产就需要耗费大量木材；破坏了森林，河溪就会干涸、消失，导致极为重要的淡水资源不复存在，还会引发灾难性的水土流失。

这些官员更具眼光之处是他们觉察到，破坏森林使得当地气候变得干燥而温暖，森林被砍伐殆尽的地方降雨锐减。这些欧洲来客似乎是最早认识到人类的确能引起气候变化的一批人[59]。格罗夫说："普瓦夫尔出具了气候方面的证据，痛斥18世纪60年代就（在欧洲）出现的毁林活动，进而使法国殖民当局认识到事态的严重性[60]。"尽管这一时期人们对人为气候变化的认识与现今有所不同，但这种对气候科学的早期关注显然应被载入可持续性的史册。早在250多年前就有人认识到人类具有能改变气候的可怕力量。

随着环境意识渐渐增强，许多殖民地如圣赫勒拿（17世纪末）、开普*（17世纪末）、蒙特塞拉特（Montserrat，1702年）、毛里求斯（18世纪60—70年代）、多巴哥（1763年）等地的欧洲殖民当局，纷纷为了能够永续利用森林而收紧了政策。从这个视角来看，最终支撑绿色价值观的竟然是经济与政治方面的利己主义加上新获取的知识形式，前文提到的萨克森和日本便是如此。我们追寻可持续性之根，结果找到的是一群现实中的帝国主义者（和思想上的帝国主义派）**，他们对自然和社会公正漠不关心，却热衷于国家实力、工业化和利润。这一点观之吊诡，思之令人心生厌恶，但确系事实。

最后一点，可持续性的萌芽与18世纪古典资本主义经济学的创立，以及其激发的反对思想之间存在内在联系。此处使用"经济学"一词，其实属于关公战秦琼式的时代错配，因为在那个时期研究生产、资源、财富和国民收入的学问被称作"政治经济学"，它被视为道德哲学的一个分支。不过，此处的关键人物是英国的亚当·斯密，还有法国**经济学家**（économistes）***如萨伊（J. Say）、杜尔哥、魁奈（F. Quesnay）、米拉波（Marquis de Mirabeau）等。他们的思想对1800年之前不断变化的经济模型产生了重大影响，也是工业化和经济增长的助产士****，这两者在过去250年间已成为全球经济的重要内容。

或多或少了解一些1800年之前的经济学史是很重要的，原因有二。其一，很多参与现代生态经济学研究的经济学家，如里夫金等，对亚当·斯密及其经济学理论进行了严厉的批判。他们认为，资本主义一直贴着的这张"斯

---

* 开普即现在的南非开普敦地区，当时是荷兰的殖民地。
** 原文是 imperialists（and Imperialists）。
*** 此处 économistes 指法国古典政治经济学派。
**** 哲学史上，苏格拉底最早将自己的方法论比作思想上的"助产术"。

密牌商标"理应从经济学中"退休"[61]。其二,有一点正变得日益清晰:20世纪60年代以来出现的对古典经济学的诸多反思,实际上最早在亚当·斯密和杜尔哥同时代就被提出了。从某种意义上说,自18世纪至今围绕自由贸易、增长和消费的利弊之争一直很激烈。18世纪70年代,批判者纷纷出现,他们认识到在经济上放松监管、以增长为导向会给社会、经济和环境带来负面影响。这些批判者理应被载入关于可持续性的史册。

那么,什么是古典经济学呢?古典经济学的主要思想是:自由市场可以自我管理、自我调节,为消费者提供产品和服务,为生产者、销售者赢得利润,这一切不需要国家的主动干预。就这一点而言,古典经济学是对整个欧洲传统的管制型经济体制的一种反动。在传统经济中,国家在决定生产政策和贸易政策方面具有至高无上的权力;国家还支持各种手工业行会,从而控制相应行业中的一切(价格、工资、产量、质量等)。难怪杜尔哥在1776年担任法国财政大臣期间废除了行会。同年,苏格兰伦理学家*亚当·斯密发表了影响深远的《国富论》(Wealth of Nations),此书很快成了当时的新经济哲学最具象征意义的宣言。亚当·斯密在书中写道:一个国家的财富本质上是该国每年的劳动产出;生产的增加是由一只"看不见的手"通过供给与需求自由地发挥作用来控制的,这种经济自由在理论上能够调和个人利益(一种恶)和公共利益(一种善)[62]。他还鼓吹增长的重要性、严格分工的必要性及自由市场的道德基础(尽管国家在他构建的体系中仍然扮演着重要的角色)。

亚当·斯密是启蒙运动之子,他的经济学受到当时盛行于苏格兰的历史阶段论的影响。历史阶段论认为,人类文明的进步往往伴随着新型经济制度的诞生。所以,亚当·斯密把资本主义和道德进步联系到了一起,这一思想后来成为19世纪的思想主流。他还深受牛顿物理学的影响,称其为"人类

---

* 如前文所述,当时政治经济学被视为道德哲学的一部分。亚当·斯密在1759年出版的第一部著作是《道德情感论》(The Theory of Moral Sentiments)。

有史以来最伟大的发现"[63]。就像牛顿的三大运动定律构成宇宙自我调节（不需要上帝的周期性干预）的条件一样，一个基于供求关系的商品与服务的自由市场也构成了经济自我调节的条件。

为古典经济学作出很大贡献的还有前文提到的法国重农派。18世纪60年代，重农派已成为一个辨识度很高的思想家兼官僚群体。他们把自然法、医学理论、法律专制主义与农学融会贯通，形成了一套新的政治经济学理论。这套理论的基本思想包括市场的力量、法国境内外商品的开放流通、私有财产神圣、限制税收与反对行会，认为一切财富说到底都源于农业生产[64]。法语中Physiocratie（重农主义）一词的词源本义为"自然之统御"*，该学派在法国颇有影响力。这个经济学派的追随者，比如杜尔哥、贝尔坦（H.Bertin）和德拉韦迪（C. F. de L'Averdy）等担任过法兰西君主国的财务官，他们制定了前所未有的自由政策，让传统经济派噩梦连连。"自由放任，自由通行"（laissez faire, laissez passer）这句话据说是重农派中著名的古尔奈（V. de Gournay）创造的。该学派中最杰出者当属杜尔哥，他在1766年出版了著作《关于财富的形成和分配的考察》（*Réflections sur laformation et la distribution des richeses*），论及农业生产、自由贸易和劳动分工等。18世纪70年代，杜尔哥成为法国的首席财政大臣。1766年，他与亚当·斯密相识并成为朋友，两人就如何改变欧洲的经济系统交流了看法。

古典经济学中有一项内容从18世纪起便饱受争议，至今未息，那就是经济增长思想。学者布鲁尔（A. Brewer）认为在那个时期，增长其实是一种新思想，也是新派经济学的核心信条之一。"18世纪晚期之前的知识地图上不存在现代意义的经济增长，即收入与产出在时间上的无限持续增长[65]。"另一位经济史研究者指出：1086—1688年这600多年中，英国经济的年均增长量仅为0.29%，随着工业革命的深入，英国经济在18世纪后期开始出现明显的

---

* "cratie"源自希腊语，本义为治理。

稳定增长[66]。其实,亚当·斯密和杜尔哥极少使用增长(growth)一词,他们更偏爱"富裕带来的进步""国家财富持续增加"这类说法。不过,这两个人一致认定资本积累是增长的主引擎,而且经济扩张会伴随人口的增加[67]。

不出意外,经济增长与解除贸易管制的想法受到了当时的传统派、道德派和重商派的抨击,然而那些不再因循旧路者竟也开始挑新派经济学说的错。18世纪后期有件事令许多人困扰,那就是经济增长所要求的条件(代价)可谓明里一套,暗里一套。首先,增长意味着公有土地需要被私有化。例如,重农派主张圈占以前由乡间农户共同管理的林地和牧场[68]。其次,政府采取的增长促进政策往往会增加自然资源的消耗。如前所述,这一时期几乎无人关注自然本身,但对于危及农民生计的资源短缺、价格飞涨和环境恶化问题,人们相当在意。最后,凭手艺谋生的匠人十分反感工厂和新机器带来的经济和文化上的改变,于是在18世纪70年代,捣毁新机器成了针对这种变化的常见反应。简而言之,18世纪为一场旷日持久的冲突(对经济增长产生的社会、经济和环境成本看法各异)搭好了戏台。这场冲突贯穿整个19世纪,并一直延续至今。

尤其是法国,该国对增长及其必然后果表现出的批判态度最为激烈。这一点也许并不意外,因为在传统管制型经济下基本谈不上增长,而在18世纪论起敢于尝试这种传统经济以外的新事物,法国在欧洲堪称首屈一指[69]。到了18世纪60年代,法国人痛批"骄奢之风"(esprit de luxe)已经在本国生根,而此风又与重农派的经济政策联系在一起[70]。18世纪80年代的一位随笔家也在此时响应其他作者,谴责重农派推行垦荒辟地政策,致使森林遭受破坏。他写道:"所以,我希望制定一项法律,严禁在(生长森林的)野地垦荒,违者处以最严厉的惩罚。"同样是在这位作者笔下,还控诉法国"林地之逝",为失去曾经覆盖整个国家的"翁郁苍翠"而扼腕叹息:"滥伐惨状,触目神伤;长此以往,林将不林,或无可用之材矣。"接着,他抨击重农派和法国王室助长毁林之风,致使木材短缺、价格上涨,对弱势群体造成极大的伤害：

> 法国西南，木因稀而贵，况公林所剩无几，农夫拾柴其间，聊以暖身。奇耻哉！始作俑者，其无耻乎?!……吾谴责当政者，谴责整个法国。村落一一，无以尽述，今惟余砾土，农耕难续。忆彼往昔，林木繁茂，材尽其用，应需无碍[71]。

当然，和亚当·斯密一样，重农派也拥有众多支持者。笔者并不想给各位读者留下这种印象：1789年法国大革命前夕，人人都在谴责新派经济学。但18世纪60年代后，经济自由主义确实使公众舆论逐渐分裂成两派，觉察到经济增长真正成本的写作者在18世纪末并不难找[72]。历史学家直到最近才发现这一时期普遍存在的憎恶情绪：憎恶贪婪、憎恶消费至上主义、憎恶增长以及憎恶后世所称的"工业革命"。不仅如此，那一时期就至少有个别心明眼亮的观察者已经意识到经济政策不但会产生社会后果，而且会有环境后果。

最后，笔者要提一下卢梭，他的哲学思想和批判性评论影响巨大。卢梭生于日内瓦，一生大部分时间在周游列国，他去过法国、瑞士等地。18世纪60年代，卢梭已在大西洋两岸成为文学巨星，他对人类精神世界智识生活的影响一直延续至今。他文笔恣肆，笔下主题庞杂，但其中与可持续性的历史相关性最高的主题只有三个：一是他认为技术创新并未使人更幸福、更具美德；二是他对社会不平等及其与自然环境间联系的批评；三是他对荒野、乡村价值观和简朴生活的钦慕。卢梭未必能归入亚当·斯密和重农派的批判者行列，但他对社会经济现状的批判很全面，因此在睥睨当时所谓社会进步的反对派中成为一种象征、一个符号。卢梭的理想是回归土地、注重道德，而非技术进步、经济增长。

卢梭对技术和社会不平等的批判散见于他的论文，这批论文是他在18世纪50年代参加学术征文比赛时的投稿，后付梓出版。他在《论艺术与科学》(Discourse on the Arts and Sciences)*中显然承认在人类的历史进程中科学和手工艺的创新确实取得了进步,但又指出这种进步并没有改良人类,反而削弱了人的道德能力。他还是批判重农派的先驱。他认为18世纪是一个奢侈、贪婪、自我放纵的时代,并将18世纪的状况同生活在丛林中的原始民族那种简单纯朴的美德进行对比[73]。卢梭的第二篇论文《论人类不平等的起源和基础》(Discourse on the Origin and Basis of Inequality among Men)继续发扬上述论断,论述重点转到了文明出现前人类生活的"自然状态",这种状态是半虚构性质的(他自己也承认)。他提出在道德意义上人生而平等,不平等几乎等同于一种社会性虚构[74]。关键在于,卢梭把社会不平等与自然所有权、使用权上的不平等联系了起来,遂成一家之言,此论道统后由民主革命派、马克思(K. Marx)、生态经济学家及其他理论派别继承。卢梭认为,控制、改变自然界和自然资源的能力是造成社会分化并最终导致贫困与其他人类苦难的真正根源[75]。卢梭对技术"进步"、奢靡、消费(他总是将其与城市联系在一起)和社会不平等作了直率而深刻的批判;就其批判而言,卢梭本质上属于工业革命的早期反对者。他的著述为此后19世纪兴起的对工业化和经济增长的批判奠定了基础,而且在某种意义上与今天的现实依然密切相关。

作为可持续运动的来源之一,卢梭的阿卡迪亚式哲学的第三个也是最后一个要点是崇敬自然。在论教育的杰作《爱弥尔》(Emile)中,卢梭对在自然环境中生活、学习的益处大加赞颂,甚至把热爱自然视为一种初始信仰。卢梭自己长时间徜徉于大自然,并通过他的影响力使自然之行成为一种流行的消遣活动,而在此之前,这类行为一向被认为是相当另类的。他独辟蹊径,徒步山坡丘陵,居住乡间小屋,在山间湖畔考察植物。卢梭对自然的热爱不同于启蒙时代的主流哲学家,后者把自然视作抽象、惰性的研究对象,

---

* 原文如此。该文法语原名为 *Si le Rétablissement des Sciences et des Arts a Contribué à Épurer les Mœurs*,意为"论科学与艺术的复兴是否有助于敦风化俗",汉译名简写为《论科学与艺术》。

而他对自然的品味更浑然一体,更富于感观体验。卢梭认为,城市和文明生活的形成致使人与自然之间出现隔阂,这种隔阂抑制了人类与生俱来、本真纯朴的道德能力。想要道德高尚,就得同大自然和谐相处。洛克(J.Locke)认为,只有当人类将其劳动融入自然时,自然才会被赋予价值,而卢梭则不以为然,他认为自然本身具有内禀价值。很多历史学家指出,卢梭属于早期浪漫主义,他和19世纪的浪漫派一样,把山岭、森林、海洋看作美的客体,它们为个人的精神成长提供了适宜的环境。卢梭对欧洲自然观的改变起到积极的推动作用,这一点再怎么强调都不为过。也许称卢梭为环保主义者甚至可持续主义者属于时代错配,但他对自然、淳朴和原生态的钟爱给了后世的资源保护主义者与环保主义者重要启示,他的著述开辟了一条道路,使我们得以走出人类中心论的世界观。

至此,有一点是明确的:可持续性在近代已演化为一种松散的理论,尽管尚缺一套标准化词汇。还有一点也是明确的:当代的可持续运动在很大程度上得益于创造这些思想的先驱,是他们在人类社会、自然环境与经济三者之间找到了关联。虽然18世纪发出的这些批评之声在精致程度上不及20世纪方才出现的系统思维,但它们为更加全面地认识以下问题奠定了基础:人类对环境的所作所为将如何反过来影响社会福祉和经济现实。在冯·卡洛维茨及其同代人看来,可持续性与其说是对某种生存方式的全面批判,不如说是社会精英在对政府的政策进行技术性的重新校准,这些精英受过相关的专业训练,也有足够的影响力来推动这类决策。这是对一系列由经济、人口的增长及资源的过度消耗所引发问题的早期建设性反应。这些可持续生活的倡导者虽然没有铸就生态乌托邦,但还算小有成就,其中最引人注目的当属永续林业领域。他们也为19世纪及其后的工业主义批判者带来了重要的思想启迪。

第二章

工业革命及其不满者

关于工业革命（约从18世纪60年代至19世纪末）的老套叙事曰：其位列人类道德、经济上的历次重大进步之一。甚至，经济进步常被说成是**道德进步**。此类叙事通常以这种方式展开：西欧的发明家、经济学家和政治家构想出一个崭新的工业化世界。启蒙运动带来了乐观主义，同时使科学知识转化为技术诀窍，在此推动下一批时代英雄应运而生，如瓦特（J. Watt）、亚当·斯密、赫斯基森（W. Huskisson）等。面对被重重束缚的经济、不合理的法律和习俗以及压制创新的传统行会秩序造成的僵化停滞，他们奋起反击，到了19世纪中叶，终于成功地把自由放任式经济推至前台。这种自由经济使用的是新机器，现代工厂是它的主场，城市工人阶级是它的主力。工业革命漫长而艰难，但它最终将欧洲人带上了文明的新高原。最终，欧洲人成功地生活在一方新天地，这里可以雇佣劳动、自由流动、消费各种闪亮登场的新产品。欧洲从有史以来阻碍人类发展的前工业化苦难中解脱了。化石燃料廉价而丰富，能为火车和其他蒸汽引擎提供动力，载着人类驶入美丽新未来（brave new future）。后来，欧洲人觉得殖民奴隶制不是啥好玩意儿，便将工业革命推广到其他地方，这样大家皆可投身自由和工业化的现代性之中。他们推广工业革命的方法之一就是促使原始的农业社会"门户开放、市场开放"。最终成果：人类的财富和生产力增加了，幸福度也提高了——人类这个物种实现了潜力的真正释放！

可悲的是，我们直到今天仍在放任这种自作多情的叙事流行，以便令整个社会的自我形象看起来更加甜美。可以说，这种叙事已经深深地印刻在工业化世界的集体身份认同里，它看似复杂，但说到底还是源自传统的武功凯旋故事。不妨看看莫基尔（J. Mokyr）2009年出版的《启蒙经济：1700—1850年英国经济史》(The Enlightened Economy: An Economic History of Britain, 1700‐1850)结尾的话："对生活在18世纪的乐观派哲学家来说，今日英国和工业化世界的物质生活之优越，纵然是他们中思维最天马行空者也难以想象；这样的结果可能出人意料，但经济学家都会（或者说至少大多数会）把它当作一份得天独厚的福祉[1]。"工业革命不仅使我们在技术上更先进、物质上更丰裕，而且提升了我们的生活质量。这种看法是一种强有力的叙事，难以撼动。新技术、经济增长和消费社会是绝对必要的，人们很难对此观点提出异议。批判工业的现代性，在某种程度上就是批判人类的道德进步，因为这类叙事的核心主题是这样一种思想：工业化过程也对人类自身造成了革命性改变。工业社会的批判者常会遭到这种戒心重重的毒舌回击："如此说来，你希望咱们都倒退到洞穴生活是吗？"或者"你也配对进步搞这套螳臂当车？"

可持续性的拥护者并不反对工业化本身，也不会一门心思返回石器时代，但对前文中夸张到可疑的进步叙事，他们确实心存抵触。和卢梭一样，他们承认客观上的技术进步，但并不相信这种进步必能提升人类道德水平。他们并不认为工业革命的核心价值可以免于批判：财富私有化造成社会不平等；不惜一切代价的经济增长果然代价高昂殃及一切，包括对环境完好性的破坏；另外，机械化的新产物总是积极正面的，这种假设也过于天真。总之，可持续派提出了质疑：鉴于人类想在地球上可持续地幸福生活，工业革命是否会危及我们实现这种愿景的能力？现在的好日子由化石燃料驱动，这是否会使子孙后代受罪，工业派当初如此急于逃离的苦境，结果后代再度陷进去呢？

叙事笼罩万物，因为叙事从来都不是由"事实"自然而然地创造出来的，而是强加在一系列现象上，赋予其意义的故事，这类故事总是蕴含着何为对错的内隐定义。换言之，它们无可避免地具备道德说教的性质[2]。工业革命的支持者从启蒙运动哲学家那里继承了有关人类（此处应解读为：欧洲人）随时间推移而进步的叙事，只是他们的进步观把技术进步和经济自由化放到了中心位置。时至今日，这种叙事仍然维持着根深蒂固的工作原理地位，它以一种看似不可阻挡的方式推动我们追求更高的增长和更多的技术，因为其背后的基本假设就是这些东西终将有益人类[3]。

但是请允许笔者道一声"且慢"，我们何不反思一下这种进步叙事呢？假如我们相信工业革命期间及其后的发明创造确实使人类在有些方面变得更好，但也使得另一些方面变得更糟了，会发生什么呢？用更具批判性的怀疑论目光审视我们自往昔继承而来的价值观，又有何妨？还有，不妨把社会与环境因素都写到进步叙事里，让我们看看会怎样呢？倏然间，情况就变得没那么乐观了。可以说，从很多方面来看，人类当前的生态和人口危机都能在工业革命中找到病根。

举个例子，读者请看自1750年以来大气中温室气体（Greenhouse Gases，GHG）浓度的增长情况。凡是从事气候研究的权威专业机构如美国航空航天局（National Aeronautics and Space Administration，NASA）、美国大气与海洋管理局（National Oceanic and Atmospheric Administration，NOAA）和美国环境保护署（US Environmental Protection Agency，EPA）都能证明，大气温室气体浓度与18世纪晚期以来机器排放造成的大气污染密切相关。这些科研机构还证明，温室气体与人类的其他活动也存在密切联系，如森林砍伐（此举会释放大量二氧化碳，清除这个星球上十分重要的森林碳汇）、人工养殖的奶牛排放甲烷（CH_4）等*。但论起罪魁祸首，非化石燃料莫属。煤、天然气和石

---

* 牛、羊等反刍动物会通过打嗝或放屁等方式释放消化系统中产生的气体，其中含有大量甲烷。

油等化石燃料是大气中二氧化碳（CO_2）浓度上升的主因。温室气体主要包括二氧化碳、甲烷、氧化亚氮（N_2O）和其他的一些气体；人们可以对长期处于冻结状态的冰芯进行化学成分分析*，把很多温室气体的浓度按时间序列绘制成图表。距当今较近时期的温室气体水平，可从大气测量数据中直接确定。

通过上述科学分析，我们了解到工业革命已将人类带入名副其实的大写的污染时代，该时代的产物便是肮脏的城市、有毒的工业园区（和中毒的人体）、受污染的土壤与海洋、酸化的海水，同时大气污染还织就一张"巨毯"阻止热量散失，破坏了气候系统，最终使地表温度整体升高。EPA对此直言不讳："这些气体的浓度自1750年以来不断增加，其主因正是在工业化时代进行的人类活动[4]。"看到了吧：**人类活动**——促成人类"进步"的也是人类活动。还有一点需要注意：世界人口在工业革命期间才开始激增。数万年间，智人（homo sapiens）的种群数量一直远低于10亿，直到1800年前后，人类的总数才超过10亿。现在，世界人口达到70亿，并且还在增加**。这么多人的吃、穿、住以及取暖等需求对全球生态系统构成了重压。以上情况请参见图2.1—2.3。

细看科学分析得出的这些确凿"罪证"，再与工业革命乍看之下的"福气满满"（undivided blessing）相比，是不是有点面目全非的感觉？原来工业革命带来的结果充其量是喜忧参半——它确实发明了一些技术，让很多人活得更长也更安全，但同时它也破坏了地球的生态系统，造成了人口激增和大量物种灭绝，它还对气候系统造成了严重破坏，其后果是干旱、洪水、风暴及其他异常天气更频繁地出现，直接威胁到全球的大多数社会。那么问题来了：这一切到底值得吗？

---

* 冰芯分析涉及冰本身、冰内包含的少量可溶和不可溶物质以及冰芯包裹的微小气泡。冰本身的氢、氧同位素比率是度量远古地质年代气温高低的指标，而古大气温室气体浓度信息来自气泡内的气体。

** 2022年世界人口已达80亿。

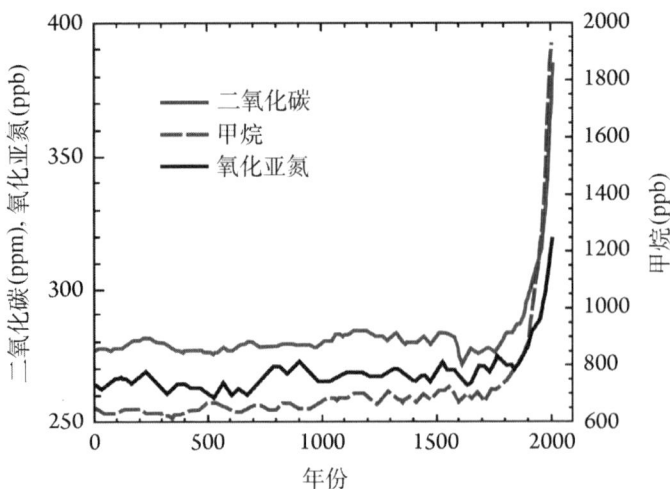

图 2.1 自1750年以来大气中的二氧化碳(ppm)、甲烷(ppb)和氧化亚氮(ppb)浓度*
工业革命前,二氧化碳浓度一直稳定在280 ppm上下,而现在的均值高于400 ppm。至少在此前200万年的时间段内,二氧化碳浓度从未升到如此高的数值。
资料来源:美国全球变化研究计划(USGCRP,2009)。引自EPA网站:http://www.epa.gov/climatechange/science/causes.html。

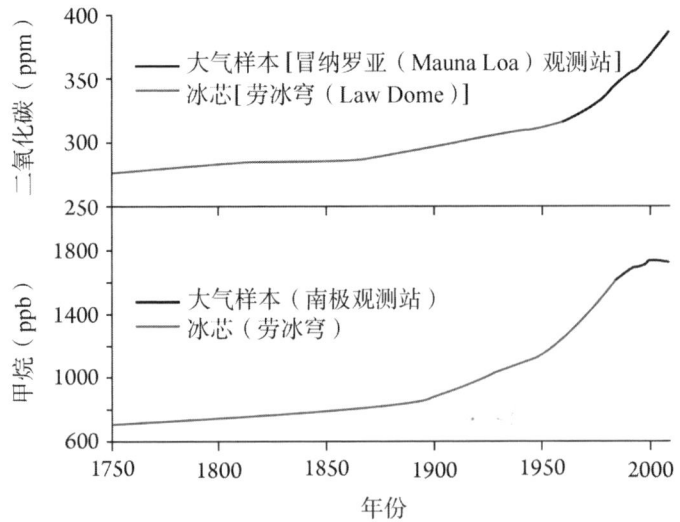

图 2.2 自1750年以来大气中的二氧化碳和甲烷浓度
资料来源:罗伯特·西蒙(Robert Simmon)根据NOAA古气候学与地球系统研究实验室提供数据绘制的NASA用图。

---

* 单位ppm为体积分数百万分之一,ppb为体积分数十亿分之一。

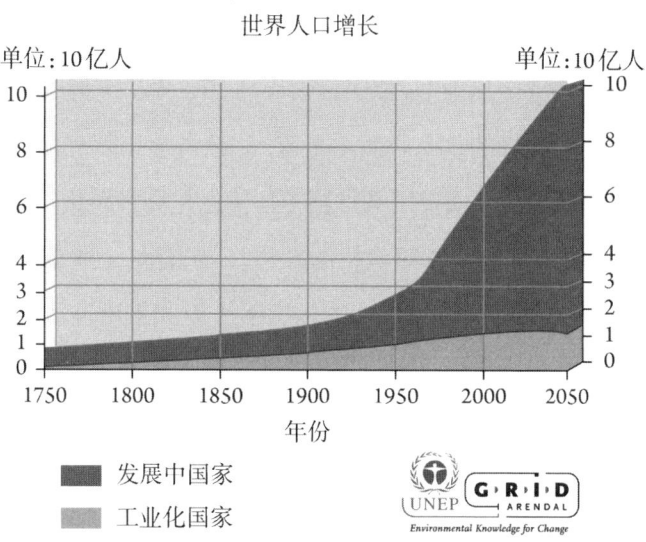

图 2.3 发展中国家和工业化国家的人口历时变化情况及其未来预测值

资料来源：雷卡切维奇（Philippe Rekacewicz），联合国环境署/全球资源数据库挪威阿伦达尔中心（UNEP/GRID-Arendal）。

若将全球社会的不平等状况也考虑在内，整幅图景就变得更加黯淡了。从很多角度来说，工业革命的结果是大多数人的生活变得**更贫穷**、**更悲惨**，而特定的少数人则"富得流油"。一位历史学家曾指出：有了蒸汽驱动的发动机，就不再需要那么多工人，于是造成了高失业率——姑且不论工作本身比过去更脏、更危险了。1812 年，英国约克郡有剪羊毛工及学徒 5000 人左右，但到了 1817 年只剩下 763 人。时至 19 世纪 30 年代，该郡的手工毛纺业基本消失[5]。虽然工业革命提升了英国的整体财富和生活水平，但严重的社会不平等状况依旧存在[6]。

不仅如此，工业化还在西欧［以及一些欧洲定居者（settler）社会］和殖民地世界之间造成了深刻而持久的社会不平等；1800 年以后，殖民地变得更穷，也更城市化了。今天，所谓发展中国家和工业化（或发达）国家之间存在的显著差异肇始于工业革命。联合国儿童基金会（United Nations International-al Children's Emergency Fund，UNICEF）近期开展的研究表明，全球贫困率高得惊人,发展中国家同富裕国家的收入差距之大前所未有。"按市场汇率计算,我们所生活的这个星球上,位于最顶层的20%人口掌握的全球收入份额超过80%,而底层人口的收入则微不足道[7]。"经济学家萨克斯说,全球有1/6人口生活在极端贫困中,而贫困又加剧了环境退化和种族仇视行为[8]。当然,世间的贫困不能一概归咎于蒸汽机的发明,但毕竟是工业革命带来了一连串的经济与技术变革,全球尺度上的极度不平等和重度贫困现象确实是由这些变革造成的。

这一切都表明,有必要对过度简化的进步叙事作出反思。这已经不是一种新观点了:在工业革命期间,针对工业化的批评者层出不穷,虽说他们的发声经常被阵阵丁零当啷的原始引擎声所淹没。像马尔萨斯(T. Malthus)、恩格斯(F. Engels)、卢德派(the Luddites)、约翰·穆勒(J. S. Mill)、梭罗(H. D. Thoreau)、华兹华斯(W. Wordsworth)和缪尔这样的思想家与社会活动家,都以各自的方式对工业革命进行了某些侧面或全方位的批判。尽管他们提出了很多异议,但最终还是出现了"工业增长即为进步本身"的叙事,并在描述时代精神方面成为获得广泛认可的**特定**故事。卢德派对机器存在的必要性提出了质疑,机器让那么多人失去了工作。恩格斯对工人阶级悲惨的生活与工作条件提出了质疑,并指出了经济变化、社会不平等和环境破坏三者之间的联系。梭罗对现代奢侈品存在的必要性提出了质疑。穆勒*对刺激无限增长的经济制度背后的逻辑提出了质疑。缪尔则重新认识了自然界的价值,此前,人们往往把自然当作创造财富的绊脚石,当作欧洲人前往全球各地开拓居所、建立移民社会的障碍。

本章并不想另起炉灶,对工业革命搞出一套新的元叙事**(往往消极多于积极),而是要回顾一下那些不满者,他们是最早批判工业化的现代性及

---

* 本书中单独出现的"穆勒"均指约翰·穆勒。

** 元叙事(metanarrative)可以简单理解为关于叙事的叙事。

其后果的人，也是最重要的一批人。这些人赋予可持续运动智慧与启迪，如穆勒和缪尔，近几十年来生态经济学家和环保主义者在追踪历史脉络的过程中重新发现了他们。在今天的可持续主义者看来，这些人及他们的同路人才是那个时代真正的远见卓识者。

目前所知，"工业革命"一词最早应该是在19世纪40年代由恩格斯创造出来的，而其真正流行于世，则要迟至19世纪80年代，得力于英国经济史学家汤因比（A. Toynbee）*的推广。从那时起，历史学家便围绕着18世纪末至19世纪的这场社会、经济和技术变革是否能真正称得上革命的问题展开了激烈的争论。笔者倾向于塞尔（K. Sale）的观点：观其变化之迅疾、影响之重大，配得上革命二字。虽然在同一时期，这些变化并没有立即影响到整个欧洲（或产生了影响，但并不是以同样的影响方式），更不要说大西洋对岸了，但至少在英格兰（及不列颠群岛的大部分地区），这场革命：

不仅改变了制造业的面貌，而且改变了生产的场所与目的、劳动力的构成、市场的性质、人口聚居的格局与规模及家庭和社区的作用。若始末两端的时间点按常用的1785年和1830年计算，这场革命算得上迅疾。将第一家由蒸汽动力驱动的工厂开工运营计为起始，将第一条城际铁路开通计为结束，则在此期间从事制造的英国人口在历史上首次超过了该国的农业人口。这在当时被视为翻天覆地之变，"异象奇观，发生之快……令人难以置信"⁹。

是什么变化把历史划分为前工业化和工业化这两个看似迥然不同的时代呢？对工业革命存在多种不同的思考，有的侧重技术变革，有的关注城市工人阶级的诞生，有的则专攻经济增长——由斯密式缓慢增长到市场式快速增长，但实际上这些变化之间并不存在互斥关系。塞尔列举了英国经历的六项最重大的变革，这六大变革终结了前工业化社会。

---

* 20世纪最著名的历史学家之一阿诺德·约瑟夫·汤因比（Arnold Joseph Toynbee）是他的侄子。

一、引入技术。燃煤的蒸汽机彻底改变了纺织品等商品的生产方式,并使借助铁路进行长途旅行成为可能。发明家设计了燃气照明工程,并改进了制铁工艺。机器逐渐取代人力和畜力,新技术大多是由廉价又丰富的煤炭驱动的,煤炭取代了前工业社会中提供动力的生物质、风力和水力。到了1850年,英国每年的煤炭开采量达6000多万吨[10]。

二、消解往昔。经济的变化,加上公有土地被圈占并私有化,彻底瓦解了历史悠久的乡间村社传统[11]。支撑过往社会结构的责任与互惠网络被新的经济模式扫荡殆尽。

三、制造需求。适销商品的生产创造出了新的需求。全体英国人迅速转变为去调控的市场中的消费者。在此期间,大量工作转移至各地的中心城区,城市得以急速发展,而殖民地世界为过剩的新商品提供了无条件服从供货方的俘虏式垄断市场。

四、劳动者受苦受难。大批手工匠人失业,英格兰等地的贫困率飙升至30%。即便是对能找到工作的幸运儿来说,他们的劳动场所也不得不从家宅或商铺挪进工厂。

五、国家助力。英国政府创设出自由放任的经济系统来推动工业化进程,这一系统早已在19世纪40年代后期布置就绪。英国政府还通过税收减免、财政激励等措施来扶持产业,其中包括专门针对工人阶级的"维持秩序"措施。

六、征服自然。"工业革命是人类在克服古老的自然界限制的过程中取得的首场辉煌胜利[12]。"蒸汽机的运行可以全然无视天气与季节的限制。的确,有了技术,欧洲人就能实现战胜自然的夙愿了[13]。或者我们应该说,看起来煞有介事。

塞尔所著《反抗未来的叛逆者:卢德派及其对峙工业革命之战》(*Rebels Against the Future: The Luddites and Their War on the Industrial Revolution*)提供了一个合适的出发点,可以帮助我们理解针对这类骤变的某些早期抵抗行为。卢德派是一支由手工纺织业工人组成的半组织化"部队";在1811—1812年的15个月里,他们以破坏性的打砸手段威胁柴郡、兰开郡、约克郡、德比郡和诺丁汉郡(英格兰中心地带的五个郡)的机械化工厂。据说他们跟随一名叫作卢德(N. Ludd)的领头人。其实此人是虚构的,属于带有英雄神话性质的民间传说,卢德运动借其名头以方便行事。卢德派并没有把所有形式的现代技术一棍子打死,但水力和蒸汽驱动的毛呢整理机取代了老式的手持整理机,减少了人工操作工序,提高了生产效率,这样一来,老式织工这些手艺人就没什么用了。用卢德派的话说,他们反对的是损害公众利益的机械,因为工厂用新机器生产纺织品的行为不仅改变了毛料的商贸机制,而且使传统的社区纽带销蚀解体,造成手工匠人失业,或者被迫改去让人信不过的工厂干活[14]。1813年,英国正规军队先是和卢德派发生了一连串小冲突,继而对后者采取了大批逮捕、审判及处决等行动,卢德派遭到了无情镇压。在此之前,这些"进步"事业的受害者已经捣毁了价值超过10万英镑的机器,而他们对工业化提出的道德质疑赢得了广泛的同情。

塞尔指出,自19世纪初至今,"一提到卢德主义,就意味着一系列反对行为,包括反对工业技术的统治,以及与这种统治相关的价值观诸如机械化、消费、开发利用*、增长、竞争、创新和进步等[15]。"其实,卢德派并不是最早的一批技术恐惧者(technophobes),也不是最后一批。捣毁机器这种做法早在17世纪末期就有了,而在卢德运动衰亡后,英国还时不时地发生类似事件。直到1830年前后,工人阶级行动派发动工潮渐成主流,以宪章运动(要求进行政治改革,争取男性普选权)和工会运动的形式实现了惯常化,捣毁机器的行为才画上了休止符[16]。不过,由于组织水平较高且声名远播,卢德派还是以现代技术的首批严肃反对者身份被载入史册。

卢德派有一个醒目的特点:他们仇视的对象不是资本主义体系中的工厂主和消费者,而是无生命的机器。机器可恶可憎,因为它们象征公共纽带

---

* 原文为exploitation,在反对者的语境中意为"剥削"。

的销蚀，象征使人沦为牛马的劳动环境。几十年前，学者芒比（L. Munby）指出，"（那时的手工业者）对技术进步本身是接受的，前提是技术能主动适应由手工匠人使用的情况而非反过来[17]。"虽然卢德派不怎么关注自然环境，但他们对工业化造成的社会、经济影响的批判（采取直接行动、散发传单小册子，受审时作证等方式）仍然是可持续运动开展的大背景中的一部分，即便捣毁机器的冲动已经消退。如本书后面的章节所述，可持续性的内容之一是要确定哪些技术对人类的社会、经济与自然界有益，哪些技术的代价过高不值得使用。可持续派比卢德派文化修养高，但无论如何，他们对技术都十分审慎，主张精挑细选。

如前所述，工业革命的批判者并不仅限于卢德派。19世纪初期的浪漫主义诗人为田园诗式传统乡村生活的消逝涂上了怀旧的乡愁色彩，他们寻章摘句、雕虫纪历，为眼前发生的环境变化谱写了带韵脚的编年史。英国四大浪漫诗人拜伦（G. Byron）、雪莱（P. Shelley）、布莱克（W. Blake）和华兹华斯无不谴责工业主义，对卢德派所处的困境报以同情。华兹华斯对工业增长殃及英国乡村的后果描述得尤为生动：

那土路漫灭了，那车辙散乱了，

长长的、长长的树篱织成的小巷……

已无影无踪——大道通衢将它们全部吞没……

游者步履所及，但见

荒野被抹平

或正一点点消逝[18]。

实际上，浪漫主义是对工业革命的一种文学反抗方式。无论是华兹华斯，还是德国的歌德（J. W. von Goethe），浪漫主义者把自然界看作一个有机的整体，而新生的工业威胁（煤矿、铁路、冒烟的工厂、污染的水道、不断扩张的臃肿城市和踩躏乡土的无尽公路）破坏了自然的完好。有人认为整个自然界本身不是有生命的活体，只是提供原料的储物仓以及倾倒废料的垃圾场。对此浪漫主义者坚决反对,他们把自然视为滋养灵魂之所[19]。工业主义所谓的"进步"反而属于可悲可叹的施虐——受虐行为,妨害了人类的精神追求,使人丧失了与自然和谐相处的能力。

这一时期最著名的复归田园式浪漫主义者是美国博物学家梭罗。19世纪20—30年代,他在马萨诸塞州度过了自己的青少年时期,目睹了工业主义浪潮登陆北美;不久,他就开始批判工业主义破坏了环境,使消费主义盛行。他从哈佛大学毕业后办了一所小学校,结识了美国超验主义(19世纪20年代至30年代在新英格兰兴起的反主流文化的知识分子运动,崇尚自然,厌恶宗教界、政界的腐败,主张怡然自足)作家爱默生(R. W. Emerson)[20]。1845—1847年,梭罗住在家乡瓦尔登湖(Walden Pond)附近一间极小的乡村木屋里。1854年,他发表了名作《瓦尔登湖,又名林间生活》(*Walden: Or, Life in the Woods*),详细记述了个人对简朴生活的体验和感悟[21]。林间生活让梭罗逐渐爱上了孤独,爱上了天然的和谐,也爱上了"自立自足"(self-reliance),这是爱默生一篇著名随笔的标题[22]。在《瓦尔登湖》的"冬日漫步"(Winter Walk)章节和另一本书《缅因森林》(*The Maine Woods*)中,梭罗赞颂了徒步旅行的种种美好,表达了阿卡迪亚式生态观[23]。他还形成了非暴力的公民不服从思想,并以此名满天下。他对许多新英格兰同代人热衷的现代奢侈品和消费主义嗤之以鼻[24]。梭罗提倡的田园式自给自足(bucolic self-sufficiency),对增长驱动的毁林行为保持的警觉,以及对城市物质主义的拒斥,使他受到历史上早期的资源保护主义者、更晚出现的环保主义者、可持续主义者及简朴生活追求者的挚爱[25]。一位观察家说:"现代可持续思想植根于人和自然的关系,美国新英格兰的超验主义运动最早表达了这种关系[26]。"

再来看看欧洲,对19世纪30—40年代自由放任的工业主义,最激烈的反抗来自工人运动——工会、人权活动家和社会主义党派。1848年,革命浪潮席卷欧洲,一个主要原因便是工人阶级要求工厂提高工资并改善劳动条件。即便是在英国这样没有发生1848年动荡的国家,工人也组织起来抵制新经济及其带来的破坏性后果。那么,现代可持续运动从工人运动对工业革命的批判中汲取了什么呢?据分析至少汲取了三个要点。

一、批判社会不平等。新经济造成了社会分层情况的恶化,工人运动常常就此发起议论。社会主义在传统意义上分为乌托邦派和科学派,而不论是以圣西门(H. de Saint-Simon)、傅立叶(C. Fourier)、欧文(R. Owen)、蒲鲁东(P. Proudhon)、布朗基(L. A. Blanqui)为代表的乌托邦派,还是以马克思和恩格斯等为代表的科学派,均赞同"人生而平等"这一思想,痛斥通过对贫穷劳动者(无产阶级)的劳动进行剥削来完成发财致富的有产阶级(资产阶级、资本家)。

二、批判资源和权力的集中化。早期工人运动激烈反对资产阶级集中财富(资产阶级向来是一小撮人,包括工厂主、管理资源的经理和金融家等),反对政府官员以权谋私,主张广泛、公正地分配财富、资源和权力。

三、认识到自由贸易和经济增长导致环境退化,而这种退化又进一步影响工人阶级的健康、安全和生活水平。19世纪缺乏明确表现出环保取向的工人运动,但其中有些对工业化生活从整体上或从生态角度提出了批判,当然,批判的焦点是无产阶级所遭受的苦难。

从生态角度批判工业革命的最佳例子是恩格斯1845年出版的《1844年英国工人阶级状况》(*The Condition of the Working Class in England in 1844*)。恩格斯出生在一个从事棉纺织业的普鲁士富裕家庭,年轻时当过记者,在欧洲各地闯荡,参与激进政治。后来,他结识了马克思,两人成为一生的朋友与事业伙伴。与马克思相识后不久,这位年轻的社会主义者就被父亲派往英国曼彻斯特的家庭纺织厂。父亲的本意是让他亲身感受一下真实的资本主义,纠正思想认识,结果彻底失算。恩格斯观察到的曼彻斯特生活、工作条件反而进一步坚定了他的革命思想。他着手调查记录英国工人的苦难境况。1845年出版的这本书对工业主义大加挞伐,一举击破了关于人类进步的神话。他词锋犀锐、下笔如刀,将那个时期的经济变化同工人阶级被"社会性谋杀"(法律、法规和体制最终压垮、戕害工人的方式)及对自然环境的劫掠联系起来。他抨击资本"掌握在少数人手里……人口也像资本一样(在工业城市)集中起来[27]。"恩格斯翔实而生动地描述了工人的聚居地——曼彻斯特周边那些脏乱不堪的市镇:"这些城市本身都建造得低劣而杂乱,有许多肮脏的大杂院、街道和小巷,到处弥漫的煤烟使得修砌这些建筑物的红砖(当地普遍使用的建筑材料)时间一久就会变黑,于是给人留下一种特别阴暗的印象[28]。"恩格斯还引用政府报告分析工业造成的水体污染和空气污染,这类污染最先造成的便是穷人的健康问题。以下是他描述水道中工业污泥的一个著名段落。

艾尔克河在桥底下流淌,更确切地说是流滞了。这是一条黝黑发臭的狭窄小河,里面满是各种残渣和垃圾,这些东西被河水冲上较平缓的右岸。天气干燥的时候,这一侧河岸就留下一长串龌龊透顶的暗绿色黏泥坑,恶臭的气泡不断从坑底冒上来,散发着异味,甚至站在桥上的人也忍受不了,哪怕桥面高出水面十几米[29]。

从长远来看,该书为探讨工业化经济体系的代价开创先河,这类代价包括污染、贫困、贫民窟化、童工及有违人性尊严的生活条件等。当然,时至今日我们仍然在跟工业化经济体系的代价缠斗,如空气污染、原油污染、工业灾难以及全球大气中的温室气体浓度飙升等。即便可持续理论的预设是资本主义的体制架构会继续存在,可持续运动仍然从恩格斯处获得了一种敏锐的认识:工业社会是如何加剧社会不平等并毒害环境的。今天我们尤其要纪念恩格斯,因为他是首批为此著书立说者之一,是他让人们意识到城市的不可持续状态和职业健康问题,这些问题不仅影响产业工人,而且影响人类的子孙后代[30]。

不过有一点是肯定的:社会保守派与古典经济学派也为可持续性注入了内涵。他们都从根本上赞成工业资本主义。毫无疑问,这些思想家若是知道今天他们的名字会和这个叫"可持续性"的东西联系在一起,并因此紧随恩格斯与卢德派之名,他们定会大受震撼。可持续性之所以如此诱人,原因之一是它汲取了多种政治观点。可持续性植根于马尔萨斯、穆勒、李嘉图(D. Ricardo)和杰文斯(W. S. Jevons)等古典政治经济学家的著述,探讨可持续性的文献经常引用这些人的话,将他们视为不计后果工业增长的早期批判者[31]。整体而言,这些经济学家对增长的能力——城市增长、自然资源消耗增长和人口增长能否无限持续下去(甚至增长本身是否值得追求),怀有根深蒂固的疑虑。尽管对经典资本主义理论的创立都有贡献,他们却极不赞成同时代很多人那种"天上会掉馅饼"式(不切实际,只会开空头承诺的)乐观主义。由于这个原因,过去几十年中可持续派经常引用他们以壮声势。

英国政治经济学家、人口学家兼牧师马尔萨斯凭借人口研究这一当时的新兴领域对戈德温(W. Godwin)、孔多塞(the Marquis de Condorcet)等鼓吹追求无限增长和社会进步的启蒙运动乐观派提出了质疑。1798年他出版了《人口原理》(*An Essay on the Principle of Population*)*,这是一部警世录,甚至带有浓烈的火药味。从迷恋技术进步的文化角度来看,这本书算是相当厌世的了。马尔萨斯十分严肃地指出:经济增长会带动人口高速增长,但后一增长不可持续。他认为,粮食产量充其量只能以算术速度增长,而人口则能以几何速度增长,这种增速的不匹配最终会导致人口危机。"因此,可以肯定地说,人口若不受限制,每25年就会翻倍,或者说将呈几何级数增长[32]。"同时,马尔萨斯也谈到了能够防止人口过剩的抑制因素。他把人口抑制分为两种:正向抑制(positive checks)和预防性抑制(preventive checks)。正向抑制是无法由主观意志决定的客观事件,虽不受欢迎但仍会不请自来。无论是在无意中人为造成的还是环境造成的,它们均不利于人类的繁衍,如饥荒、疾病、战争、瘟疫**、艰苦的劳动、恶劣的天气、贫困、拥挤的城镇、(对儿童

---

* 又被译为《人口论》。

** 原文如此,本句中"疾病"与"瘟疫"应指非传染性与传染性的区别。

的)的无效保育以及"各种超过限度的情况"³³。与之相反,预防性抑制则是人类为避免生育经过理性考量做出的主动选择,比如通奸、逃婚、"非自然情欲"(指同性恋)、节育及其他计划生育方法。马尔萨斯作为神职人员,以一本正经的道学先生态度认为这些办法中的大多数有违伦理,在道德层面令人反感³⁴。不过,他想传达的核心意思是:天道昭昭,总有某些东西在阻止人口变得过多,而与此同时,社会仍然负有道德义务去应对人口过剩的挑战,要采取合乎道德的必要措施以避免未来发生浩劫。

关于马尔萨斯是不是第一位认识到经济和人口不可能(也不应该)无限增长的欧洲政治经济学家,尚存争议。如极受推崇的历史人口统计学家里格利(E. A. Wrigley)曾说,亚当·斯密、马尔萨斯、穆勒及"所有古典经济学者"都认为,"经济发展必然趋于一种可称之为静止的稳定状态(the stationary state)。亚当·斯密在《国富论》中有一段话提到多数经济体的终极宿命是实现'完满富足'(full complement of riches),而其实现时的伴随物正是这种静态³⁵。"不过,即便马尔萨斯不是提出"经济不可能无限增长"观点的第一人,他看待这个问题的生态学视角也绝对是19世纪初至今最具影响力的角度³⁶。他的这部著作对经济学家、系统学理论家、人口学家和生态学家的影响非常显著。例如,20世纪60—70年代,生态经济学家把马尔萨斯的警告当作批判经济增长及其后果的出发点。马尔萨斯的重要性在罗马俱乐部1972年出版的《增长的极限》(*The Limits to Growth*)、戴利1977年出版的《稳态经济学》(*Steady-State Economics*)、米香(E. J. Mishan)1977年出版的《关于经济增长的辩论:一次评估》(*The Economic Growth Debate: An Assessment*)中可见一斑³⁷。总体而言,新马尔萨斯主义者主张采取一种新的经济学研究路径,尊重生态极限的存在,要让社会能够避开马尔萨斯描述的审判日场景³⁸。直到今天,关于环境和人口问题如何破坏社会稳定的探讨,还被称作马尔萨斯主义辩论³⁹。

近年来,这场辩论正反方立场的对立日趋鲜明。赞成经济和人口增长,把工业革命视为纯粹福祉的一方认为马尔萨斯没有必要冷眼相向、愤世嫉俗。如莫基尔就认为，工业革命之前那些年，"人口压力妨碍了人均收入的增长"，到了19世纪，"现代经济增长克服了人口的负反馈。工业革命的意义在于婴儿与资源竞赛，最后以资源完胜告终[40]。"的确，很多历史学家认为马尔萨斯的观点犯了根本性错误，因为他不了解现代技术具备力挽狂澜的威能。从长远来看，现代技术增加了粮食产量，减轻了人口抑制因素的影响，提高了世界各地人民的生活水平[41]。

另一方面，谴责增长既破坏生态又不可持续的人却都觉得马尔萨斯所言甚是，经得起检验。在他们看来，工业革命把人类送进了污染、过度消费、人口过剩的时代。戴蒙德在《崩溃》(Collapse)中专辟一章讨论1994年卢旺达种族大屠杀事件，题为"马尔萨斯在非洲：卢旺达的种族屠杀"[42]，他认为马尔萨斯的基本模型在东非地区得到了证实。饥荒、人口过剩（当时的卢旺达和布隆迪是非洲人口密度最高的两个国家）激化了种族矛盾，致使近100万卢旺达人被屠杀[43]。显然，马尔萨斯模型在某些情况下依然适用。更重要的是，新马尔萨斯主义者及其他可持续倡导者一致认为马尔萨斯的基本观点是正确的，即便有错，也只是错在了时间框架上。《增长的极限》的主要观点是：这个世界很可能在21世纪中叶的某个时间点撞上马尔萨斯极限[44]。在到达极限之前，人类可以优哉游哉地坐等正向抑制因素生效，也可以主动采取一系列的预防性抑制措施，避免自身物种发生大规模的群体死亡。换句话说，无论一个社会具备多么高超的技术，（客观上物质性的）生态极限的存在都是无法消除且难以克服的，只能设法规避。

让我们回到马尔萨斯身处的时代，在这一时期，对增长的生态极限忧心忡忡者绝非他一人。身为金融家兼上院议员的英国政治经济学家李嘉图在1817年出版了一部很有影响力的著作《政治经济学及赋税原理》(On the Principles of Political Economy and Taxation)。他认为，一个国家（乃至整个世界）的可耕地数量是一定的，这一限制最终会导致经济和人口的增长受到抑制。李嘉图精心构建了边际收益递减理论(又称报酬递减律)。他认为,优质土地变得稀缺,租金必会提高,劳动力成本也会随之提高,然后食物价格变得更贵,如此必然削减获利能力,从而使得未来对经济的投入减少[45]。里格利指出:"因此,马尔萨斯、亚当·斯密和李嘉图有一个共同认识:经济增长必须受到节制,因为土地(按字面狭义理解)几乎是一切物质生产的必要条件,而土地的供应量是基本固定的[46]。"不过,李嘉图发出警告的意图并不是要批判资本主义经济学,实际上他和赫斯基森一样,都是19世纪早期英国自由放任经济学说的主要鼓吹者。所以,李嘉图既受新古典经济学家青睐,又被生态经济学家看好,这样的政治经济学家可谓寥寥无几。布朗身居生态经济学家前列,他在论述可持续社会的建设问题时,经常借鉴李嘉图的思想[47]。

另一位政治经济学家是杰文斯,他的论述也常被新古典主义经济学家和生态经济学家援引、借鉴。杰文斯从19世纪较后期开始名闻天下,一是因为他专精煤炭相关的经济学,二是由于他进行经济分析时采用的数学方法。1865年他出版专著《煤炭问题》(*The Coal Question*),书中论调惊人,展望了煤炭供应不足情况下英国将面临的种种问题。尽管在那个时代煤炭丰富且廉价(据杰文斯估计,仅1860年英格兰就开采了8千万吨煤),但他看出煤炭消费一直在提速,而这必然会加速这种储量巨大的燃料的耗竭。他还反直觉地驳斥了当时的普遍观念(增效也是一种节能),宣称消耗燃料的机器越高效,燃料的总消耗量越会呈不降反升的趋势,因为消费者会用节省下来的钱去购买更多的燃料,而这又会刺激生产者待价而沽,囤积更多的资源。"各种新经济模式必然造成消费的增加,这是一条由大量实例证明的规律[48]"。这一见解后来被冠以"杰文斯悖论"之名,在可持续经济学领域一直保持着巨大的影响力。

例如戴利曾说,将效率视为开给过度消费的一剂灵丹妙药是错误的,越有效率,越会适得其反,加速资源耗竭[49]。最近活跃的可持续派杰克逊(T. Jackson)也表达过相同的思想,反驳了下列观点:我们可以通过技术进步使经济增长与对物质、能源的需求"脱钩"。杰克逊指出,新技术会加速资源枯竭,加剧社会过冲(overshoot)[50]。同样,资源经济学家瓦克纳格尔(M. Wackernagel)和里斯(W. Rees)在一篇讨论自然资本和生态足迹的论文中也提及杰文斯悖论。他们认为,由效率收益省下来的任何成本"都应该用提高征税或其他方式从未来的经济循环中移出,最好将其专款专用,进行自然资本恢复领域的再投资[51]"。所以,时至今日,杰文斯仍是一名十分重要的人物,他提醒人们不要过于天真地以为只要有了效率就能防止资源的过度消耗[52]。

最后要提及的一位与工业革命相关的古典经济学家是约翰·穆勒,他在很大程度上是最重量级的。穆勒幼时的成长环境富有知识分子气息,他的父亲詹姆斯·穆勒(J. Mill)是一名功利主义者,控制欲很强,他亲自指导穆勒的学习。穆勒能够经常见到功利主义的创始人边沁(J. Bentham)、经济学家萨伊,还有前文提到的李嘉图。后来,穆勒成了著名的政治经济学家、自由主义思想家、妇女权利倡导者。他在《论自由》(*On Liberty*)中为自由和言论自由大力申辩,该书至今仍然位列大学生的必读经典。他在1848年出版的经济学杰作《政治经济学原理》(*Principles of Political Economy*)也同样重要。这是一部关于资本主义经济学的综合性理论著作,发展完善了亚当·斯密和李嘉图的思想,穆勒对他们两人尊崇有加[53]。

生态经济学家和其他可持续派为什么纷纷转到穆勒的著作中寻求启发呢?简单地说,这是因为穆勒相信一个经济体如果能约束增长,最终就会(也理应)步入成熟、繁荣的境界。穆勒并未设想无尽的增长,而是设想有一天人类经济系统在财富创造、产销吞吐量、消费、人口等几个方面实现受调平衡。他专辟一章讨论这个设想,标题是"论静止状态"(Of the Stationary State)。

当进步停止时,人类会处于何种状况?政治经济学家肯定已经或多或少地意识到了,财富的增长显然并不是无限的,在所谓进步状态的尽头便是静止状态,财富的增长只不过延缓了静态的到来,我们每向前迈进一步,便向该状态逼近了一步[54]。

他和马尔萨斯一样,对不可持续的人口加速增长趋势表示担忧:"在资本不断增加的状态下,即便是在那些长期存在的古老国家中,出于良知和远虑而对人口施加的限制也是不可或缺的,这样才能防止人口的增长超过资本的增长,防止社会底层人民的生活状况进一步恶化[55]。"穆勒在这一点上和支持在"进步国家"实现无尽增长的当代政治经济学家拉开了距离。

所以,我不能以老派政治经济学家普遍表现出来的那种天然的厌恶心态来看待资本和财富的静止状态。我倾向于认为静止状态在整体上远胜过我们当前的状态。一些人认为,人类生活的正常状态就是为了出人头地而斗争,彼此蹬踏、排挤、甩肘子,因为不甘居于人后便各自紧咬不放,种种倾轧形成了现有的社会生活方式,而这正是人类的最佳命运,绝非产业进步诸阶段的可憎象征。但坦白地说,我并不欣赏这类生活理想[56]。

最后也是至关重要的一点:穆勒认为经济的增长和发展显然**独立于道德和文化发展**。因此,他拒绝接受工业时代的一则核心信条——只有进行经济扩张,人类社会才能实现进步。穆勒拆分了这两个要素间的联系,认为只有进入静止状态,人类才能更注重文化层面的改善。

不用说,资本和人口处于静止状态,并不意味着人类自身状况的改善也处于静止状态。各种精神文化以及道德和社会层面的进步,具有和以往同样广阔的发展前景,"生存之道"(the Art of Living)的进步亦然,尤其是在人们不再为登龙术(the art of getting on)绞尽脑汁之时[57]。

值得注意的是,许多古典经济学家(尤其是穆勒)并不赞成无限扩张的经济体系。那些拥护增长、主张一切照旧的21世纪新古典主义经济学家,显然无视了资本主义最初构建时期的这一关键内容。尽管穆勒并非棱角分明的生态思想家——他对社会、经济问题的关注远多于生态问题,但他为静止状态所作的辩护对可持续经济学而言十分重要。系统理论学者和资源经济学家改写了穆勒的"角色形象",把他塑造成新型经济体系的早期捍卫者,此类体系尊重生态极限的存在,重视人类自身的发展,而非追求纯粹数量上的"更多"。正如穆勒本人所说,"只有在落后(贫困)的国家,增加生产才依然是一项重要目标。对最先进的国家而言,它们在经济上需要做的是实现财富的优化分配[58]。"

一些历史学家指出,穆勒提出的静止状态构想是建立在经济稳定及财富公正分配的基本条件之上的,然而在19世纪末和20世纪的大部分时间,经济增长正值春秋鼎盛,于是这个构想基本上被束之高阁。直到最近几十年,金融体系变得步履蹒跚,生态危机日趋严重,它才被再度提起[59]。杰克逊写道:财货日增未必能使社会个体的幸福感与充实感得到提升,穆勒是第一个表达此类观点的经济学家[60]。戴利提出的稳态经济理论颇具影响力,它直接受穆勒静止状态论的启发。事实上,称戴利为新穆勒派(Neo-Millian)并不为过。读者会在本书的第四章看到,戴利曾在20世纪70年代引用穆勒的观点,鼓吹非增长型经济,形成这种经济的基本条件是人口数量受到调控,资源得到稳定使用,资源、收入和财富实现公平分配[61]。

至此,我们能清楚地看出可持续经济学的起源可被追溯至工业革命时期。同时可以肯定的是,批判工业主义的派别形形色色,覆盖了各种立场。工人运动也许对新式(自由放任)经济的反对最为激烈,然而,"增长存在生态极限"观点实现理论化的大部分基础是由古典经济学家奠定的。可持续运动博采众长,对马尔萨斯、穆勒和恩格斯的思想都有所涉猎,最终它融会贯通,编就了一整套富于智慧与耐性,且逻辑自洽的哲学思想。事实上,19世纪中叶经济学家的著作对现代生态经济学的影响看起来超过了19世纪后期至20世纪50年代之间面世的任何一本书[62]。关键在于,19世纪对污染、不平等与不可持续式增长的批判,至今仍深刻地影响着当代的可持续主义者,给他们历久弥新的启迪。

19世纪的科学家和博物学家同样举足轻重,与同时代的政治经济学家一样,他们也对现代可持续运动作出了自己的贡献。正是在这个时期,自然科学发展为各类专业领域的分支科学,同时跨出科学院的藩篱,走进了高等学校。关于19世纪物理学、化学及其他学科的发展可谓说来话长。在本章的剩余篇幅里,我想重点说明一个特定学科领域的成长、成熟过程,这就是生态学。毫无疑问,它对可持续性概念产生了最显著的影响。显而易见,我们应该先从查尔斯·达尔文(C. Darwin)的进化理论说起,它粉碎了既有的范式,在科学史上开创了新纪元。1859年,达尔文*在《物种起源》(*On the Origin of Species*)中提出了进化论,不仅对生物学产生了广为人知的冲击,而且对生态学的现代概念体系影响巨大[63]。德语的oecologie(生态学)一词是由海克尔(E. Haeckel)在1866年创造的,他是达尔文学说的忠实追随者。说来并非巧合,海克尔一直想找到一个单词来概括所有针对生命存续自然条件的研究[64]。尽管达尔文有关生物进化的论述和工业革命基本上没有直接关联,但正是在他的帮助下,生态学才得以建立。自19世纪以来,在理解人类应如何量入为出、长久生存这方面,该学科一直是我们的认识基础。以此而论,生态学素与工业主义相左,两者之间的思想交锋一直相持不下[65]。

达尔文的父亲伊拉斯谟·达尔文(E. Darwin)是著名博物学家,伯明翰的"月光社"(Lunar Society)社员。月光社是一家倡导启蒙的俱乐部,汇聚了一批自然哲学家与工业家。达尔文年少时就接触过父亲对进化问题的诗意思考,这也许在一定程度上影响了他的宇宙观。另外,达尔文亲眼所见的是一个竞争激烈、咄咄逼人的工业社会,这可能也影响到了他关于"(生物之间的)自然关系主要由竞争决定"的看法。1831—1836年这近5年时间里,青年达尔文以驻舰博物学者身份乘坐英国皇家海军的"小猎犬号"(*HMS Beagle*)军舰**进行环球航行,考察了南美洲的海岸线及相邻岛屿。在远航期间,他

---

* 本书中单独出现的"达尔文"均指查尔斯·达尔文。
** 舰名又译"贝格尔号",单词Beagle所指犬种学名为米格鲁猎兔犬,又称比格犬,是体型最小的猎犬之一,另外也是一种药物试验用犬。

建立起进化理论,主要思想是:生物物种通过自然选择不断发生进化,在此期间,同一物种内的某些个体在无休止的生存斗争过程中胜出[我们更熟悉的"适者生存"是由斯宾塞(H. Spencer)后来提出的][66]。

达尔文学说从根本上摒弃了统治大半个19世纪的旧式生态学模型,这个旧模型与德国科学探险家洪堡(A. von Humboldt)的关系最为密切。洪堡提出了"自然界的伟大和谐",这一浪漫思想曾经如日中天,但达尔文关于适应与永恒斗争的非和谐论观点一出,力能蚀日,令洪堡思想相较之下顿时黯然失色[67]。达尔文在构建进化论时借鉴了赖尔(C. Lyell)的著作《地质学原理》(*Principles of Geology*,书中谈到了地质"斗争"和转化),也借鉴了马尔萨斯关于人口的警世之言[68]。达尔文从马尔萨斯那里汲取了一种思想:不管是哪个物种(人类也好,其他生物也罢),只有避免对其食物来源进行过度采收,才能维持自身的兴旺繁盛。也就是说,达尔文和马尔萨斯都意识到,无论哪种生物都必须在自然的极限内生活,超越极限必将导致物种的衰败甚至灭绝[69]。在生态经济学家、可持续主义者看来,时至今日这个基本观点依然具有重大现实意义,虽然当今的生态学家都承认自然界中存在多种多样的物种关系,可以从竞争关系渐变过渡到相反的共生关系。

毋庸置疑,达尔文对生命科学产生的影响是巨大的,他为其去世后持续数十载的生态学学术争论设定了议程。虽然他的"生命之树"隐喻借自浪漫派的词汇库,意指一切生命无不有机地联系在一起,但他的思考路径还是使自然科学与洪堡的"平衡与稳定"概念拉开了距离[70]。达尔文的研究也削弱了人类中心论,尤其是神创论,后者宣称宇宙的存在目的就是(神明)为了满足人类的需求(而设计创造的)[71]。自达尔文之后,自然界的面貌看上去更加险恶易变了,从某种意义上说,人类的地位被贬低了,现在人和其他生物平起平坐,都要为生存下去而斗争。虽然达尔文在1871年出版的《人类的由来》(*The Descent of Man*)中将人类视为独一无二的特殊物种,但他还是认为一切物种都生活在一个相互关联的网络中,生存的基础条件是能够适应自然环境,并且能在其中茁壮成长。达尔文的生态思想和进化理论对19世纪末和20世纪的环保主义者产生了直接影响,他的学说在可持续性的历史中一直保持着作为思想背景组成部分的地位。

继达尔文之后,马什(G. P. Marsh)也属于19世纪最早一批生态思想家,这些思想家以生态学为工具,认识、批判人类对自然的破坏。马什的名字恐怕算不上家喻户晓,但他确实是19世纪后期重要的环境类写作者。近年来,人们对他的思想遗产重新作了梳理,有人甚至称他为"美国第一位环保主义者"[72]。马什出身于新英格兰上流社会,作为一名有学识者,他先是当选美国众议院议员,后又担任美国驻意大利和奥斯曼帝国的外交官。19世纪60年代在意大利生活期间,他对林学和生态学产生了兴趣,开始研究自罗马时代以来意大利半岛*的环境变化历程。他的研究成果最后结集为一部备受后世追捧的著作《人与自然》(*Man and Nature*),并于1864年问世。有人说,"《人与自然》出版后并未立即成为畅销书,而是随着时间推移,渐渐变成了知名的重要著作,保持着长销佳绩[73]。"在该书中你可以读到作者从生态学角度谴责人类对自然界的"恣意破坏",措辞相当严厉[74]。马什对洪堡和达尔文的研究均有所借鉴,但相对而言,他更偏爱平稳、均衡的洪堡生态模型,而非达尔文的竞争与适应模型[75]。马什认为,达尔文生态观的主要问题是低估了人类在自然过程中发挥的重塑作用[76],人类已成为自然界的一支破坏力量,这也解释了他为何在1874年再版《人与自然》时,将书名改作《被人类行为改变的地球》(*The Earth as Modified by Human Action*)。

在该书的初版中,马什探讨了原住民的民族生态智慧,森林的重要功能(现代生态学术语称之为"生态系统服务"),森林砍伐、湖泊与木本沼泽排干**等人类行为对气候的影响,以及欧洲实行的帝国主义政策与环境退化

---

* 意大利半岛又名亚平宁半岛。
** 木本沼泽原文为swamp,巧合的是马什姓氏单词marsh的本意为草本沼泽,两类沼泽都属于湿地生态系统。

（包括土壤、水体、树木和空气的退化）之间的关系等主题。欧洲帝国主义者的殖民扩张将生态破坏传入"此前绝少违逆大自然安排"的原住民社会，对前者的种种罪行，马什措辞严厉，批判锋芒最利[77]。书中有些段落更是预言了不祥的征兆，如下面这段：

> 对地球上最高贵的居民而言，这个星球家园正在快速变成不再宜居之地。倘若下个世代的人类仍然贪图眼前之利，昧于先见之明，将现今的罪行延续下去，那么地球势必沦陷于地力贫瘠不堪、地表支离破碎、气候极端无常的惨境，至此，人类难免面临堕落、暴虐甚至灭种之虞[78]。

事实上，马什的这部燃情巨著可被解读为从生态学角度对工业化和经济增长进行的批判。他质疑化学废料、工业垃圾以及加剧环境变化的技术，尤其是对自认全球土地、资源在握的欧洲出现的人口暴增画上了大大的问号。简言之，马什和洪堡、达尔文不同，他利用已脱离博物学范畴、成为科学分支的生态学，发起了一场针对工业社会及其后果的抵制运动。他塑造了一整套"道统"：活用生态学的思想资源，击破关于进步的僵化陈腐叙事（这类叙事对工业时代有加固基底之效）。马什与他同时代的多数人大异其趣，他认为人类负有保护地球的道义责任，提出了托管地球道德观（ethos of stewardship），深刻影响了1900年前后崭露头角的资源保护派和自然保护派[79]。卡森、利奥波德也从《人与自然》中汲取了思想营养。时至今日，马什的思想依然适用[80]。

论起声名家喻户晓，如果说马什力有未逮，那缪尔可谓当之无愧。今天大家*都知道缪尔是塞拉俱乐部（Sierra Club，成立于1892年）的创始人，而在美国国家公园系统的创建过程中，他是老罗斯福（T. Roosevelt）总统**的盟

---

* 作者指美国人民。

** 西奥多·泰迪·罗斯福，与另一位总统小罗斯福（富兰克林·罗斯福，Franklin Delano Roosevelt）对应，本书中单独出现的"罗斯福"均指西奥多·罗斯福。著名的玩具"泰迪熊"就得名于老罗斯福的昵称：他喜好打猎，据美国民间传说，有次他整整一天一无所获，当地人过意不去，就捉了只小熊绑在树上，但老罗斯福拒绝开枪，反而将熊放生了。

友[81]。缪尔出生于苏格兰,在美国威斯康星州长大。他在北美西部旅行、漫步,周游各地,最后定居在加利福尼亚州(简称加州)乡间。他逐渐成长为一名活动家,直言不讳地批评美国的西进扩张,同时批评工业活动对环境造成的压力。他积极开展活动,直接成果包括加州在1890年设立的约塞米蒂国家公园(Yosemite National Park)和红杉*国家公园(Sequoia National Park)。缪尔是一位生态思想家,敬仰达尔文,但他不赞同19世纪多数生态学家的人类中心观。他秉持有机主义自然观,强调万物之间生态互联,拒斥人类高于其他物种的观念:"当我们试图单独挑出某样东西时,却会发现它与宇宙中的一切都存在接线[82]。"

在野生环境的原貌留存方面,缪尔堪称汇聚公众舆论以获得支持的大师。他在《哈泼斯》(Harper's)、《大西洋月刊》(Atlantic Monthly)等刊物上撰写通俗易懂的文章。他的作品常常杂糅自传、浪漫的遐思、深刻的科学分析及社会批判。他在1901年出版的《我们的国家公园》(Our National Parks)中力荐扩大自然保护区,保护区可供人们漫步休闲,但不可用于资源开发。他还强调了荒野的重要精神价值[83]。他用下面这段文字批判了"过度工业化"现象,并劝告人们在自然中寻找精神上的慰藉和重生。

令人欣喜的是,如今漫步荒野已渐成潮流。无数身心疲惫、精神涣散、过度开化的人渐渐发现,上山就是回家。荒野是一种必需物,高山公园和保护区之用不只在于它是木材之源、灌溉田园的河溪之源,更在于它能成为生命的源泉。人们从麻木不仁中惊醒,看清了过度工业化之恶,看清了奢华背后的冷漠无情。他们尽力要在大自然中充实自己,将自己渺小的存在与大自然的存在相融合,以求洗心换面,祛病延年[84]。

缪尔的激进主义最终使他和平肖发生了冲突。平肖曾是缪尔的精神同道与现实中的远足伙伴,后来,他在1905年担任了美国林业局(US Forest Service)首任局长。今天,两人都被视为保护主义的创始人,但他们在国家公

---

* 该国家公园名称中的"红杉"学名为北美红杉(Sequoia sempervirens)。

园的作用以及资源管理的方法等问题上的看法却大相径庭。缪尔认为国家公园和保护区重在"留存",不能搞大规模的资源开发,不过他支持出于休闲游憩目的对公园进行开发,如修建步道、公路、公共设施,甚至建造几座别致的小木屋乃至旅馆。缪尔反对的是那套"工业进步"叙事,他认为森林并非可以自由放任开采的惰性资源,不应成为献祭给经济扩张的牺牲品。平肖与缪尔的观点相左。平肖认为,"保育"自然为的是实现可持续的资源用度[85]。他当年在法国南锡的林业学校求学时,学的正是带有德国特色的永续林业理论,当时美国的科学界和联邦政府中有很多人赞同他的观点[86]。所以,有些学者对缪尔的自然保护主义和平肖的资源保护主义作了区分,认为两者的土地保护策略是不一样的。这种理论二分法可能过于简化,但缪尔与平肖之间的论战(简称"缪平之争")为此后百年间关于美国国有土地的管理争论打下了基础[87]。近年来,在阿拉斯加的北极国家野生动物保护区(the Arctic National Wildlife Refuge)里,围绕区内土地能否进行石油钻探的问题又产生了大量争议,其本质是价值观上的冲突,类似于缪平之争。

让缪平之争成为当时舆论焦点的著名事件是双方就约塞米蒂国家公园内部赫奇-赫奇山谷(Hetch-Hetchy Valley)的大坝修建提案爆发的激烈争论。从19世纪80年代到20世纪10年代,缪尔和平肖各立阵营,进行了针锋相对的辩论。平肖支持旧金山市,该市位于赫奇-赫奇山谷以西167英里处,想在山谷内筑坝来为自身提供饮用水,并实现水力发电[88]。缪尔曾经协助创建约塞米蒂国家公园,他凭借塞拉俱乐部的人脉资源及优势巨大的道德高地站位,奋起反对平肖的"蒙昧无知"。他争论道:相对来说生态意义较小、保护需求较弱的山谷还有很多,去那些地方筑坝不也一样能解决问题吗?他还写道:赫奇-赫奇山谷可以开发成旅游景点,但不能开发成发电厂,后者属于破坏性开发[89]。缪尔甚至直接找罗斯福申诉,要求解决争议。最终平肖和旧金山市胜出,联邦政府在1913年通过了"雷克法案"(Raker Act of 1913),批准在赫奇-赫奇山谷筑坝。

这一决定形成了判例，其产生的分歧延续甚久，在影响时间上远超"进步时代"本身。历史学家认为，赫奇-赫奇案确立了以功利和商业为导向的"平肖式保护主义"，20世纪的大部分时间，美国的环境政策都被该主义左右：森林只能看作木材，荒野也无非可利用的资源而已[90]。虽然缪尔在争论中落败了，但他提出的有机主义生态观自19世纪90年代之后一直占据道德制高点，对贪欲加破坏的工业道德观进行抵抗。不仅如此，他那慷慨激昂的行动风格与高尚的德行操守，至今仍鼓舞着大批投身于可持续运动的人。

可持续主义者会把工业主义说成一场不可持续生活的实验，时至今日，这个实验已经进行了250多年。从某种意义上说，工业革命从未终结，从19世纪开始，它只是在不断地变换形态。当然，19世纪和21世纪之间有诸多一脉相承的连续性可寻。我们仍旧生活在分阶层的城市化社会中，这种社会依靠机器和化石燃料运行，将经济增长看得高于一切。虽然很大一部分重工业可能已经从欧美转移到世界上的其他地方，但从整体来看世界仍处于工业时代。不过，正如读者在本章所见，自19世纪初以来，人们对工业增长发出的告诫声、异议声便不绝于耳。科学家、政治活动家与早期的生态学者为另一种世界观奠定了基础，这种世界观摒弃"进步"叙事。如果工业时代的人类活动果真是造成气候变化与生态破坏的祸根，那么这些早期批判者就工业主义给出的负面评价可谓言之有据。直接由此认定19世纪已经发生过一场具备自觉意识的可持续运动，应该是不妥的。但上述思想家、活动家的确为20世纪中叶兴起的环保主义和生态经济学提供了先决条件，进而为20世纪末可持续运动的发端打下了坚实的基础。毫无疑问，来自19世纪的声声警告仍然回响在当下的天空。

第三章

生态勇士——环保运动与生态智慧的成长
（20世纪60—70年代）

可持续主义和经典环保主义之间有一个标志性的区别：可持续性概念属于乐观主义。把2005年出版的《绿色生活》(*Green Living*，一本相当典型的可持续生活指南)和1968年出版的保罗·埃利希(P. R. Ehrlich)基调沉郁的《人口炸弹》(*Population Bomb*)放在一起阅读，可谓对比鲜明。《绿色生活》写得富于建设性，给人以积极向上之感，而《人口炸弹》的字里行间似乎充斥着失控情绪和满腔的愤世嫉俗[1]。不过，有个细节令人意想不到：《绿色生活》深受20世纪中叶不止一位环保主义巨擘的启发，其中就包括埃利希（尽管行文笔调明显不同），该书开篇便以赞赏的口吻引用了保罗·埃利希和安妮·埃利希(A. Ehrlich)*，篇首题词则出自活跃至今的铃木孝义(D. Suzuki)**。书中多处提到"利奥波德可持续农业研究中心"(Leopold Center for Sustainable Agriculture，该中心当然是以这位德高望重的科学家姓氏命名的)，只是笔下一扫利奥波德式的忧虑悲观，代之以振奋人心的"你可以做得到！"式态度。

从上面的简要评述不难看出：现代可持续运动在很大程度上受益于20

---

* 保罗·埃利希的妻子。埃利希夫妇曾合著多部作品。本书中单独出现的"埃利希"均指保罗·埃利希。

** 铃木孝义的英语姓名是戴维·铃木。

世纪60—70年代的批评家、知识分子及抗议者,他们提升了人们对环境问题的认识,主张实现社会公正,捍卫了受压迫者的权利。尽管20世纪60—70年代可持续思想中的3E几乎很少被搭配在一起,但在进入20世纪80年代之前,构成可持续性概念的很多基本思想都已拥有清晰的表述。请勿将本章视为对环保运动的全面检视。关于环保运动,可谈的东西实在太多了。本章主要想概述在可持续性的整体理论构建过程中作出贡献的几大思想来源,重点评述缔造环保运动的关键性思想、组织和学者,以及环保主义者游说与劝导政治家、经济学家和广大群众以生态学视角思考问题,在这一方向上他们所取得的成绩。

必须指出的是,本书之所以从上一章的19世纪后期一跃跳到本章开始的20世纪60年代,并不是因为第一次世界大战与第二次世界大战时期(简称一战、二战时期)及两者之间的历史时期同可持续性的历史无关;恰恰相反,20世纪40年代出现的贫困匮乏,以及在此状况下被迫实行的自给自足型经济,正是一个极具历史研究价值的可持续相关主题。然而,20世纪末和21世纪的可持续主义者往往将这段有利于环保运动发展的时期略过不论。出现这种现象的原因之一是环保运动得以形成,靠的是作为针对超级工业主义、消费主义和消费行为的一种反动,而这些都是在二战战后迅速生根发芽的。据此,本章拟聚焦环保主义,因为这场运动在影响和塑造现代可持续思想方面显然具有重要意义。

20世纪60年代环保运动最显著的成就也许当属将"环境"确立为一种概念棱镜,人们可以透过它来观察世界及人类在世界中的位置。英语中environment(环境)一词可以溯源至17世纪,而该词的特定生态学内涵却只能追溯到1956年,此后它于20世纪60年代成为英语通用词汇。从包罗万象且彼此关联的环境角度思考问题可以说是一种创举,因为它超越了英语中nature(自然)的传统概念边界。自古以来,自然一词是对气、水、土与动物的笼统概括,也是构成西方思想主体的基本二元结构中的一元:西方人认为自然

(外在)与人类文明(内在)是对立的²。环境一词的生态学意义造成了这种二元结构的崩溃,该词意味着人类和既有的环境都是广义生态系统的组成部分,这样的生态系统就是一个由无生命和有生命的实体构成的群落(community),大量实体之间存在无数种相互影响、相互作用的方式,在此过程中实现能量流动与营养循环等生态系统功能。于是,仅将自然界视为外在的道理再也讲不通了。人类**即**环境,因为人是生态系统的组成部分,生态系统(通过营养、污染物、微生物等各种形式)影响着人类。沃斯特证明,"自然的经济体系"的概念模型早在18世纪就已经存在了,但他也承认,生态思维直到20世纪60年代才得到广泛的传播³。

20世纪60年代这十年间,学者、学生团体、活动家和环保组织形成了一个庞大而喧哗的共同体(community),他们直言不讳,对新发现的(也常常是振聋发聩、惊世骇俗的)科研成果旁征博引,以此提高人们对环境问题的认识,推动社会变革,大力倡导政府出台有利于环境的政策。那个时期最受关注的问题包括:大气、水体和土壤中的人为污染(如汞、农药、放射性沉降物等)及污染物对人体和生态系统的损害;荒野的消失,设立自然保护区的必要性;针对人口爆炸现象,出现了未来饿殍千里的大饥荒预言,这种预言引发了公众的恐慌;还有自然资源(特别是矿物和化石燃料)的枯竭⁴。矿业和资源物质(煤、铀、金等)的开采提炼造成的公共危害也备受重视。

20世纪60年代,各种文化现象风起云涌,横看成岭侧成峰,环保运动也趁势崭露头角、声名鹊起。首先,这一时期对污染的研究,尤其是对放射性沉降物、工业烟雾*和化工产品的研究取得了巨大进展,关于污染对人体和生

---

* 烟雾的英语单词smog由smoke(烟)和fog(雾)拼合而成,它是固态(烟)与液态(雾)物质结合而成的混合态气溶胶,目前一般专指由工业排放的固体粉尘为凝结核所生成的雾状物,或者作为光化学烟雾的简称,光化学烟雾是由碳氢化合物和氮氧化物经光化学反应生成的多种二次污染物形成的混合体。汉语中的"雾霾"则是大气中各种悬浮颗粒物含量,尤其是$PM_{2.5}$(空气动力学当量直径<2.5μm的细颗粒物)含量超标的污染情况下出现的天气现象,对应英语表达为fog and haze。为避免混淆,译者不建议将smog译为雾霾。

态系统损害能力的认识也取得了长足进步。正如后文中将提到的,卡森和康芒纳的书把相关的科研结论转述给普通公众,令他们震撼惊惧。其次,一连串灾难性的环境公害事件,如1967年在英国康沃尔郡(Cornwall)和1969年在美国加州圣巴巴拉海峡(Santa Barbara Channel)发生的两起石油泄漏事故,让人们开始对不计后果的工业主义带来的种种风险重视起来。最后,从更广阔的视角来看,这一时期激进主义文化兴起,反主流文化(countercultural)的价值观广泛传播,两者都对社会现状提出了挑战。环保运动在很多方面同20世纪60年代的其他激进运动(如主张停止越南战争的反战运动、民权运动、第二波女权运动等)相呼应。

另外,冷战时期核军备竞赛愈演愈烈,强化了人们对地球生命脆弱性的认识,并最终使他们相信环境科学。1961年,美国总统肯尼迪(J. F. Kennedy)对联合国的各成员国代表发出警告:"诸君作为地球上的栖居者,每个人都要认真考虑这样一种可能性:有朝一日,这个星球对人类来说会变得不再宜居。"当年这句话专指核武器的灭世风险,但现在看来他言语背后传递的完整信息也很明确:人类的技术和决策很可能破坏环境本身,以及环境为所有生命提供生存条件的能力。

20世纪60年代讨论的许多环境问题已经超出美国早期保护主义运动相对狭窄的视野。正如读者在前一章所看到的,一提起该运动,人们脑海中想到的就是平肖、罗斯福和缪尔等人,讨论内容无非产权、土地利用、国家公园的创设以及国有土地上自然资源的适当使用等问题[5]。在此之后,美国环保运动的思想灵感来自一位美国林业局的资深职员兼威斯康星大学教授——利奥波德,他去世(1948年)后次年出版的《沙乡年鉴》(A Sand County Almanac)广受赞誉。该书的主要内容是地方年鉴,但书后附有一篇题为"土地伦理"(The Land Ethic)的宣言,文辞慷慨激昂,铺陈了利奥波德对人与土地之间潜在和谐性的哲学思考。他没有从收益和利己的角度看待自然界,他认为,应当以伦理学、美学原则来指导人类与自然打交道:"简言之,土地伦理改变智人的角色,使我们由土地共同体的征服者变为共同体中的公民与普通一员[6]。"

到了20世纪60—70年代,利奥波德已成为著作被引用最频繁的环保思想家之一,是当时声名鹊起的新型环保团体(同时它们也是刚刚壮大起来的新兴团体)的精神支柱。成立于1962年的加拿大野生动物联合会(Canadian Wildlife Federation)目前是加拿大最大的非政府组织。这一时期,德国各地也涌现出许多区域性环保组织。1975年,这些组织聚沙成塔,成立了德国环境与自然保护联盟(Bund für Umwelt und Naturschutz Deutschland)。目前活跃在美国的十大环保团体中有四个成立于1961—1970年,分别是世界自然基金会(World Wildlife Fund for Nature*,缩写为WWF,1961年)、美国环保协会(Environmental Defense Fund,缩写为EDF,1967年)、地球之友(Friends of the Earth,缩写为FOE,1969年)和自然资源保护委员会(Natural Resources Defense Council,缩写为NRDC,1970年)。这些组织及类似组织的分支、分部在高等院校也非常活跃(说明美国激进学生运动对环境问题的关注程度较社会问题、政治问题不相上下)。几个成立较晚的美国环保组织和6个成立较早、较成熟的组织(元老级的塞拉俱乐部也算在内)联合起来,形成了一个力量强大的游说、科研、鼓吹集团,其活动势必对政府决策、环境意识和社会实践形成实实在在的影响。

这并不意味着当年这些学者和组织宣传的讯息一经传播便会立刻受到热烈追捧。二战后的一代中有不少人觉得环境这个概念是横空出世的,有点摸不清来路。至于环境科学家和活动家发出的警告,与二战后的若干年里看起来稳定富足的大好局面对比,显得杞人忧天、不合时宜。当时的主流

---

* 这是该组织最初成立时使用的名字,1986年WWF认为此全名已无法完全反映组织的性质,于是在世界范围内改名为"World Wide Fund For Nature",保持缩写不变。不过,在美国和加拿大,WWF仍然保留着原来的全名。

环境观认为：自然在本质上就是个聚宝盆*，人类并未对自然界构成严重威胁，不受限制的增长是完全有可能实现的[7]。由于人们对大自然的这种认识已经根深蒂固，环保主义者不得不投入大量时间与精力，想方设法向态度冷漠的公众普及环境科学的基本知识，告诉他们人类的行为已经到了非改不可的地步。环境保护运动之所以能取得后来的成就，也是从下基层开展草根宣传开始，随后借助书面论战和持之以恒的法律斗争才实现的[8]。

一些有良知的科学家和学院派提笔为广大读者撰写通俗易懂的科普图书，在《科学》(Science)期刊上发表文章，终于把我们现在常说的"环境危机"一词摆到了公众意识和政治辩论的中心位置。在这个过程中，现代环保主义逐渐成形，它在许多方面和罗斯福式的老派保护主义有明显的不同。现代环保主义以科研前沿成果为武装，将其以夺人眼球的方式呈现出来，力求震撼普通读者的心灵，颠覆他们心中"技术及人类活动本质上温良无害"的天真观念。20世纪60年代出版的经典环保作品往往晦暗沉郁、危言耸听，读罢令人惊警不安。那些科学发现好像吓到了作者，一股愤怒的焦灼之情跃然纸上。读者能明显感觉到这些作者的满腔怨恨：**人类怎能如此盲目、如此无知、如此冷漠？** 此类作品不仅在批评大气污染、人口过剩，而且在对技术进步、现代性和大写的工业革命叙事进行更深刻的批判，其基本设定是：西方工业主义未能兑现乌托邦式承诺，反而造成了生态危机，威胁地球上的生命。于是，环保主义者扮演起传统上属于圣像破坏者和泡沫戳穿者的角色，向不惜一切代价疯狂追求增长和消费的贪婪文明献上名为"事实"的清醒剂。这批作者的学识与献身精神深刻影响了其后数十年间可持续运动的发展。然而，这些作品的基调沉郁，对环境问题的关注面较窄，因此妨碍了它们的传播。

这一时期最具影响力的经典环保作品是卡森在1962年出版的《寂静的

---

* 原文为cornucopia，本意为罗马神话中的丰饶角，是宙斯拥有的宝物，形象为装满鲜花和果物的羊角，能够自动产生各种美味的食物，以此象征丰收、富饶以及和平、仁慈与幸运等。作者此处的喻义是当时的主流环境观认为自然资源取之不尽、用之不竭。

春天》(Silent Spring)。成书之前,《寂静的春天》曾在《纽约客》(The New Yorker)杂志上连载。卡森最初以海洋生物学家的身份在美国渔业局(the US Bureau of Fisheries)工作,后来在20世纪50年代转行,成为专事科学写作的全职作家。《寂静的春天》在美国首印后,迅速跻身国际畅销书行列[兰登书屋的"现代图书馆"书系(Random House's Modern Library)现在将其排在20世纪非虚构类图书榜的第五位]。该书被翻译成多种语言,在瑞典、英国、荷兰、法国、意大利和德国还上了新闻头条。英国上议院曾在1963年对这本书进行了长达5小时的讨论。关于通过使用有毒化学药剂来杀死害虫或提高农业产量是否明智的问题,《寂静的春天》在美国引发了一场轰轰烈烈的大讨论,而该书的影响力更是远超这些领域。这本由卡森匠心独运写就的杰作,巧妙地将科学与传统智慧结合在一起,开诚布公、旗帜鲜明,助推了环保运动的腾飞(虽然环保运动并不是由此书直接开创的,关于这一点,许多人的主张与历史事实并不相符)——她慷慨激昂的劝诫直接促成西方国家的政府制定新政策,多种化学药剂被禁止或限制使用。

《寂静的春天》以一则"为明天而写的寓言"*开篇:由于过度使用有毒的化学药剂,人和动物纷纷病倒,于是鸟儿最终消失了。又是一年春满园,天空中却一片"寂静",因为鸣禽都已灭绝。接着,卡森用这幅反乌托邦式画面批判工业社会向环境释放的"致命毒药",行文既体现出科学层面的严谨性,又不失清晰易读。卡森把农药杀虫剂(pesticides)、家用除虫剂(insecticides)、除草剂、化肥等化学品统称为"生物杀伤剂"(biocides)**。她写道,就在撰写此书的同时,新发明的化学品(常常是未经检测的)正以每年500种的速度在美国上市。她认为人们应该像展望核战争造成灭世浩劫的潜在风险那样,将环境破坏问题重视起来:"在我们这个时代,人类有可能被核战争毁

---

* 原文为Fable for Tomorrow,汉译版《寂静的春天》为求章名与书名齐整,一般将第一章译为"明天的寓言"。

** 生物杀伤剂一词作为狭义术语使用时指"抗微生物剂"。

灭，而与此风险并存的还有一个大问题，那就是人类生活的整体环境已经被污染了，这些污染物的潜在危害之烈令人难以置信[10]。"这些化学物质并未被隔绝于"外在"的自然中，它们会通过生态系统的物质循环过程流入哺乳动物（包括我们智人这个物种）和其他脊椎动物的机体，有些物质与人类罹患的癌症相关。这也许是卡森传达的信息中最令人胆寒的一条。卡森还写道，在环境中过量施用除虫剂无效且有害，因为昆虫已经适应这些化学药剂了*，而除虫剂对其他生物的毒害作用却能长期滞留在生态系统内。她针对一种广泛使用的杀虫剂双对氯苯基三氯乙烷[dichloro-diphenyl-trichloroethane，俗称滴滴涕（DDT）]的批评最为激烈：奶牛吃了沾染滴滴涕的草料，牛肉被污染，人吃了毒牛肉，滴滴涕便进入人体的组织、器官。滴滴涕有生物富集现象，换言之，生物在食物链上所处的层级越高，其体内所含滴滴涕的浓度也相应越高。这一现象也会影响以植物、昆虫和鱼类为食的鸟类，由于食物中的滴滴涕含量超标，致使鸟类不育，或使其蛋壳变薄，妨碍鸟卵的成熟和幼鸟的孵化。卡森所言令人信服：滴滴涕给象征美式自由的动物——白头海雕（bald eagle，学名 *Haliaeetus leucocephalus*）的种群带来了灭顶之灾，还有许多鸟类物种也变得日益"沉寂"。

观察人们对卡森投下的这颗震撼弹作何反应，20世纪60年代初美国公众对环境科学的接受度便可见一斑。有人指控卡森是共产党；有人嘲讽她是个业余"玩票的"，海洋生物学出身的她来谈化学一点都不专业；有人骂这个女人歇斯底里大发作**；更有甚者把她说成来自史前时代的穴居人，一颗

---

* 除虫剂产生强烈的选择压力，在昆虫种群中发生了快速适应性进化过程，具备抗药性的适者生存下来，并产生更多的后代。

** 歇斯底里（hysteria）在现代精神病学中称癔症（分离转换性障碍），患者男女皆有。然而，西方传统医学则认为该病与子宫移位有关（词根hyster-就表示"子宫的"），所以是一种特殊的"女人病"。这套医学"叙事"也是在暗示女性在精神层面先天比男性脆弱，理应居于从属地位。因此，正文提到的这句针对卡森女性身份的骂人话，在英语语境中比汉译后读起来的语感要更加恶毒。

老顽固的脑袋里只知道怀旧复古，工业现代性分明是来之不易的人类成就，她却妄图凭一己之力逆转时代大潮。当然，这些评价纯属恶毒的谎言，阻止不了卡森成功地对"现代生活方式"话语体系发出质疑之声，这套话语使人们盲信那些给自己冠以"科学"光环的专家给出的结果，默认新技术应被视为安全的，推广应用时毫无风险。卡森的书因读者评价褒贬不一，呈现两极分化而名噪天下。此书确立了环保主义作为一种新世界观的地位。假"进步"之名以行追求工业增长、破坏生态系统之实，这种行为在环保主义世界观下将被坚决抵制。同时，该书迫使工业化国家的公民在环境监管问题上明确表态支持哪方。

孟山都（Monsato）公司、伟世科化学（Velsicol Chemical）公司、杜邦（DuPont）公司、美国氰胺（American Cyanamid）公司等化工巨头从固有的行业利益出发竭力诋毁卡森的信誉，同时为滴滴涕等杀虫剂辩护，称其安全"无害"。好在还有其他人愿意听取卡森的直言。这本书赢得的关注和支持声量之大，惊动了时任美国总统肯尼迪，他在1963年责成直属的美国总统科学咨询委员会（President's Science Advisory Committee，简称PSAC）对此展开调查[11]。卡森被该委员会传唤到听证会上作证。出乎意料的是，委员会一致判定卡森无过（vindicated），同时确认她所言非虚，生物杀伤剂的破坏性是真实存在的（顺便提一下：在争议达到白热化的1964年，卡森因患乳腺癌不幸去世）。于是，联邦政府开始着手对化工产业实施监管，在1971年前后禁用了滴滴涕。到了1975年，《寂静的春天》里提到的所有化学品在美国都实现了禁用或限制使用。20世纪70年代，其他西方国家也采取了类似的政策。数年之内，环境中的化学污染物含量下降了，很多鸟类种群开始逐渐恢复。在更广泛的意义上，卡森使民众对人类破坏大自然的能力产生了新的认识（或将已有的环保意识提升到了新的高度），她还触发了一场关于环境监管应该起到何种作用的跨国对话，这场对话的影响十分深远。

尤德尔（S. L. Udall）在卡森取得的成功基础上更进一步，于1963年出版了《静悄悄的危机》(The Quiet Crisis)。尤德尔在美国联邦政府内属于进步主义倾向很强的成员,20世纪60年代他担任了近十年内政部长,在职业生涯中拥有一份十分亮眼的履历:在他的督办下创设了数千平方英里的国家公园和保护区,而且在颁布具有开创性的环境法的过程中,他也起到了极为关键的作用。他的这本《静悄悄的危机》就大气、水体与土壤中的污染现象发出风险预警,与《寂静的春天》呼应。不仅如此,他还在书中谈到了美国资源耗竭和荒野衰减等问题,文风就事论事,权威可信。或许最有意义的是,尤德尔为新兴的环保运动书写了第一部信史,将环保主义的激进行动归入一种备受尊崇的思想传统,这种传统至少可以追溯到缪尔[12]。

尤德尔著作的迷人魅力在于,它出自体制内人士之手,此人素以道德品质极其正直著称,而这样一个人选择了开诚布公地表达自己对环保运动的支持。说实话,20世纪60年代那十年,尤德尔本有机会在处置更多事情时动用国家资金,以实践来证明自己的观点,而非仅仅动嘴皮子评论。这些事交由其他官员来处理时,他们往往瞻前顾后,甚至不敢公开承认环境"危机"的存在,这正是尤德尔行事受到掣肘的原因。无论如何,美国政府中能有尤德尔这样的人存在,无疑是环保运动的一大突破——更何况此人还能超越政治派系纷争,自愿与公众打成一片,比如用他1963年出版的这本畅销书来影响他们。

与尤德尔一起登上畅销书榜的还有另一位作者保罗·埃利希,他是斯坦福大学的生物学家,好与人辩,明显不像尤德尔那么温雅随和。前文提到过他在1968年出版的《人口炸弹》,在这本书中,保罗·埃利希(及其未署名合著者,他的妻子安妮·埃利希)针对地球的人口过剩,以及随之而来的紧迫威胁如粮荒、战争、饥馑和灾变级环境破坏,为全人类敲响了警钟。埃利希借鉴卡森《寂静的春天》的笔法,用一个反乌托邦式未来故事为他的分析开篇,那就是地球上将挤满几千亿不幸的人。接着,他发出足以令人毛骨悚然的警告:如果世界人口继续按每35年翻一番的趋势增长下去,人类将遭遇什么。

这里引用他笔下颇具代表性的一段文字："在20世纪70年代的每一年,这些穷人中至少有1000万人(多半为儿童)会饿死。但是,将这个数字与20世纪结束前将要饿死的人数相比,那是小巫见大巫[13]。"埃利希还借鉴卡森的口吻,痛批某些人的天真信念,他们相信利用科学和所谓"技术修复手段"足以解决人口相关问题,然而这些问题分明就是由科学与技术本身造成的。

埃利希笔下可怕的"大饥荒"预告从未变成现实,而且他为实现人口控制提出的某些建议相当极端,许多读者表示令人作呕。尽管如此,埃利希还是成功地区分了两种学科方向:一个是广义的人口研究(population studies);另一个是单纯的人口统计学(demographics)研究,他视前者为生态学的一个分支学科*。[14] 此外,他还大大提高了人们对人口过剩威胁性的认识。受埃利希思想的启发,一个名为"人口零增长"(Zero Population Growth)的社团成立了。1970年,该社团拥有会员3万余名,他们主张把世界人口稳定在可持续水平上。1970年,美国政府设立了人口增长与美国未来委员会(Commission on Population Growth and the American Future),埃利希甚至通过该委员会赢得了与尼克松(R. Nixon)总统会晤的机会。埃利希和霍尔德伦(J. P. Holdren)担任该委员会顾问,就抑制人口增长的最佳策略提出不少建议(如性教育、避孕和堕胎等)。在这样的研究背景下,加上他与同行兼竞争对手康芒纳之间不断交流思想,埃利希(与霍尔德伦)最终总结出一个极具影响力的公式,可定量测度人类造成的环境损害[15]。这个公式就是此后为人所熟知的 I = PAT,公式的含义是想了解环境受到的影响(Impact,I)大小,只要先求出一个社会的人口规模(Population,P)、富裕程度(Affluence,A)和技术水平(Technology,T),再计算三者的乘积即可。即便这个公式现在的实际使用不再那么频繁,但它在环境科学领域里的理论重要性并未下降。

埃利希和霍尔德伦关于量化人类对环境影响的文章发表在《科学》

---

* 在生态学中,population意为种群,广义的人口研究可以理解为人类的种群生态学应用研究。

(Science)期刊上。该刊创办于华盛顿特区,因刊载的论文知识性、可读性俱佳而久负盛名(至今仍然如此)。在这个时期,《科学》成为新一代知识分子的重要发声窗口:他们既是科学家,又当起了活动家,运用专业技术知识特长,为实现环境公正发起了一次次公共运动。换言之,在20世纪的60年代末和70年代,很多科学家都自认身怀使命要去传播信息,它使他们超越了学术研究者平素那种不偏不倚的中立腔调。在这群为环境公正奔走呼号的科学家中,铃木孝义是一位杰出的代表。1936年,铃木孝义出生在加拿大。他在美国学习生物学、动物学之后返回加拿大,一边讲授大学科学课,一边主持广播电视系列节目,提高普通公众的环境意识,这些节目办得相当成功。他还是一位精力充沛的活动家,从林木采伐到气候变化无役不予,赢得声誉日隆。以他名字命名的基金会自1990年以来一直是环保界的生力军。埃利希也一样,他整理了自己的人口分析,将其凝聚成一声号召,呼吁公众起而行之。《人口炸弹》的后半部绘就了一幅蓝图,指导国民应如何向当局者施压,以迫使他们采取严格的人口控制政策。

20世纪60年代,《科学》期刊上还刊发过另外两篇评论文章,同样对环保运动产生了持久的影响。首先是加利福尼亚大学洛杉矶分校(University of California at Los Angeles,缩写为UCLA)的中世纪欧洲史教授林恩·怀特(L. White Jr.)在1967年发表的《我们当下生态危机的历史根源》(The Historical Roots of Our Ecological Crisis)。在这篇具有开创性又备受争议的环境史论文中,林恩·怀特用史学眼光审视了20世纪60年代的生态危机。他认为,有些宗教思想对自然界抱有一种根深蒂固的敌意,加剧了工业革命对生态的破坏。林恩·怀特的见解和当时很多环保主义者不谋而合,他把这种历史批判转化为针对破坏性现代技术的一种否定,这些技术体现了人对自然的敌视[16]。此文一出便触发了一场大讨论(其影响一直延续至今):一是讨论宗教与环境退化之间的关系,二是讨论形成自然观念与自然利用方式的众多文化因素。

另一篇文章是加利福尼亚大学圣巴巴拉分校（University of California at Santa Barbara，缩写为UCSB）的生态学家哈丁（G. Hardin）于1968年发表在《科学》期刊上的《公地的悲剧》（The Tragedy of the Commons）。哈丁在文中鲜明地提出：技术无法解决人类的问题，他特别列举了人口过剩和核战争这两大难题。不过，哈丁最重要的一步棋是为长期以来针对亚当·斯密的一类批判提供了转向环境的视角，被批判的斯密式论点是：个体私利最终产生的导向性是唯一的，那就是归于公益。为了证明自己的批判观点，哈丁打了个比方：一片共有的牧场会被当地牧民过度利用。这是因为每个牧民都只想着在同一片牧场上增加属于自己的牲畜量，如此一来才能实现自身利益的最大化。可全体牧民都这样做的结果便是牧场被超量的牲畜啃噬，导致过度放牧，威胁到*所有人*的整体福祉——所谓悲剧二字，便体现在此处了。用哈丁自己的话来概括："自由落公地，万物皆毁弃。"[17]

有些人把哈丁的文章解读成对进一步提升自然资本私有化程度的呼吁，而大多数人的理解则是该文告诫人们应该反对贪婪、无知与冷漠。可以肯定的是，一旦河流、海洋、空气等公域共有物*受到重创，我们必将损失惨重，这是因为每个人的生存都依赖地球这个生命支持系统所提供的生态系统服务。哈丁在晚年总结出三条生态法则，至今影响力不减：第一，我们永远不可能（在复杂的生态系统中）只做一件事（而不影响到系统的其他部分）；第二，不存在一扔了之（就能解决问题）这种"好事"（指不存在真正"隔绝"的外部环境）；第三，我们可以借助前文提到的公式 I = PAT 来理解人类对环境的影响。

如果要为经典环保主义时代选出一名最具代表性的科学家兼活动家，不屈不挠的康芒纳应该是个好人选。他去世于2012年，是一名从哈佛大学

---

* 虽然哈丁的文章使用共有土地来进行比喻论证，但他所指向的问题显然涵盖所有具备公域属性的共有物。如果试图仅凭自然资本私有化方式来解决发生在大气层中的环境"悲剧"，显然是荒谬的。

毕业的动物学家,曾在密苏里州圣路易斯的华盛顿大学工作了几十年,为该校生态学的学科建设作出了贡献(他还参加了1980年的美国大选,以第三党美国公民党候选人的身份竞选总统,结果得票甚惨)。20世纪50—60年代,康芒纳名噪一时,因为他公开反对核武器试验,并且协助开展相关研究,以有力的证据证明放射性沉降物能够造成严重的生态灾难。不过,在更深的思想层面他是针对富裕国家推行"殖民计划"做法的重要批判者之一,他这里使用"殖民"一词的意思是富裕国家仍然在继续剥削贫穷国家的自然资源与劳动力资源。他的主要论点是:富国有义务帮助穷国,使其经济福祉提高到一定水平,从而促使穷国实施自愿的计划生育政策,最终使全球人口数量稳定下来。

不过,康芒纳最有名的著作当数1971年出版的畅销书《封闭的循环:自然、人和技术》(The Closing Circle: Nature, Man and Technology)。1970年的地球迎来了第一个"地球日",人们为环境退化问题吵成一锅粥,而康芒纳写这本书就是为了回应当时的争论。他用最直白的语言描述了人造技术如何毁坏了生态圈——这些圈层是地球的生命支撑系统。循着这一思路,他剖绘出堪称洛杉矶惨剧的污浊空气(主要来自汽车的铅排放)、氯碱生产带来的汞污染、无法由环境分解的人造合成物如洗衣房常用的合成洗涤剂等。他极为强调人类社会的技术缺陷,这激起了一些批评家的反驳,说他无视造成生态危机的其他因素[18]。

不过,质疑的存在并没有减损这部当代生态经典的影响力。康芒纳在书中列举的四大"生态法则"已成为他对环境研究最深远的持久贡献:

1. 万物皆彼此关联。
2. 万物皆有去处。
3. 自然善知,可致至善(Nature knows best)。
4. 世上并无免费午餐[19]。

这些法则言简意赅,康芒纳用多页篇幅进行阐述,为羽翼未丰的生态科学赋予形貌与特征。如今,无论是谈到仿生学产品、可生物降解产品,还是可再生能源、闭环工业生产,人们仍然能在可持续运动的众多创新中瞥见这四条内涵丰富法则的踪影。

还有两位博学的批评家值得一提:雅各布斯(J. Jacobs)和列斐伏尔(H. Lefebvre)。这两位在通常意义上不会被归入环保主义者行列,但他们都是具有强大影响力的作家兼活动家,对城市生态、城市理论和城市规划领域的贡献不可估量。20世纪60—70年代,雅各布斯和列斐伏尔对北美和西欧的社会活动家影响很深,20世纪80年代以来,一提到他俩,人们多会联想到现代可持续城市的理念——宜居、宜步行、安全、民主、优美、生态层面健康无害的复合城市*。两位思想家并没有特别关注污染、能源、废弃物、自然资源等问题,而是侧重探讨城市生活的社会和经济内容,从这个意义上说,他们著作里的环保内容甚少。但是,20世纪80年代兴起的可持续运动吸收了雅各布斯和列斐伏尔的著述思想,对之加以改编与调整,把环境内容整合到两位学者的社会、经济见解和主张中。如今,雅各布斯被奉为新城市主义的教母——新城市主义应该算是20世纪90年代以来最重要的城市规划设计运动了;列斐伏尔不仅鼓舞了1968年法国的"五月风暴"抗争运动,还一直是备受追求平等的城市主义者爱戴的人物。

雅各布斯生于1916年,前半生住在纽约市,一边写作,一边当社区组织者,后来移居到加拿大的多伦多市。她曾经参与阻止在曼哈顿下城修建大型干道及阻止在多伦多市中心修建高速公路的运动。她最有名的著作是1961年出版的《美国大城市的死与生》(*The Death and Life of Great American Cities*),对当时的城市规划和改造作出尖锐犀利的声讨[20]。雅各布斯痛斥霍华德(E. Howard)的人造花园城市和勒·柯布西耶(Le Corbusier)丑陋而功利味十足的光辉城市。她还把矛头对准了构思拙劣的郊区化计划(她称之为

---

* 复合城市原文为conurbation,指由原先分隔开的若干个城市聚落通过各自的延伸发展而把建成区相互连接在一起的城市聚合体。

"传播沉闷的大枯萎病")和看上去一股虚无主义气息的城市改造(将好端端的基础设施拆毁,打断、抑制正在进行中的社区营造过程)。不过,她的批评火力倾泻得最狠的对象是摩西(R. Moses),这位奥斯曼男爵(Baron Haussmann)*式的人物铲平了纽约旧城,重新设定该市的发展方向围绕着汽车、高速公路和停车场进行。

雅各布斯主张公共空间为徒步的行人设计,文化与建筑要呈现多样性,强调相对密集的混用型(涵盖商业、住宅和娱乐等功用)邻里社区具有重要意义。她极其喜欢人行道的壮观华美和调节功能。她还分析了这一时期困扰许多美国城市的社会隔离和种族隔离问题,言语直率,令人耳目一新。她认为城市的各种隔离问题多半是由放高利贷者和市政当局大搞阶级歧视和种族歧视造成的。就如何实现隔都**的"去贫民窟化",她提出了一些绝妙的想法。她为混用型邻里鼓与呼,强调社区要安全且适宜步行,这些观点都直接影响到重视合理规划、社会公正的可持续城市构思。

列斐伏尔是法国的马克思主义者,也是学者和城市理论家,他痛斥欧洲城市深受资本主义私有化之害,为"城市属于居住其中的人民"这一主张积极辩护。在撰写了大量的社会学和哲学著作之后,他在1965年入职思想颇为激进的巴黎第十大学(University of Nanterre),担任城市社会学研究所(Institut de Sociologie Urbaine)所长。他的著作和演讲鼓舞了1968年5月的法国"五月风暴"抗争运动,这场运动最初是学生在抗议高校的办学条件,后来工人和学生站到了一起(1100万名工人突然罢工),抗争运动扩展为针对法国社会和戴高乐(C. de Gaulle)政府的广泛批判。列斐伏尔由人民群众接管巴黎(至少是接管巴黎很多区域)的事态得到启发,转而全心研究都市集中化

---

* 乔治-欧仁·奥斯曼男爵(Baron Georges-Eugène Haussmann,1809-1891),法国城市规划师,拿破仑三世时期官员,1853—1870年任塞纳省省长,期间以主持巴黎重建工程而闻名。

** 隔都原文为ghetto,意为少数弱势人群的聚居区,历史上有纳粹设置的犹太人隔离区、美国城市的黑人等少数族群隔离区、贫民区等特定含义。

现象。随后,他写出多部相关著作,包括1968年年底出版的《城市的权利》(*Le droit à la ville*)和1974年出版的《空间的生产》(*La production de l'espace*)。

列斐伏尔的著作有浓重的哲学味道与马克思主义色彩,可归结为三大主题。第一,人民(而非资产阶级)享有在城市生活的权利,人民应当建设一座公有、公正的城市;第二,城市具有使用价值(物品能作为实物使用的内在价值),它超越了资产阶级强加给城市的商品化交换价值;第三,对现代城市空间的利用不是偶然随意形成的,而是通过特定的生产方式生产出来的,现有的城市设计是为了向富裕阶级提供便利,他们能够把城市空间挪用、私有化[21]。列斐伏尔矢志不渝地主张公有、平等的城市,如今,他的主张仍是灵感之源。

20世纪60—70年代经典环保运动在策略、学术研究及立法方面取得的成功为可持续哲学的形成创造了条件。笔者特意不使用代表因果关系的"导致"这个词,因为可持续性(思想与运动)并不是环保运动的必然结果,但话说回来,若环保运动不存在,**那可持续性也就不可能存在了***。环保主义促生了针对可持续问题的整合性系统思维,后者在20世纪80年代才逐渐开始真正成形。

这些成功意味着什么?环保运动不仅提高了公众对日益严重的世界生态危机的意识,还在20世纪70年代初收获了不少可圈可点的成果。但这并不是说环保主义者得到了他们想要的一切,他们反倒是有一个近似共识的看法:世界上仍有太多的严重污染、人口过剩、铺张浪费、消费至上及社会不公现象。不过,环保运动的信徒可以指着政治舞台,证明自己取得的成绩是显著的。在英国,1952年臭名昭著的伦敦大烟雾事件促成了1956年《清洁空气法案》(*Clean Air Act*)的颁布。美国在20世纪60年代出台了一系列联邦法案,将环境监管和保护的水平提升到了前所未有的高度。事实上,正是尤德

---

* 环保运动是可持续运动的必要条件。

尔充当了众多开创性环保法律的助产士，如1963年的《清洁空气法案》(1970年修订)从国家层面对空气污染实施管控，1964年出台的《荒野法案》(*the Wilderness Act*)保护了数百万英亩国有荒野，1965年颁布了《土地与水资源保护基金法案》(*Land and Water Conservation Fund Act*)和《固体废弃物处理法案》(*Solid Waste Disposal Act*)，1966年颁布了《濒危物种保护法案》(*Endangered Species Preservation Act*)，1968年颁布了《自然与风景河流法案》(*Wild Scenic Rivers Act*)，1970年颁布的《国家环境政策法案》(*National Environmental Policy Act*)规定联邦项目和行动必须出具环境影响报告，1972年颁布的《清洁水法案》(*Clean Water Act*)对有毒物质及其他水体污染物实施管控，等等。这些努力不断积累，终于促成了美国环境保护署这个极其重要的联邦机构的诞生。美国环境保护署是尼克松总统在1970年设立的，职责是"保护人类健康和环境"。20世纪70—90年代，其他西方国家也拥有了类似的环保立法和机构。

很多国家的环保主义者积极参政，建立了一个面向国际的新党——绿党。到20世纪70年代中期，绿党已在比利时、英国、德国设立了分部。首个出现绿党成员占据议席情况的国家应该是比利时，1981年比利时议会大选中一位绿党候选人成功当选议员。到20世纪80年代中期至90年代，欧洲和北美各地都出现了绿党，德国绿党已成为联邦德国议院中具有一定影响力的政治集团。在美国，消费者权益的主张者、生态行动主义者纳德(R. Nader)以一系列高调的总统竞选活动使公众注意到了绿党的存在。

比全球绿党初兴更重要的事件也许要算致力于解决全球生态危机的国际性机构的建立和相关会议的召开了。在这方面，联合国环境规划署(UN Environment Programme，缩写为UNEP)的地位举足轻重。自1972年以来，UNEP一直在协调国际性的环境保护工作，如今，它是提倡促进可持续性的最重要的非政府组织之一。UNEP创建于1972年6月在瑞典斯德哥尔摩举行的联合国人类环境会议[the UN Conference on the Human Environment，其实早在1969年的联合国大会(UN General Assembly)上就已经宣布召集这次环境会议了]。在联合国的倡议与支持下,召开过很多次推进国际环境立法与保护的会议,而斯德哥尔摩会议是这一系列会议中的第一次。到了20世纪80年代后期,对可持续运动的支持者来说,环境会议已成为主力军和意见表达平台。1972年的会议催生出环境科学新的研究方向,制定了一份颇为直言不讳的宣言*,这份宣言包括处理环境与发展问题时的7点共同看法和26项共同原则[22]。斯德哥尔摩会议以后,合作解决环境问题的理念一直是国际关系和国际协议的基石。

最后一点,环保主义者可以把创设"地球日"以及回收利用的重新发现当作该运动的积极成果。地球日(有些地方定为"地球周")最早由和平活动家麦康奈尔(J. McConnell)倡议,后经美国参议员尼尔森(G. Nelson)的积极争取得以实现。世界上大部分地区把地球日定在4月22日,也有些地方定在春分这一天。1970年,人类庆祝了第一次地球日的到来,这是国际社会的一项辉煌成就,联合国在1971年把地球日定为一年一度的全球性庆祝活动。自那以后,地球日逐渐成为促进环境教育和倡导运用"公共政策解决方案"应对环境问题的国际性节日[23]。自20世纪70年代初以来,地球日使用NASA提供的那张地球在太空中的"标准照"为标志。现在,人们对这张照片已经习以为常,但正是在它庄严的直观图像呈现之下,一个照理来说显而易见的事实才真正变得众所周知:我们的地球,小小的一颗"蓝色弹珠"(blue marble),在浩瀚的宇宙间只是弹丸之地,然而这渺小而脆弱的生态单元恰恰是我们人类所拥有的一切。

谈到回收利用,它往往被说成环保运动取得的最大成就。20世纪70年代见证了回收利用这一做法的复兴。早在20世纪40年代,它曾是战时经济的典型特点,而前工业化的社会很早就采用各种方式开展回收了。罗马人

---

* 全称为《联合国人类环境会议宣言》(Declaration of the United Nations Conference on the Human Environment),简称《人类环境宣言》。

回收铜币制成雕像。无论是在世上何处的社会中，凡有金属人们就会重复利用，因为它具有价值。封建时代的日本与早期的美国都回收纸张。玛雅人、埃及人和欧洲人只要做得到，都会尽量重复使用建筑石料。卡鲁塞尔凯旋门（Arc de Triomphe du Carrousel，1808年竣工，又称巴黎小凯旋门）位于卢浮宫附近，拿破仑（Napoléon Bonaparte）修建它时就使用了从烧毁的默东庄园（Chateau de Meudon）废墟中抢救出来的粉色大理石柱。二战期间，军用物资需求量很大，尼龙、橡胶和废旧金属等不仅要定量配给，而且要回收利用。二战之后，物资相对充裕，回收利用便显得不那么重要了，因为高消费的生活方式业已形成，并成为了西方文化认同的一种新基础。到了20世纪70年代，人们再度对玻璃、纸张、金属等材料的回收利用重视起来，并出现了回收利用的新技术。现在，回收利用在西方国家非常普遍，很多大城市都对回收利用作出强制规定。近期的研究证实，回收利用确实减少了消费社会的整体吞吐量和碳足迹*。[24]

20世纪60年代的社会运动处于哪种状况？可持续运动得以兴起是否也有它们创造出必要条件的一份功劳？功劳是有的，只是表现得不那么明显。别忘了，可持续性3E概念的第三个E是平等，也就是社会公正。尽管20世纪60年代的行动主义者很少把社会问题和环境问题联系在一起，但他们坚定不移地支持平权、和平及人类安全，这种支持显然也构成了可持续运动历史背景的一部分。虽然马丁·路德·金（Martin Luther King, Jr）偶尔也会批判一下贪欲和物质崇拜，但称他是环保思想家可能有点牵强。在同一时期的反战运动、妇女运动和民权运动中发挥作用的众多其他人物和团体也是如此。你需要在"学生争取民主社会"（the Students for a Democratic Society）组

---

* 碳足迹指吸收掉人类活动排放的二氧化碳、甲烷等温室气体所需要的（生长植被的）土地面积。回收利用使碳排放下降，碳足迹也相应减少。

织的记录或马尔科姆·艾克斯(Malcolm X)*的演讲中搜索很长时间,才能找到些许可能和环境正义沾边的内容,尽管某些运动团体在污染和利润之间找到了草蛇灰线[当然,确实有反战人士如霍夫曼(A. Hoffman)后来转变为环保活动家]²⁵。同样的,在20世纪60年代的大规模示威活动中,环境问题极少成为焦点。但仅凭上述历史观察就指责他们显失公允,因为社会活动家另有要事劳心:确立平等权利、结束越南战争、扩大人民力量。社会活动家和环保活动家在对待当时开始被称作"生活品质"的议题时,确实采取了不同的运动途径,但说他们殊途同归也未尝不可。也许反核运动算是个例外,因为它在很多方面既涉及社会问题,又涉及环境问题。

所以,从许多方面看,20世纪60—70年代早期的环保运动和社会运动就是现代可持续运动的前奏,也给予后者启示和激励。现有的诸多实践、概念和关切,无不凸显这条发展脉络,追根溯源,它们都植根于那段成果丰硕的行动主义时期。

首先是细致营造了"环境"的生态学概念,它承载了一种复杂关系,这种关系中,一方是人类、人类的科技和构建而成的环境;另一方是生态系统的利用与退化。这种整合性的系统思维就是可持续性的基本思想背景。从某种意义上说,生态学创造了一种新的世界观,而有了这种世界观,人们才能在看待关于工业社会的浪漫化"进步"叙事时拥有更多的批判视角,该类叙事对自然界要么无动于衷,要么全然敌视。

其次,也是密切相关的一点,那就是前文提到的环保主义者几乎都明确

---

* 马尔科姆·艾克斯原名马尔科姆·利托(Malcolm Little,1925—1965),美国黑人民权运动领袖之一。他改姓氏为未知数"X",是因为他认为美国黑人已经永远无法得知自己在非洲家乡由祖先传下的真正家姓族名,这一传奇举动使得"X"成为黑人运动斗争精神的一种象征符号。他的生平争议较大,有人称赞他是美国白人对黑人罪行的有力批判者,也有人认为他煽动暴力、仇恨与逆向种族主义。

表述过的技术批判。如前一章所讨论的那样,技术恐惧症和技术怀疑论的根源至少可以追溯到卢德派等机器破坏分子那里,而环保主义者则把目光聚焦在现代技术的环境破坏能力上:化石燃料的燃烧和其他工业排放造成空气污染,人造化学毒素伤害动物、破坏土壤,核废料造成辐射,工业活动污染地下水,以及对新技术一律照单全收不加质疑的态度,这些技术对大规模、棕色*、集中化的趋势大开特权优待之门。

再次,要求实现和平、平等和民主权利的社会活动家仍然鼓舞着今天为社会公正而奋斗者,尽管当时还没意识到的问题很多:食品安全、生存权所含生活在清洁环境中的权利、环境退化与武装冲突之间的关联。

最后,20世纪60年代孕育了一批科学家兼活动家,他们意识到环境问题的存在后便毫不犹豫地号召公众采取行动。21世纪可持续运动所关注的众多社会、经济和环境问题(当然不是全部)早在20世纪60—70年代就已被科学家、经济学家和社会活动家曝光。读者在接下来的几章会看到:20世纪80—90年代可持续运动的革命性特征在于它汇聚了一批显然彼此关联的问题和矛盾,而它们又都涉及社会、环境、经济这三个**维度**。

---

* 原文为the brown,指非绿色的,如建筑与规划学中有术语"棕地"(brown field),指已废弃、闲置或限产,且再开发的可能性受现有或潜在的环境污染风险威胁的工业或商业用地。

第四章

生态经济学

长久追求多多益善的文明。

——贝特朗·德·茹弗内尔（Bertrand de Jouvenel）

20世纪60—70年代蓬勃发展的环境保护运动遮蔽了同一时期发生的另一场征兆不显的人类智慧进展：生态经济学（ecological economics）的诞生。这一时期，一群不再循规蹈矩的经济学家借助新兴生态科学的研究成果，对新古典经济学的许多问题进行了反思，如"增长狂热"（growthmania），对污染和生态系统破坏普遍表现出的漠不关心，认为"品位和偏好"是人类与生俱来而非经由文化塑造的教条式信念等。于是那时出现了一个新的思想流派，它把生态关切融入了本质上属于资本主义经济学的理论框架。

这些离经叛道者把希腊语单词oikos（字面义是"一户""一家人"）蕴涵的双重本性糅合在一起，它在词源学上衍生出了英语单词economics（经济学）和ecology（生态学）的共有词根"eco-"。因此他们断言：离开了功能健全的自然环境，人类之"家"便无法存在，遑论自立门户。这成为关于"经济可持续性"——也就是可持续性3E中第二个E的一项基本洞察：这个世界所需要的是能与自然和谐共存（并能促进社会平等与公正）的经济体系。当今围绕可持续性进行经济学研究的实践者，如里斯、瓦克纳格尔、维克托、杰克逊、海因伯格等，均继承了这批早期批评家的衣钵，继续向"一切照旧"经济学的霸权支配发起挑战。

第一批生态经济学著作都具有前一章提到的经典环保著作那种可读性。生态经济学的主要作者包括米香、舒马赫、博尔丁(K. Boulding)、霍华德·奥德姆(Howard T. Odum)*、杰奥尔杰斯库-勒根(N. Georgescu-Roegen)、戴利、艾默里·洛文斯**(A. Lovins)及名字听上去略显神秘的"罗马俱乐部"(Club of Rome)成员。他们特意编写略过技术细节的非专业书籍，吸引那些受教育水平一般的普通读者。从整体上看，这些作者提出了一些深刻的哲学问题：无止境的经济增长究竟意义何在？一个铺张浪费、运作无法离开化石燃料的消费型社会，其环境成本有多大？衡量一个社会幸福度的最佳方法是什么？经济学在保证人类社会始终不会逾越生态极限、避免过冲(overshoot)和崩溃方面发挥了什么作用？如何才能把自然、社会和经济作为一个整体系统进行研究？现代技术是否弊大于利[1]？从理论(有时是乌托邦式的)角度破题的写作方式决定了很多此类著作读起来不像经济学，更像政治经济学——经济学的那位年长又偏爱推理的表兄，深深地植根于道德哲学[2]。无论研究的是哪种经济学，所有经济学家都跳不出资本主义经济结构的掌心，这意味着他们共同的理论假设包括可以持续传承的私有产权，生产资料私有制，分配，财富的交换，买卖实体货物与服务的市场，可用于财政与金融的货币，诸如此类。

生态经济学派特别提醒人们不要饮鸩止渴，要谨防人口过剩、消费过度、污染与资源枯竭这"四害"并发，以免调配出一杯"致命鸡尾酒"。在这一点上，他们和对他们产生影响的环保主义者一样，质疑工业现代性的前景。他们也比较赞成一种监管较严的经济形态，国家要在征收环境税、执行环境法规方面主动作为。需要明确的是，生态经济学派既不赞同彻底的计划经

---

* 霍华德·奥德姆的哥哥尤金·奥德姆(Eugene P. Odum)同样是著名的美国生态学家。本书中单独出现的"奥德姆"均指霍华德·奥德姆。
** 他自取的中文名为"卢安武"。

济和保守的法团主义经济（corporatist economics），也不赞同自由放任的资本主义（和守夜人式政府*（nightwatchman state），理由是：这些经济体系全都无力阻止生态系统被破坏。

但是，生态经济学主要的批判对象是新古典经济学，美国最具代表性的新古典经济学者是弗里德曼（M. Friedman）及芝加哥经济学派（Chicago School of Economics）[3]。说起来，弗里德曼就是一名集大成者，仅他一人就集合了令生态经济学家反感的大部分观点。例如，他给自由放任（laissez-faire）经济学开"身份证明"，将其定性为可以同含义广泛的"自由"（freedom）画等号的概念。他推崇货币主义，即中央银行以经济增长为宗旨，控制货币供应量，对生产和价格施加影响。再如，他笃信用定价和"供求关系"足以调节所有短缺和过剩问题（如自然资源的短缺或过剩），经济之目的乃永恒增长，现代技术"性本善"，因此，他对污染和环境退化漠不关心，认为被污染的环境可视为与健康的经济体系隔离的"外在"事物（也就是后来所谓的"脱钩"）。本章介绍的几位生态经济学家也对凯恩斯（J. M. Keynes）和哈耶克（F. Hayek）两位经济学理论巨擘抱有严肃的学术疑虑，因为他们支持"经济增长总体上是积极的"这一认识，将环境"外部化"（也就是忽略）了[4]。

第一批生态经济学家可谓小有建树。1977年，舒马赫被卡特（J. E. Carter）总统请到白宫，讨论他那部备受争议的《小的是美好的》。戴利在世界银行意外获得成功，让这个金融巨头"提升了环境意识和环境知识"[5]。洛文斯创办的落基山研究所（Rocky Mountain Institute）获得成功，该所至今仍是可持续研究和咨询领域的领军者。1968年，远见卓识的意大利实业家佩切伊（A. Peccei）创建了智库罗马俱乐部。1972年，罗马俱乐部出版了畅销书《增长的极限》（作者包括梅多斯夫妇、兰德斯和贝伦斯三世），触发了一场关于

---

* 指不主动干预经济的有限政府，该派理论认为政府管得越少，经济就越自由，增长就越快。

"促进连续的增长是否明智"的广泛讨论，热度至今未衰。但从总体来看，经济学家和系统理论家离经叛道的批判所起的作用并不大，未能撼动人们对以增长为本的自由放任经济体制的执念。20世纪60—90年代，聘用这些思想家追随者的高校、银行、政府机关寥寥无几。直到近些年，随着资源压力的增加，同时公众也开始对人为气候变化有所认识，生态经济学者才逐渐显山露水，相较主流经济思想获得了较多信任。

以下将概述第一波生态经济学理论的核心特征。这是针对主题的概览，而非逐一介绍作者，因为20世纪60年代末至70年代涌现的大量著述中提到的批评、思考和建议都很类似。生态经济学家之间存在大量分歧，本章对此大部分略而不论。不过，他们对于新古典经济学存在的缺陷达成了共识，这个共识对西方世界大部分地区（及西方世界以外地区）的经济政策起到了引领、导向作用。第一波生态经济学与近年的可持续经济学间存在一些区分特征，其中一个特征就是前者侧重谴责主流经济学，而非如何建设"绿色经济"。这里有个例外值得一提，那就是洛文斯的开创性研究——他于1977年出版的专著《软能源之路：迈向持久和平》(*Soft Energy Paths: Toward a Durable Peace*)。该书为工业社会走向真正的成熟绘制了一幅蓝图：从依赖核能、化石燃料等"硬能源"的状态中"断奶"，转向使用安全的可再生能源[6]。然而，阅读经典生态经济学家的著作，总体上不可避免地要直面针对现有经济体系各种缺陷的深刻怀疑。在生态经济学家心中，恰恰是这个有缺陷的体系造成了科学家在20世纪中叶揭示的生态危机。生态经济学家和同时代的环保主义者一样，对工业消费社会不抱幻想，只不过他们用以表达幻灭的话语体系来自经济学术语。他们认为，工业革命没有必要保持在恒久的**不断革命**状态，而社会需要稳定、公正、生态良好的经济形态——这些论点在冷战时期的资本主义社会的确属于异端学说了。

增长的成本

这批经济学家提出的第一条(或许也是最重要的)批评,针对的是一种顽固的刻板观念——"健康的"资本主义社会需要持久的经济增长,也就是总吞吐量、消费量和(或)产量要无休止地增长。数十年前,奈斯比特(R. A. Nisbet)曾说过:"增长"是一个极为有力的隐喻,西方社会常常把它和正向、积极的属性关联[7]。反对增长,在某种意义上就是反对社会"发展"或"演进",赞成"停滞"甚至经济衰退*。戴利于1977年出版了专著《稳态经济学》(*Steady-State Economics*),书中指出:"动词grow过度承载了正向、积极的价值内涵,以至于我们竟忘了该词的本义——成长意味着'生长出来,并发育至成熟'。名词growth的概念本身就含有'成熟、充裕(sufficiency)'之意,而在实现成熟、充裕之后,物质积累就要让位于物理层面的维持保养[8]。"甚至亚当·斯密和凯恩斯也都提到过:理论上,一个社会能够达到这样的富裕水平,在此之后增长应退居幕后,把舞台让给人类幸福[9]。然而,假如谁身处20世纪60年代还去质疑增长的好处,那无异于面对16世纪的教皇大谈日心说[10]。

这些经济学家在增长上面看出了什么问题呢?尤为困扰他们的是,工业社会似乎已经累积足够多的"够多"了:物质已经够多了,财富已经够多了,人口已经够多了。再多就过了,而且,渴望"更多"的欲求看上去毫无意义,应该是意识形态在作祟。正统经济学的教条笃信一个"成熟"的经济体必须保持3%—5%的年增长率,这样才能被认定是强大而富有活力的,米香、戴利、舒马赫等人对此提出了尖锐的批评。主流经济学家对增长的宗旨、价值和终极后果不容置疑,针对此现象,舒马赫在《小的是美好的》中给出了明确的解释:

---

* 停滞的原文为stagnation。由于过分强调增长,经济学中的stagnation一词本身就带有经济"萧条""不景气"之意,所谓逆水行舟,不进则退,类似进化生物学中的"红皇后假说"。另一方面,stagnation和inflation(通货膨胀)结合,就是经济学家要求政府全力避免出现的stagflation("停滞性通货膨胀",简称"滞胀")。

譬如，经济学者出身的计量经济学家用纯定量方法确定，某个国家的GNP*增加了5%。他不愿意（通常也没有这个能力）去面对一个问题：这个量的增长应该被视为好事还是坏事？这个问题不能讨论得太细致，一旦深究，他便不能再维持那种言之凿凿的确信态度。他可不敢拍着胸脯担保：不管是哪些领域出现了增长，也不管谁从中受益（如果受益者真的存在的话），GNP增长必定是件好事。下面这种质疑在他看来属于想都不能想的问题、提都不要提的变态，更不用说大声问出口了：万一这种增长是不健康的病态增长或破坏性乃至毁灭性的增长呢[11]？

这些生态经济学家认为，渴求"更多"不仅没有意义、专横武断，还造成了惨痛的生态（及社会）后果。米香在他1967年出版的《经济增长的代价》（*The Cost of Economic Growth*）中嘲讽"经济教教义的铁腕"，说它和过时的19世纪经济思想有瓜葛。他还分析了当一个消费社会里充斥着新奇时髦的过量"反操劳设备"，随之而来的就是环境"成本"[12]。看到这里，读者应该能明白为什么米香等人后来被称作"生态学化的经济学家"了。米香给出了一份不完全清单，上面列举了工业化国家的"无节制商业主义"造成的各种后果：

郊野乡村受侵蚀，海岸带村镇遭"丑化"，化学废弃物污染了空气与河流，近海水体的表面积聚着厚厚一层黏稠的石油，污水毒化了海滩，滥用杀虫剂毁了野生动物，畜牧业朝着动物工厂转变，凡此种种有目共睹，天地大美这份丰厚的自然遗产正在被人类有组织地大肆损毁[13]。

尝试把生态因素融入经济学领域的人不只米香一个（但几乎没有新古典经济学家会费心做这件事）。例如，戴利和罗马俱乐部都主张发达的经济体要想方设法在"生物物理极限"（biophysical limits）内生活。他们认为，想要实现这一目标，就必须减少该经济体的吞吐量，降低污染水平，保持人口稳定，减缓资源消耗速率，提升能源的可再生程度。的确，在这一时期，一个

---

* GNP指国民生产总值（Gross National Product）。

人看待"极限"问题的态度已成为一种思想上的"石蕊试剂",能够对他是否同主流经济思想保持藕断丝连的关系进行"酸碱测试"。20世纪70年代关于增长的辩论如火如荼,生态经济学和新古典经济学的主要分歧集中在"工业经济是否能无限期地增长"这一点上[14]。

生态经济学家坚信这是不可能做到的,于是有了罗马俱乐部的书名"增长的极限"。在1972年这本书的初版中写道:

> 全球的生态制约(与资源使用和废弃物排放有关)将对21世纪的全球发展产生重要影响。本书发出以下警告:人类很可能将不得不付出大量资本和人力来对抗生态制约——付出如此之多,以至于人类的平均生活质量会在21世纪的某个时候下降[15]。

罗马俱乐部运用系统理论和当时最先进的计算机模型证明,"人口数量、粮食产量、工业化程度、污染物排放量及不可再生资源的消耗量"这些指标的"指数增长"是不可持续的;一连串的"反馈回路"只会强化由增长产生的后果[16]。也就是说,西方自工业革命以来出现的增长,在很多情况下可被视为一种逆火式*"不合算增长"(uneconomic growth)——这是戴利后来创造的词组,意指某些增长不仅损及未来的增长,而且会连累未来的生活质量[17]。生态学给出的教训是明确的:继续按照目前的速度增长,这种趋势是不可能一直维持下去的。戴利在他1977年出版的著作中毫不客气地指出:经济学太痴迷于数学和方程式了,完全淹没了同样属于经济领域的伦理观、价值观问题。秉持这种"多多益善"(bigger-is-better)的世界观,经济学家自然不会在乎增长带来的生态、社会后果。然而,"生物物理层面的事实会以提高生态稀缺度的方式(资源枯竭、污染、生态破坏)来明确宣示自身的存在"[18]。

难道增长不是"合理"且"必要"的吗?生态经济学家回答:没错,它不是。米香、戴利和舒马赫在各自的著述里颇费周折地分析了各种支持增长

---

* 逆火式原文为backfiring,指事与愿违,适得其反。

的论证,并针对论点逐条批驳。在他们看来,狂放增长是二战后西方国家的政府协同努力的副产品,它们采用政府支出、利率调整、税收减免等方法刺激增长,提振经济。这些生态经济学家并不会对任何类型的增长一概无脑反对。一家运动健身房想再觅良址增开分店,这样的"增长",他们肯定不会反对。他们反对的是盲目鼓动增长的经济政策,这种政策让城市规模、人口数量、燃料和电力的消耗及物料的生产量都变得更大更多。舒马赫痛斥集中化的"巨人症",其症状表现为大企业偏好,污染性燃料源偏好,对技术的狂热崇拜,而对渴求"更多"带来的惨痛后果视而不见。

米香断言,经济增长起源于19世纪,而直至20世纪40年代才开始真正起飞。到了20世纪60年代,英国的国家经济发展委员会(National Economic Development Council)、具有强大国际影响力的经济合作与发展组织(Organisation for Economic Co-operation and Development,英文简称OECD,中文简称经合组织),还有西方世界的众多国家,都把经济增长作为官方内容列入政策清单[19]。也就是说,刺激增长是**经济学家和政治家做出的选择**,而不是某种"自然而然的"偶发历史事件。鉴于增长政策加剧了世界生态危机,且增长偏好会妨碍我们的子孙后代过上优质生活,生态经济学家认为必须废弃这种政策。于是,米香宣称:"可以肯定的是,能够纯粹从经济学出发来证明增长政策自身正确性的理由是不存在的[20]。"戴利认为,支持增长是虚伪且不负责任的:"将GNP最大化等同于把消耗和污染也最大化[21]。"

笔者在此要请读者注意:这场辩论发生的背景是20世纪70年代,当时西方世界失业率居高不下,经济增长缓慢,关于生态危机加剧、资源稀缺等问题的研究有了新成果,所有这些都提振了生态经济学者的底气,令他们敢于强调"增长成瘾"(growth addiction)带来的种种弊端。例如,戴利就以"失败的增长经济"为跳板,提出了建设稳态经济的建议。另外,这场辩论正值石油危机震撼世界之时,人们从中看到了全球经济的脆弱性。1973年10月,"欧佩克"组织(OPEC,全称为 Organization of the Petroleum Exporting Countries，石油输出国组织）的阿拉伯成员国实行石油禁运，报复美国在"赎罪日战争"（Yom Kippur War）中支持以色列，结果造成了西方油价高升。直到1974年禁运才解除。洛文斯说，1973年的石油危机为他提供了研究"软能源之路"的灵感[22]。第二次石油出口的重大中断发生在1979年：伊朗的动荡造成了石油生产的削减与油价的提升。

从更广泛的意义上来说，20世纪70年代的"危机"说明人们日益意识到，原油的"价廉物丰"时代很快要结束了。哈伯特（M. K. Hubbert）曾就美国石油生产的"峰值"到来发出警告，他估计美国本土的48个州将在1965—1970年期间出现石油最高产量，事实证明他的预测相当准确[23]。世界石油产量峰值将在21世纪初出现*，对于严重依赖不可再生化石燃料的全球"指数增长文化"（这是哈伯特使用的术语）而言，这可不是什么好事。依靠石油推动资本主义增长的美好时光显然已经一去不复返了。

1977年，米香出版了《关于经济增长的辩论：一次评估》（*The Economic Growth Debate: An Assessment*），思考并评述了20世纪70年代后期在经济与政治上出现的不确定性。书中，米香对支持增长的三个主要论点进行回应，这些论点是经济学中的"保留节目"和"传统智慧"［conventional wisdom，这是由加尔布雷思（J. K. Galbraith）推广普及的术语］[24]。它们分别是：1.资源稀缺必然会引发产品价格的上涨，人们会通过减少资源使用和探寻新的资源来应对；2.市场在不可再生资源的使用上设定了"最佳时间路径"，这为社会提供了找到新资源的可能性；3.以往对资源减少的忧虑都没有现实依据。米香对

---

* 石油峰值论目前在学术界存在争议。这种争议更多地体现在如何看待数字层面的产量峰值，而不在预测的具体达峰时间上的分歧。峰值论反对者认为，随着如页岩气革命等一系列从勘探到开采的新技术进步，人类事实上能达到的潜在化石燃料产量远未达峰，而已探明可继续开采的相应储量也远未见底。因此，表面上的石油产量峰值其实是服务于化石燃料价格人为操控的一种经济手段而已。可持续派则往往会严正指出，页岩气开采使用的体积压裂等现代技术本身可能造成的环境破坏，哪怕只是相较"传统"的水力压裂技术也足以令风险倍增。

此逐一予以反驳：论断1并没有真正解决短缺问题；论断2的根据是不切实际的幻想，是对市场智慧的盲信；论断3并不意味着我们仍旧可以或应当重复过去200年间造成资源枯竭的使用速率[25]。戴利从自身角度出发对米香的论述作了补充。他指出，无节制的增长从长远来看一定会出现逆火效应，这种不知节制向来是工业社会的通病，因而一件事不可能既是麻烦本身，又是解决麻烦的办法[26]。

20世纪70年代生态经济学家提出的最后一个反对增长的论点，主要涉及社会因素。米香断言，经济增长并没有让英国社会实现财富和收入的平等分配。他说：

我们甚至会建议，应该放弃将"经济增长"本身视为一个独立的政策目标。这是因为若社会福利是我们思考的重心，那么符合我们福利标准的经济增长定会被批准和采纳，而其余类型的增长则会被抛弃[27]。

戴利也有相同的看法，他说：一个社会中总财富的增加，并没有促进平等，治愈社会弊病，反而产生了新的弊病。他在1977年写道："道德事实始终在通过日益明显的道德稀缺性来彰显自身的存在，试看失范（anomie）、不公、压力、异化（alienation）、冷漠、犯罪等社会症状，正所谓一目了然。"[28]希尔施（F. Hirsch）在1976年出版的著作《增长的社会极限》（*Social Limits to Growth*）中指出，社会极限的重要性甚至可能超过生物物理极限："罗马俱乐部所言对增长极限的忧思存在明显的错位。它所顾虑的物理极限距离尚远且不确定，而近在眼前的（姑且认为还不算灭顶之虞的话）社会性增长极限却遭到了忽视[29]。"

生态经济学家一致认为，20世纪创造出来的大部分财富都流向了社会阶梯的顶端，造成了工业化社会内部的巨大不平等差距。他们还认为，增长实际有利于富人，违背了公开宣称的平等公正原则，这些在理论上可是西方社会的指导原则。这些对社会阶级分化及其后果的批判，部分反映了经济学家综合考虑社会、环境和经济因素的初步研究尝试，这是可持续运动的一个重要发展,最终于20世纪80年代融为一体。

不再增长,之后又如何呢?我们应怎样处之?对此问题,生态经济学家并没有一致的答案,我们从中可以看出他们的见解各异其趣。他们中没人能为抛弃增长型经济、建立可持续经济提出一套完整而可行的方案。戴利倒是为新经济勾勒了一个宏观经济框架,算是离现实可行性最近的(比较详尽的方案都是由历史角度的后来者——可持续经济学家提出的)。不过,生态经济学家的确指明了总方向:确定新经济目标、构建新经济体系,从而减缓环境退化、促进社会公正。皮拉吉斯(D. C. Pirages)主张建设慢增长型经济,打造一个"可持续社会"。他于1977年编著出版了《可持续社会:对有限增长的启示》(*The Sustainable Society: Implications for Limited Growth*),书中提出"保护能源及其他自然资源",发展太阳能产业[30]。米香希望实现非增长型"发展",促进教育、医疗、艺术、休闲等社会福利。他还说,增长减速未必会损害到高标准的生活——如果把"频繁的茶歇和其他以伪装形式呈现的闲暇"算成"商品"的话,那英国人已经从"慢增长"中受益了[31]。舒马赫创立了所谓的"佛系经济学"(Buddhist economics),重视人、劳动和环境的价值,将其置于财富与物质消费之先[32]。

其他生态经济学家对愿望的表达则更为直白:实现零增长经济,就算是动用政府的力量来强制推行法规阻止增长(特别是吞吐量和人口的增长)也在所不惜。他们认为,如果增长型经济是被有意识地构建起来的,那它也可以被有意识地主动解构。斯蒂弗斯(R. L. Stivers)于1976年编著出版了《可持续社会:伦理与经济增长》(*The Sustainable Society: Ethics and Economic Growth*),和埃利希、康芒纳一起鼓吹"人口零增长",不过,他扩展了这一观点,将"经济零增长"也涵盖在内[33]。戴利也赞成零增长经济,他认为至少这适用于工业化国家,至于发展中国家,若不允许其经济实现某种程度的增长,未免有点伪善[34]。戴利提议建设"稳态经济",这个想法受到穆勒1848年所著《政治经济学原理》的启发,本书的第二章谈到了这部偏离正统的政治经济学著作《政治经济学原理》提出"资本的静止态"概念[35]。戴利称,稳态经济是一种"低能量经济","人口和人工制品的常备存量,按维持低比例'吞吐量'的需求,保持在某种预期的充足水平上"。[36] 最大资源配额和人口控制措施由民选官员执行:

> 我们需要构建下列机制:(1)人口数量的稳定机制(可转让的出生许可);(2)实体产品存量的稳定机制,以使吞吐量保持在低于生态极限的水平(由政府主持的消耗配额竞拍);(3)物资的分配机制,在向特定人口分配特定的物资存量的过程中,限制分配不公(对个人收入设置最高、最低额度,对个人财富设置最高额度)[37]。

戴利坚称:稳态经济容许道德和文化"发展",但不容许经济增长;稳态经济不同于"衰退"或"失败的增长型经济"[38]。他还提出了一些比较极端的建议,往往因不切实际而被束之高阁,如他提出要积极主动地限制人口增长。尽管如此,他的稳态经济新论和他的"不合算增长"思想一样,依然影响着今天的可持续经济学理论。米香、戴利、舒马赫、罗马俱乐部等第一批生态经济学家至少成功地把增长、极限及社会过冲等打造成了合理的正当议题。

被忽视的自然环境

新古典经济学被批判的第二个原因是有意忽视环境,或最多把环境看成惰性实体,根本不属于创造财富时必须考虑的内容。生态经济学家指控主流经济学家把大自然当作倾倒工业污染物的大型垃圾场,同时批判了新古典经济学家的天真假设:供求定律决定了稀缺资源的价格会被拉高,从而减缓该资源的消耗速度,进而实现不可再生资源近乎无限期的可用状态。为了反驳这个观点,生态经济学家举出很多自然资源储备消失或退化的例子,证明了自由市场无力阻止过度消耗。他们说,无论新古典经济学家如何喋喋不休地"念经",地球的资源总量是有限的,而且正在变得日益稀缺。

另外,生态经济学家还痛批新古典经济学将自然界"外化"的做法,这样后者就可以不将自然纳入经济学方程了。也就是说,经济学传统理论认定自然界是"外在"事物,而非经济系统的固有成分。只有当自然界的某一部分作为商品具有"交换价值"时,自然才能进入经济领域。树木、土壤、水体在新古典经济学中并不具备内禀价值,尽管它们提供了十分宝贵的生态系统服务。按照"正常"的成本收益分析,如果环保法规不存在,企业就完全不必把倒进湖里的有毒污泥或烟囱里冒出的污染物计入"成本",既然无须计入,那不管怎么算,不受限制的排污行为都是一种收益了。污染物一旦进入"公地",企业就不用再对其负责了。如果污泥或大气污染引发健康问题和环境灾难,很抱歉,那也与企业无关。生态经济学家认为,这种境况显然是难以为继的。

在将生态学和经济学融合为一门新学科的过程中,生态经济学家尝试设计新途径,以便将环境因素纳入经济学理论。在他们看来,新古典经济学家的思路让人想起一种令人不快的旧式世界观——人类技术纯良无害(innocuous),大自然不会因其遭受真正的重创。弥合生态学与经济学之间鸿沟的是两位先驱。一位是著名的美国生态学家奥德姆,他提出了"能量学"(energetics)的概念。能量学即针对各种能量流的研究,包含生态学与经济学的内容。另一位是加拿大生态学家霍林(C. S. Holling),他对生态系统"恢复力"的研究深远地影响了科学和经济学[39]。

诚如米香所言,20世纪60年代被冠以"外部不经济性"之名的东西和20世纪70年代的"外部效应"一样,其本质都是经济学家随手一挥便被忽略的成本。污染不能直截了当叫成"污染",而是讳莫如深地婉称"溢出"或"溢出效应"[40]。换句话说,尽管这种坏东西会造成社会冲突、健康问题和生态灾难,它还是得被推到一边去,不能计入经济模型[41]。米香认为,他那个时代的经济学理论中缺少针对这类成本影响的认知方法:"某些类型的外部不经济性显然相当重要,却不易度量,没有哪个社会会像我们(西方社会)那么容易犯这个小毛病:在相关性的高低与量化的难易程度之间画等号[42]。"他列举了一些计算社会成本和环境成本时会遇到困难的例子:

另一方面，一些简单的问题如（汽车）引擎噪声过大、有害毒烟的排放等，可以通过制定强制降噪、强制安装防烟装置等方法实现经济实惠的快速解决，就像现实中美国若干个州所做的那样。但是，更普遍的社会问题如工业噪声、扬尘、恶臭气味、丑形丑态、城市扩张及其他刺激神经和损害公众健康的问题，则既难以测定量化，又难以被归咎为单方面的责任，当然，这些都不能成为听之任之、放手不管的理由[43]。

博尔丁揭示了"外部效应"概念存在的问题："外部效应"一词提供了一种错误的暗示，暗示我们完全可能拥有一个不受边界限制、无需承担后果的经济体系。博尔丁将这种无所顾忌的经济理念命名为"'牛仔'经济"，同时，他将以负责态度维持在单一"经济圈"内运行的"太空人"经济*和"牛仔"经济作了比较[44]。他引用热力学第二定律（熵增定律），认为必须把新型经济体系看作一个"封闭"系统，大气和海洋不能被视为"外在物"。也就是说，正如哈丁等生态思想家曾经指出的那样，我们所谓的扔（垃圾）实际上根本不存在已经"扔掉"一说（no "away" to which we can throw things）。博尔丁接着说："在'太空人'经济中，我们最关心的是存量的维持。显然，任何技术革新，若能实现以更少的吞吐量（即更少的生产量与消费量）来维持给定的存量，那都是一种收益[45]。"著名的经济学家杰奥尔杰斯库–勒根在1971年出版的《熵增定律和经济过程》（*The Entropy Law and the Economic Process*）中关于经济过程的热力学基础提出了类似的论证，从而帮助在经济学与研究能量转换的科学之间架起了沟通之桥[46]。奥德姆也主张"经济学家一定要了解能源是如何运作的。他们现在把能源称为'外在物'，并且未能意识到能量流控制

---

* "太空人"经济原文为the "spaceman" economy，这个命名可以关联到该时期由富勒（Richard Buckminster Fuller）提出的太空飞船地球观（spaceship earth，意为对人类而言地球就像宇宙中一艘孤独的飞船，只能依赖自身的有限资源生存，与多年后刘慈欣作品中的"流浪地球"意象有异曲同工之妙），所以根据喻义翻译为更口语化的"太空人"而非术语"航天员""宇航员"。

着经济,因此是不容忽视的[47]。"

纠正外部不经济性问题的一个手段就是将之前被外部化的成本重新内部化,写入经济学的方程式。20世纪70年代确实有一些经济学家赞成这个主张。但把外在物内部化本身也存在不少问题。正如米香所说,许多外部性在主流经济学理论中缺少将其量化的方法。在戴利看来,此事与其说是方法论问题,不如说是生态问题:"把外部性重新内部化为相对价格,只是一种针对相对稀缺问题的处理,丝毫没有触及绝对稀缺问题。正统经济学将一切稀缺视为相对稀缺,因此顺理成章地认为把外部性加以内部化便是终极解决方法。可它当然不是[48]!"将外部性内部化,不仅无法处置不可再生资源在绝对量上的减少问题(这是戴利在该段讨论中的关注重点),而且无法阻止生态系统遭受破坏、污染,无法避免前文提到的由增长带来的所有社会成本(它充其量只能让消费变得更贵罢了)。简言之,生态经济学家试图寻找新的测量方法与指标,能够刻画经济活动的真实成本信息,而不是简单地把社会、生态现实搁置一旁不闻不问。如今已茁壮成长的"真实成本经济学",在很大程度上得益于这些对外部性的早期批判。

无用的指标和度量

第三条批评直指新古典经济学中的经济福利指标,在生态经济学家看来,这些指标是在不假思索的情况下被轻率采用的,实际上毫无价值。把GDP(国内生产总值)和(或)GNP(国民生产总值)当作有价值的衡量标准,几乎受到了所有生态经济学家的无情嘲弄。按经济学教科书所说,GDP衡量的是一个国家的产品加上服务的总市场价值。GNP衡量的也是实体商品和服务的总价值,但GNP与GDP的不同之处在于,它把海外投资的全部资本收益及居住在国外的公民收入[不包括那些非本国纳税人暂居者(domestic nonresidents)的收入]一并计入公式。用后来一位可持续经济学家的话说,GDP和GNP衡量的只是某一经济体的"繁忙度"(busy-ness),而轻易将人类活动越多、活跃度越高认定为必然越好,未免过于粗陋草率[49]。第一批生态经济学家基本均持此论断,有些论证中的譬喻甚至令人捧腹,如斯蒂弗斯说:"GNP就好比是个大胖子吃上身的重量,他自己可能并不想全要,或者说并非都是必需的。"[50]

经济过肥症的问题在于,它让人误认为经济发福就等同于经济健康、富于韧性。连在1937年首创GDP指标的库兹涅茨(S. Kuznets)都发出了警告:GDP受困于"错觉,并由此遭到了滥用",主要原因是GDP没有说清讲明"个人收入分配"与"必须承认的各种成本"[51]。20世纪60年代,米香是最早批判GDP和(或)GNP的人之一,之所以批判,是因为GDP和(或)GNP忽略了经济活动的成本,作为表征经济健康程度的指标是有缺陷的。它们的缺点很多,其中一个就是看似中立无偏,实则属于非常隐蔽的规范性指标,其标准是偏向某些特定价值和欲望的——主要是获取更多消费品的欲望[52]。新古典经济学家总是把GDP和(或)GNP的增长看成积极的正向发展[53]。然而,这种增长往往以牺牲自然环境为代价,甚至不惜接受污染、浪费、效率低下或耗尽不可再生资源等惩罚[54]。生态经济学家指出,这个无处不在的指标在伦理层面的缺失如此严重,居然会刚愎地将环境灾难算作好事,就因为清理受损的环境能让某些企业有利可图。对"多难兴邦"做出这种反常理解的扭曲逻辑[巴师夏(C. F. Bastiat)在1848年批判类似逻辑时将其命名为"破窗谬误"]有个当代的经典案例,那就是1989年发生在距离阿拉斯加海岸不远处的埃克森石油公司"瓦尔迪兹号"油轮泄漏事故(the Exxon Valdez oil spill)。一场空前的环境大灾难最终却"拉动"美国GDP达20亿美元以上[55]。

再者,GDP和(或)GNP并没有计算不合算增长(指某些增长从长远来看是不利的,对社会是有害的),因为这两个指标均忽略了遥远的未来与定性分析[56]。在只知道追求当下的"繁忙"中,关乎生活水平的长久之计被抛到了一边。戴利认为:"GNP的问题是把地质资本的消耗量当成了目前的收入[57]。"舒马赫、戴利和米香都在寻找一种经济学指标,能够同时反映资源保护与社会福利、平等的价值。可能现在看来有些理想化,米香在1977年写道:"即便是最保守的经济学者现在也认为,今后不能再将GNP的变化作为反映社会福利或社会产品变化的合适指标了[58]。"

生态经济学想要的指标不是衡量经济增长的GDP或GNP,而是考虑定性因素,彰显平等和资源保护等各项价值,阻止不合算增长的指标。博尔丁认为,GNP至少应该在可再生资源和不可再生资源之间做出区分,以方便经济学家追踪存在问题的增长[59]。斯蒂弗斯指出,经济学家当年也曾付出心血为社会福利创制了若干新指标,如"经济福利测度量"(Measure of Economic Welfare,创设于1972年),还有一个早期形式的"发展指数"(Development Index),这两个指标在方法论上均放弃了纯定量分析,构建了社会经济健康的定性测量指标[60]。正如我们在过去几十年中所看到的,随着GDP和(或)GNP的替代性指标不断形成,通常被视为好事的GDP和(或)GNP增长在对标的竞争性新指标衡量下可能会被视为相当糟糕的事,此类场景已屡见不鲜。戴利也提出了几个指标来代替GNP和GDP,但都处于初级阶段。他和同道者一起呼吁加强替代性指标的研究。

技术崇拜

对新古典经济学的第四条批评是,它不惜代价渴求"更多",认为人造技术本质上是良性的,至少相较其附带损害而言利大于弊,是"技超所值"的。这条批评和环保主义者针对20世纪"进步"叙事的批评基本一致,而这一叙事是从工业革命和启蒙运动继承而来的。用舒马赫的话说,我们人类所谓"最伟大的成就"其实是对自然环境极尽威胁之能事,因此对依赖自然环境的人类经济而言,事实上也是在自我威胁[61]。

最醒目的"成就"在能源部门。舒马赫和洛文斯认为,核电风险过大,不宜开发。核电不仅无法解决日益增长的电力需求问题,还会构成威胁环境和政治稳定的重重风险。请记住,他们提出的这些警告早在切尔诺贝利核灾难之前就已经白纸黑字公开发表了。舒马赫质问,怎么做才能确保核废料安全储存2.5万年(达到放射性半衰期所需的时间)呢[62]? 更令人不安的是，建设核电站反应堆所用到的材料，既能用来发电，又能用于制造核武器的核心部件，这样一来就存在危及全球和平的风险。洛文斯用"迈向持久和平"(Toward a Durable Peace)作为他著作的副标题，实非无因。他知道，伴随"硬"技术（即对环境产生强烈影响的技术）——特别是核裂变、核聚变及化石燃料而来的，正是发动战争的能力[63]。20世纪70年代中期，洛文斯和舒马赫出版了各自的论著，当时核军备竞赛正盛，美国和苏联各自花费数万亿美元制造核导弹和核弹头，后者数量多达数万枚。可以说，洛文斯和舒马赫都是胸怀道义的学者，这一传统可追溯到爱因斯坦(A. Einstein)，他在晚年时经常对自己涉足原子弹的开发和改良表达悔意。

被生态经济学家谴责的另一类"硬"能源就是化石燃料——石油、煤炭和天然气。20世纪70年代，几乎没人了解化石燃料造成了人为的气候变化，因此生态经济学家进行口诛笔伐时，并没有就二氧化碳排放导致全球变暖这一点展开论证，这条论据是此后才出现的。不过，他们看过康芒纳等人的研究成果，所以确实了解碳排放能引起烟雾、碳烟*和"有害毒烟"，对大城市居民和工业区附近居民造成肺部损伤。哈伯特的类似警告甚至更令人心忧，他说石油产量一旦达到峰值便会不增反降，接着就会不可避免地出现石油短缺和油价上涨。20世纪70年代，奥德姆也曾明确指出，经济增长与储量有限的化石燃料直接挂钩，"能源控制着增长"[64]。奥德姆、洛文斯和舒马赫希望人类能趁着工业社会尚未被燃料短缺逼得陷入停顿，也还未被迫离开稀缺的石油资源，大步退回使用储量更丰富也更具污染性的沉积煤之时，尽快摆脱对化石燃料的依赖。还有一个问题是：化石燃料通常需要采用大规模、低效率的集中控制技术来对其进行提炼、分配和消费[65]。因此石油、煤炭往往和破坏平等根基、令个体难以自给自足生活的那类技术相辅相成。

为了取代"硬"能源和相关技术，洛文斯为"软能源之路"设计了一幅详

---

* 碳烟原文为soot，指由燃烧产生的、能使滤纸变黑的所有固体颗粒，又称"烟粒"。其中主要由非晶态碳构成的沉积物又称"炭黑"。

尽的蓝图。他从舒马赫处受到启发,认为软能源、软技术和更易识别的硬能源、硬技术迥然不同:前者依靠来自可再生能源的能量流,具有高效、灵活、低技术且对环境友好、多样化、分散化(非统一、集中)的特点[66]。这一时期的主要软能源是被标榜为可解决电力问题的光伏太阳能和风力涡轮发电,20世纪70年代这两种能源技术还是比较新颖的。另外,卡特总统执政期间,美国政府借助1978年发起的"水生物种计划"(Aquatic Species Program)对藻基生物燃料开展了研究。

洛文斯等能源专家的研究有一个鲜明的特征,那就是他们认为工业社会走向崩溃末日看起来已不可避免,软能源之路可能是人类得以幸免的唯一出路。事实上,生存至上主义(survivalism)在20世纪70年代风靡一时,驱使人们想方设法让发达国家摆脱化石燃料。这一时期有很多人向往在能够自产食物、能源的家宅或社区里生活,他们把自给自足视为自由的一种形式。显然,现代可持续运动在很大程度上要归功于这些倡导社区自治、探索研究"替代性能源"的先驱。

生态经济学家还认为,新古典主义对"新"技术、现代技术的评判经常出现道德层面的缺失。斯蒂弗斯的著作以"伦理与经济增长"(*Ethics and Economic Growth*)为副标题并非巧合。生态经济学家对于现代资本主义所具有的特征——"创造性破坏"[熊彼特(J. A. Schumpeter)的名言]深感担忧。20世纪的人类似乎多了一种想当然式的假设:新式小工具(gadgets)、新技术只要能在短期内提高生产力、增加舒适度,就可以断定它本质上优于旧方法,即使新方法会造成更大的污染,消耗更多的资源。生态经济学家并不是头脑简单的技术恐惧者,他们只是希望建设这样一种社会:能够把道德和生态置于短期经济成就之上,并且对物质性创新的众多后果作出衡量评估。有些重要问题必须有人去问:某项技术是否能保障人类在其生物物理限度内生活?是否会造成过度污染或破坏?是否能证明采用该技术所获得的收益相对于付出的代价大体上是利大于弊、技超所值的?(从某种意义上说,最后这一问也是150年前卢德派提出的问题。)

这些都属于带有主观价值取向性的问题,新古典经济学家在为新而新刻意追求"新东西"的过程中经常把它们搁置一旁。毕竟,贪婪、短视及对道德的冷漠无疑造就了"用后即抛型社会"[throw-away society,这是《生活》(*Life*)杂志1955年发明的术语]。戴利和舒马赫都希望建立一套合乎道德的严谨经济体系,促进人的发展,而非助长浪费和不平等。戴利主张:

> 我们需要……把重点转移到生态适应上,也就是说,要接受对人类家庭规模及支配区域的自然限制,要注重道德上的成长和质量上的改善,而非对人类支配区域作帝国主义式的纯数量扩张。人类的适应所需,首要的是改变内心,继之以一种经济过渡,即向不再过分依赖连续增长的经济形态过渡[67]。

早期的生态经济学家全面批判了"一切照旧"经济学。他们想让经济学这门"沉闷的科学"(dismal science)变得更合乎道德、更专注于生态知识。他们构想出这样的未来:增长不再作为政府政策,人口稳定在可控的数量。他们还构想了这样一种社会:教育着力于发展对自然世界的认识,接受严格的环境法规和税收,只为建设一个在生物物理限度内安全而公平地运行的人类家园(oikos)。他们想要使经济学旧貌换新颜,为它重新定向,因为传统经济学显然已经对经济的终极目标视而不见了。尽管这批生态经济学家在20世纪60年代至90年代初未能取得重大进展,但他们深刻影响到近几十年的可持续运动。读者在后文中将会看到,当代可持续经济学的核心内容都是从这些生态经济学早期著作里生发出来的。

第五章

从概念到运动

从增长到可持续性。

——莱斯特·布朗（Lester R. Brown，1981年）

20世纪70年代末到90年代，一场自我定义的可持续运动逐渐成形。可持续性不再只是一个概念、一套思想。此时已经有一批组织、机构在倡导可持续性，如世界观察研究所（Worldwatch Institute）、落基山研究所（Rocky Mountain Institute）和联合国等，还有越来越多的个人在寻求可持续生活。学者们生动形象地描绘可持续社会的样貌，措辞毫不含糊地探讨现代工业社会的不可持续性。1975年，在得克萨斯州的休斯敦市附近召开了一场会议，讨论"如何组织重构现代社会，使其无需持续增加人口、能源资源使用和物理输出，就能为公民提供美好的生活"[1]。 1976—1981年出版了大量书籍，援引前沿科学和生态经济学的研究成果，勾勒出可持续社会的定性构成[2]。 20世纪80年代，可持续性已成为国际协议的核心内容，被部分非政府组织、企业和政府作为战略性目标，同时还成为一种探索平衡与持久的哲学思想，具有广泛的应用范围。可持续性热情最高、分量最重的拥护者还属联合国，它将可持续性改写为"可持续发展"，将可持续原则纳入国际协议。

当是时，可持续性已是政治议程和表达清晰的生态哲学的组成部分。人们设计出林林总总的框架、体系和模型，来研究、测量、倡导其核心原则，譬如可持续性3E基本模型的出现。20世纪90年代以前，可持续派就已经在经济分析、规划委员会（隶属各级政府）、能源、教育、农业、住房、交通、商业运营等诸多部门与行业领域践行可持续原则。久而久之，媒体也开始使用这个词，20世纪末，可持续性成为流行术语，被用来指称与绿色价值相关的事物。

本章将简述20世纪末可持续运动的形成过程、取得的成就及面临的挑战。如读者所见，可持续运动并不是在1980年前后自然而然出现的。进一步推动"可持续社会求索"（quest for a sustainable society）的学者、外交官和活动家，借鉴了针对某些互有交集问题群长达二十年研究的成果。例如，污染、环境退化和气候变化，人口极限、消费极限及吞吐量的增长极限，维持生物系统稳定的必要性，提高可再生能源利用率、能源使用效率和提倡能源节约的可能性，建设可持续城市与农业系统的前景等。当然，可持续拥护者们很早就站到巨人的肩膀上了。如果没有伊夫林、科尔贝、冯·卡洛维茨、卢梭、马尔萨斯、穆勒、达尔文、马什、缪尔、卡森、雅各布斯，以及其他无数培养、发展生态思维的人，可持续运动就不可能存在。

不过，多数学者认为，可持续运动的关键转折点是1972年罗马俱乐部出版的范式转换力作《增长的极限》。用一位学者的话来说，"一则惊世预言落进这个陷入自鸣得意的（现代工业主义）世界：如果再不立即采取强制措施以实现全球均衡，世界将在2100年前遭受灭顶之灾并崩溃。"[3] 另一位学者指出，在罗马俱乐部的报告中，"**可持续**一词更为广义的现代形式首次出现"，这份报告寻求建立能长久"为人类的生存提供支撑"的世界体系[4]。罗马俱乐部将可持续性描述为社会稳定之道，是自杀式增长的反题（antithesis）。20世纪80年代形成的制度性可持续运动，是针对20世纪70年代"增长大辩论"挑战作出的真正建设性回应，该挑战是由罗马俱乐部及其他辩论参与者共同提出的。这场运动发展至今，不昧初心，仍在试图建设一个可持续社会，努力避免20世纪见多识广的系统理论家们预想到的社会崩溃成为现实。

当你翻阅20世纪70年代末和80年代初探讨可持续性的专著与会议论文集,恐怕会感到震惊。那时有一种充满真切希望的乐观主义氛围,人们认为之前十年间所发生的环境灾难、经济困难一定会引发一次转型突变,从而实现社会的均衡状态。1981年,一位可持续性的早期拥护者说:"20世纪70年代出现了一个十分重要的现象,……那就是我们……改变了对增长的看法。"[5]

但是,人们很快就意识到,认知发生变化者只占极少数——至少在工业化国家的领导人中如此。历史证明,20世纪80年代属于美国的里根(R. Reagan)和英国的撒切尔夫人(M. Thatcher)。很多发达国家推行新古典自由主义*经济政策,放松了金融市场监管,并使众多公共服务机构私有化。时值苏联摇摇欲坠并终于轰然解体,为资本主义和"自由世界"贡献了一场难得的国际公关巨变。物质主义简直可以说是享受了一次酣畅淋漓的精神复兴。拜金行为盛行,污染排放、人口数量、消费水平、吞吐量均急剧上升。和二战结束后的情形一样,经济增长深受追捧,即使损害社会福祉和环境也毫不顾忌。

因此,20世纪80年代有一个特点,就是对工业资本主义的看法呈现两极分化。一极是里根派和撒切尔派,他们努力维护西方的生活标准和军事实力,靠着苏联阵营还在闷烧的余烬,烘得自家手足暖意融融。极限思想被抛到一旁,人们对化石燃料展现出前所未有的热爱。也许,那一时期最具标志性的事件便是1981年里根总统从白宫屋顶上取下了太阳能电池板,那是前任总统卡特欣然安装上去的象征物。另一极是各式各样的社会团体和环保

---

* 新古典自由主义英语原文为neoliberalism,请注意勿与新兴自由主义(new liberalism)混淆。虽然侧重领域不同,但新古典自由主义与新古典经济学有大致相同的理论根源,主张自由放任,减少政府干预;相反,新兴自由主义在经济方面采用凯恩斯经济学观点,强调政府的干预。

团体,他们为社会设计了一条不同于里根与撒切尔的发展道路,发展不能植根于物质主义、增长、化石燃料和日益加剧的社会不平等。20世纪80年代中期,有几个特别重大的议题悬而未决:现代性、人类的"进步"、新古典经济学和工业社会的终极命运归宿。可持续派认为有能力实现改变的权势者却倒行逆施,对那些助长不可持续性的政治、经济政策全力支持。于是到了80年代末,可持续性拥护者的话锋变得硬朗起来,天真的乐观主义褪去,让位于悔恨和戒备。1987年,布伦特兰夫人在那部极具影响力的《我们共同的未来》中哀叹:对社会、环境问题不再关切,出现"标志性的退避三舍",这已成为20世纪80年代的思想特征[6]。

此处的要点在于:并不存在什么绿色魔力,可持续性在20世纪80年代未能赢得商界领袖与政府领导的心。其实,建设可持续社会,进展是相当缓慢的,这一时期的成功事例虽然引人注目,但其象征的潜力要比即时的直接影响更为突出。

20世纪80年代可持续运动的最大成就当属联合国的高级外交官群体对可持续理念的领悟,这使得可持续性成为国际协议的一项核心内容。当时有很多外交官所代表的国家深受生态问题困扰,而且其国内恰好不存在根深蒂固的化石燃料工业利益集团。自20世纪70年代开始,联合国进一步参与了对国际环保工作的协调工作,以及对成员国执行环境无害活动与政策的辅助工作。

在这一层面,转折点就是前文提到的1972年瑞典斯德哥尔摩"联合国人类环境会议"。斯德哥尔摩会议并未明确讨论可持续性,但会议期间成就了两件意义深远的大事:一是创建了影响力巨大的联合国环境规划署(UNEP),该署成为联合国的常设环境部门;二是颁布了《斯德哥尔摩宣言》,其中列出了事关"人类环境"的关键原则。该宣言内容繁杂晦涩,有时行文措辞诡谲,但它清晰明确地融入了生态思想。宣言中的第6条"共同看法"写道:"现在已经达到这样一个历史时刻:当我们决定在世界各地的行动前,必须更加审慎地考虑它们对环境产生的后果。由于无知或漠不关心,我们可能给幸福生活所依赖的地球环境造成巨大且无法挽回的损害。"[7] 该宣言为此后联合国发布对全球环境政策及发展规划有切实影响的可持续宣言开创了先河。

1980年,可持续性迎来了历史性的重要时刻:UNEP委托"国际自然保护联盟"(International Union for the Conservation of Nature,缩写为IUCN)(一个由来自100多个国家及地区的约700名科学家组成的组织)撰写了一份"助力推进生物资源保护,实现可持续发展"的综合报告[8]。这份报告就是万邦瞩目的《世界自然资源保护大纲:用于实现可持续发展的生物资源保护》(*World Conservation Strategy: Living Resource Conservation for Sustainable Development*)。它受到瞩目的原因有几个。

其一,它是首份使用"可持续发展"一词的国际文件,该词的用法和联合国授权发出的促进贫困国家福祉的号召相得益彰。但"可持续发展"也招来了许多可持续派的批判,因为他们反对这个看似自相矛盾的词组。

其二,这份报告具有重要意义,因为它反映了环境意识由狭义保护主义(保护自然资源和环境)转向为一种更具建设性的社会转型理念,即一种对环境、经济、人类福祉三者间相互作用的更为动态的认识。换言之,人们在这份报告中非常清楚地看到了可持续话语已挣脱了旧式狭义环保主义观念的束缚。在此,读者不妨品味一下IUCN看待发展的系统观:

> 此处提及的"发展"可被定义为:对生物圈加以适当的改良,利用人力、财力、生物与非生物资源,满足人类的需求,提高人类的生活质量。想要实现可持续发展,就必须考虑作为其基础的生物与非生物资源的社会、生态因素及经济因素,同时还要考虑替代行动长期和短期的利与弊[9]。

1980年以来,我们所看到的朝向生态系统思维的转变一直是联合国发展思路的重要内容。

其三，这份报告之所以重要，是因为它向政策制定者、保护主义者和发展事业的实践者传达了真实的信息。报告提出了三个目标：维护最基本的生态过程和生命支持系统、保护地球上的遗传多样性、保证对物种和生态系统的可持续利用。循此路径，报告还提到了气候变化（措辞有些模糊）、臭氧层损耗、荒漠化（荒漠的蔓延）、全球海洋健康状况等诸多科学问题。但有一点很明显：尽管IUCN意识到了环境、经济和社会三大问题之间的相互关系，但侧重点仍然落在生态系统科学上。社会公正、贫困、不平等、性别差异、原住族群等问题，经济、金融体系存在缺陷的问题，以及联合国关于可持续发展的文件提到的其他问题，在IUCN的报告中基本未予讨论。

可持续性在联合国背景下出现，说明可持续运动日益具备国际特征，这是很有意义的。本书之前的篇幅里侧重讨论西方世界的情况，但从20世纪80年代起，对可持续性的求索已然成为全球性活动。出席联合国可持续会议的代表，以及会议发布的诸多宣言、公约的作者都来自世界不同国家及地区，包括发达国家与发展中国家。例如，秘鲁籍联合国秘书长德奎利亚尔（J. P. de Cuéllar）在1983年设立了"世界环境与发展委员会"（World Commission on Environment and Development，缩写为WCED），其任务是创建一个可持续发展的全球框架。WCED时任主席布伦特兰夫人此前曾任挪威首相，之后再度出任挪威首相；副主席哈立德（M. Khalid）曾任苏丹外交官；1987年WCED发表报告《我们共同的未来》（*Our Common Future*）*，其主笔是麦克尼尔（J. MacNeill），加拿大环保主义者，担任过经合组织的环境委员会主任。联合国成为这场国际化运动的中心，因为正如《我们共同的未来》所言，整个地球都面临着环境退化、资源稀缺、人口过剩、社会不平等问题，而且这些问题经常纠结在一起。

实际上，《我们共同的未来》指出了可持续运动的下一个重要步骤。正如本书前文所指出的，可持续性的概念和可持续运动的出现远早于1987年，

---

* 又名《布伦特兰报告》。

尽管如此,这份报告仍被视为可持续性的初始文本(the Ur-text),被高频引用。在联合国创建WCED时,赋予它的任务便是制定"到2000年时实现可持续发展"的可行策略,同时还任命具备非凡领袖气质的布伦特兰夫人为委员会主席[10]。WCED的发起人清楚地认识到,环境问题直接关系到社会、经济和发展问题,"环境"再也不能放在理想化的"真空"中讨论,这说明此时环境意识正在发生转变。正如布伦特兰夫人提交的报告前言所述,有些人希望WCED集中关注狭义的"环境议题",但委员会的组织者没有采纳这个意见,理由是脱离人类行为而单独存在的环境并不存在[11]。"各国政府和多边机构逐渐意识到,将经济发展同环境割裂开来是无法实现的。"事实上,《我们共同的未来》值得盛赞,因为正是它将"3E"确立为可持续社会的基本模型。报告还体现出一种敏锐的认识:环境问题和贫困、人口过剩、资源不平等消耗等问题之间存在深刻的联系,也就是说,对可持续性中的3个E需要做到真正的平衡兼顾。

该报告还有一点值得肯定,那就是它给"可持续发展"下了一个精辟的定义,并在此后得到广泛的援引(和1980年《世界自然资源保护大纲》给出的内涵更丰富的定义相比,该定义获得的媒体宣传时间明显更多):"人类有能力使发展具备可持续性,确保发展既能满足当前的需要,而又不损及后代满足自身需求的能力[12]。"值得肯定的是,自20世纪80年代后期以来,无数组织与学者都采用了《我们共同的未来》中的这一版关于可持续发展的代际定义。报告以平衡兼顾对待可持续发展,为国际发展政策定下了基调。下面的表5.1总结了1969—2012年推动可持续运动发展的主要国际性会议、委员会、宣言、战略和条约协定。

表5.1 1969—2012年可持续性的发展与国际合作：
著名的会议、委员会、宣言、战略和条约协定

事件	1969年，联合国教育、科学与文化组织（United Nations Educational, Scientific and Cultural Organization，缩写为 UNESCO；简称联合国教科文组织）在旧金山召开"人类及其环境：通向生存观"会议
内容	本次会议有500名代表参会，重点讨论了环境问题、生存主义、粮食安全与核能带来的风险威胁。会议中没有明确讨论可持续性，不过，此次会议为联合国参与国际环境讨论开了先河。
事件	1972年，在斯德哥尔摩召开了"联合国人类环境会议"，发表《斯德哥尔摩宣言》
内容	本次会议被认为是在国家之间开展环境事务合作的历史分水岭。它促成了UNEP的设立，还形成了一份包括7点共同看法和26项共同原则的"宣言"。宣言涉及自然环境的捍卫，还涉及殖民主义和压迫等社会问题。就在这次会议前后，联合国开始讨论人为空气污染和全球气候变化之间的关系。
事件	1979年，《长程跨界空气污染公约》（Convention on Long-Range Transboundary Air Pollution）发表
内容	这项国际协议由众多国家签署。随着时间的推移，它又通过一系列议定书得到扩展。它是减少、防止跨国界空气污染的早期尝试，为联合国参与气候变化政策的制定进行了铺垫。
事件	1979年，在维也纳召开"联合国关于发展的科学技术会议"（UN Conference on Science and Technology for Development，缩写为 UNCSTD）
内容	此次会议也制定了一项行动计划，但并未专注于环境。不过，它将国际发展问题摆在了突出的位置，对20世纪80年代和90年代召开的联合国相关会议具有十分重要的影响。
事件	1980年，在UNEP的支持下，IUCN发表了《世界自然资源保护大纲：用于实现可持续发展的生物资源保护》
内容	该文件由来自世界各地的数百名科学家和研究人员组成的国际自然保护联盟（IUCN）拟定。它是第一份使用"可持续发展"一词的国际性文件。该文件由UNEP委托编写。除了UNEP，该文件的编写还得到了WWF、联合国粮食及农业组织（Food and Agricultural Organization of the UN，缩写为FAO；简称联合国粮农组织）和UNESCO的支持和投入。这份内容充实的文件评述了环境与发展问题，敦促国际社会"接受资源有限、生态系统承载能力有限的现实"。

（续表）

事件	1980 年,"勃兰特委员会"(Brandt Commission)*发表《南北生存计划》(North-South: A Program for Survival)
内容	由德国前总理勃兰特(W. Brandt)牵头的一个国际委员会,致力于研究南北发展的不平等状况。该报告发表于1980年,重点研究了贫困和环境问题,探讨了可持续性,对"发展"和"增长"作出了区分。
事件	1982 年,联合国大会召开,发表《世界自然宪章》(World Charter for Nature)
内容	该宪章为联合国大会采纳,唯一投票反对的国家是美国。宪章认为"人类是自然的一部分,生命有赖于自然系统的功能维持不坠"。此外,它还在多处对可持续生存作了更明确的表述。例如:"人类的行为或行为的后果,能够改变自然,耗尽自然资源;因此,人类必须充分认识到迫切需要维持大自然的稳定和质量,以及养护自然资源。"
事件	1985 年,维也纳会议召开,发表《保护臭氧层维也纳公约》(Vienna Convention for the Protection of the Ozone Layer)
内容	维也纳会议是一次国际会议,该会议的目的是研究解决大气平流层中臭氧层空洞不断扩大的问题。臭氧层空洞扩大的原因是人造制冷剂[如氯氟碳化物(chlorofluorocarbons,缩写为CFCs)、哈龙类物质(halons)等]释放进大气,造成臭氧损耗,使进入地球大气层的紫外线增加,导致皮肤癌发病率升高,并产生一系列环境问题。"维也纳公约"是一项不具约束效力的多边协议,它为处理CFCs制定了框架。
事件	1987 年,《蒙特利尔破坏臭氧层物质管制议定书》(Montreal Protocol on Substances that Deplete the Ozone Layer)发布
内容	由UNEP促成的议定书,对《保护臭氧层维也纳公约》作了拓展。它是一份由联合国全体成员国签署的条约,具有法律约束力,规定要逐步淘汰CFCs等破坏臭氧层的化合物。自1987年以来,该议定书经多次修订,被称为国际环境合作领域的最大成功。随着CFCs被逐渐淘汰,臭氧层已开始进入自我修复过程。
事件	1983—1987 年,"世界环境与发展委员会"成立,《我们共同的未来》于1987年出版
内容	联合国于1983年成立了具有半独立性质的"世界环境与发展委员会",由布伦特兰夫人担任主席。因为她领导有方,该委员会又被称作"布伦特兰委员会"。委员会的主要任务是为全球制定可持续发展的框架。委员会编著了《我们共同的未来》,又称《布伦特兰报告》。该报告提出的"可持续发展"定义,直到今天仍被广泛引用:可持续发展就是"确保发展既能满足当前的需要,而又不损及后代满足自身需求的能力。"它还非常明确地指出环境、经济和社会三大问题的内在关系。可以说,该报告产生了无法估量的影响。

---

* 又名"南北委员会""国际发展问题独立委员会"(Independent Commission on International Development Issues)。

(续表)

事件	1988年,"联合国政府间气候变化专门委员会"(Intergovernmental Panel on Climate Change,缩写为IPCC)成立
内容	UNEP和世界气象组织(World Meteorological Organization,缩写为WMO)于1988年创建了IPCC。IPCC是科学工作者协会,始终致力于分析、总结人为气候变化问题的研究现状。IPCC分别在1990年、1992年(增补)、1996年、2001年、2007年和2014年(第五次评估)向外交官和公众发布了"评估报告"*。随着时间的推移,该委员会的报告对评估人类(主要通过温室气体排放)在全球气候变化中所起的作用时,措辞变得越发犀利、严肃。
事件	1988年,在多伦多召开"七国集团峰会"(Group of Seven Summit,简称G7峰会)
内容	峰会虽见效甚微,但G7的工业化国家讨论了人为气候变化和二氧化碳排放,这为G7和后来的八国集团(Group of Eight,简称G8)研讨环境问题开创了先河。
事件	1992年,在里约热内卢召开"联合国环境与发展会议"(UN Conference on Environment and Development,又称"里约地球峰会",Rio Earth Summit),制定了若干政策性文件,如《森林原则》(Forest Principles)、《21世纪议程》(Agenda 21)、《环境与发展里约宣言》(Rio Declaration on Environment and Development,简称《里约宣言》)、《生物多样性公约》(Convention on Biological Diversity)和《联合国气候变化框架公约》(United Nations Framework Convention on Climate Change,缩写为UNFCCC)。
内容	里约地球峰会是由联合国会员国和数以千计的非政府组织参加的大型会议,其影响广为人知。《里约宣言》包含27条针对环境和发展政策的指导性原则,其中第3条原则基本重申了《我们共同的未来》所陈述的可持续发展主要内涵。《21世纪议程》为实践可持续发展提供了详细框架。UNFCCC和《生物多样性公约》是这次会议拟定的文件中仅有的两项具有法律约束力的条约,然而许多国家拒绝签署。UNFCCC后来在1997年被《京都议定书》取代,后者为发达国家确定了具有法律约束力的减排义务。
事件	1993年,"联合国可持续发展委员会"(UN Commission on Sustainable Development,缩写为CSD)成立
内容	1993年,联合国大会设立了CSD,监督《21世纪议程》和里约地球峰会其他措施的执行情况。直至2021年联合国成立了新的可持续发展司(Division of Sustainable Development,缩写为DSD),该委员会在此前一直存在。

* IPCC第六次评估报告中的第一工作组报告于2021年8月发布,第二、第三工作组报告分别于2022年2月与4月发布,评估报告中的最后一部分总结报告于2023年3月发布。

(续表)

事件	1997年,《联合国气候变化框架公约京都议定书》(Kyoto Protocol to the UN Framework Convention on Climate Change,简称《京都议定书》,Kyoto Protocol)发布
内容	《京都议定书》是一项环境保护条约,1997年被联合国采纳,2005年正式产生法律效力。它规定,(已签署并批准该条约的)发达国家要减少温室气体的排放,遏制人为气候变化。它涵盖两个目标减排期:2008—2012年和2013年—2020年。目前有37个国家接受该条约的约束,但美国和加拿大并未直接加入。对于那些资助发展中国家执行减排计划的国家,该条约为其设立了新的排放交易体系和信用额度。该条约帮助许多国家,尤其是欧洲国家,减少了温室气体的排放。
事件	2000年,在联合国的支持下,《地球宪章》(Earth Charter)发表
内容	由曾任里约地球峰会秘书长的斯特朗(M. Strong)等人领导的一个国际委员会促成了《地球宪章》的拟定。《地球宪章》将"生态可持续性"(ecological sustainability)提升至全球伦理原则的高度。它还将可持续性同寻求和平的努力、社会平等及尊重所有生命联系在一起。强调必须建设"可持续的全球社会",这是当时国际社会发出的最强音。
事件	2002年,在约翰内斯堡召开"可持续发展世界峰会"(又称"2002年地球峰会"),发表《约翰内斯堡可持续发展宣言》(Johannesburg Declaration on Sustainable Development,简称《约翰内斯堡宣言》)
内容	这次会议是继1992年"里约地球峰会"后的10周年重聚,但在舆论场上鲜有提及。《约翰内斯堡宣言》用较为温和的口气对之前有关可持续发展的若干宣言进行了重申。小布什(G. W. Bush)总统当政的美国抵制了这次峰会,这对美国和联合国在环保领域的可信度都是一种削弱。
事件	2009年,在哥本哈根召开"联合国气候变化会议"(UN Climate Change Conference)
内容	在如何减少温室气体排放这一问题上,这场气候变化会议的会场内外都发生了激烈的分歧,于是最后灾难性地乱成了"一锅粥"。此次会议有力地说明,在讨论气候变化的应对时,发展中国家和发达国家双方想就如何采取行动达成共识,可谓难于上青天。与会者未能达成任何协议或有意义的行动计划。
事件	2012年,在里约热内卢召开"联合国可持续发展峰会"(UN Conference on Sustainable Development,又称"里约+20"峰会,Rio +20 Summit),发表了《我们希望的未来》(The Future We Want)
内容	"里约+20"峰会是"里约地球峰会"后的20周年重聚。面对各国未能通力实现1992年设想的可持续全球秩序这一事实,此次会议的与会者在大部分时间里都在为此长吁短叹。《我们希望的未来》透出一股失败主义口吻,谈及要对可持续事业"重申政治承诺"。会议在联合国经济与社会事务部内设立了一个新的下属部门"可持续发展司"。

然而,随着可持续运动的不断发展,其支脉在20世纪80年代逐渐增多,事情逐渐变得明朗:可持续运动已经陷入某种身份危机。在此十年间召开的联合国会议清楚地表明政策制定者在实现可持续的思路上存在巨大分歧。联合国的架构及其成员国的利益决定了可持续性开始呈现新的特点,其中一些和20世纪60—70年代形成的观念并不一致。

第一个重要变化源于联合国自上而下的工作程序。联合国并未接受舒马赫关于分散化决策和地方自治的思想,而是依据成员国之间最基本的环境共识,对可持续问题形成了一种等级制的集中化处理方法,其结果喜忧参半。第二个重要变化是联合国把"可持续性"改成了"可持续发展"。乍看起来,讨论这两者的区别未免太过较真,纯属吹毛求疵钻语义学的牛角尖,但事实上"可持续性"和"可持续发展"两个名词的内涵还是存在某些重要差异的。毕竟,20世纪70年代的系统理论家、环保主义者和生态经济学家并未特别关注"发展",他们的主要精力用于反思以增长为本的经济学,他们要建立一个在生态极限以内生存的社会。然而,"可持续发展"似乎包含某种异样。

可持续发展有什么不对吗?从众多可持续主义者的视角看,毛病就出在这个词组往好说是模棱两可因此具有危险性,往坏说就是别有用心,摆明了在为不可告人的动机打掩护。1965年,单词"sustainable"被收录到一本经济学词典中,从此正式走进了英语。当它附上另一个英语单词"grow",就构成了词组"sustainable growth"(可持续增长),而该词组实际指的是GDP稳步而持续的增加,这恰恰是新古典经济学家的陈年旧梦。众多学者指出,问题在于"发展"在现实中几乎就成了"增长"的委婉同义词。既然如此,人们可以确定:"可持续发展"并非支持稳态经济或生态稳定性的概念,而是已经沦为打着绿色环保的幌子推行"一切照旧"经济政策的阴险"洗绿"载具[13]。用罗宾逊(J. A. Robinson)的话说,问题出在"'发展'被当作'增长'的同义词,如此一来,'可持续发展'就意味着推动经济连续不断地增长,而不是去挑战它"[14]。

罗宾逊认为,"可持续发展"作为一个概念受到三重弊病所累:"一是模糊不清,二是吸引伪君子,三是助长妄想谬见。"他的看法是:虽然"可持续性"经常同"可持续发展"混为一谈互作同义词,但两者实际体现的是西方世界中两脉不同的环境思想谱系。可持续性源于缪尔的"自然保护主义",而可持续发展则要追溯到平肖的"资源保护主义",后者是更为亲近商业的理念[15]。同样,物理学家巴特利特认为,克林顿—戈尔(A. Gore Jr.)执政时期,"可持续发展"与"可持续增长"经常互相换用,虽然这两个词组在语义上存在同样明显的修辞矛盾:如果某件事物已达成熟阶段,正在"维持"之中,那它就不会同时处于主动"成长"或"发育"阶段[16]。20世纪80年代,许多可持续主义者清楚地意识到:"可持续性"已经成了一团剪不断、理还乱的概念乱麻(a Hydra-like concept)*,可持续运动内部争论的焦点就是增长问题。

在对待增长和经济价值的思路上,读者在阅读20世纪80年代的联合国文件时会遇上文本前后不一的现象。不言而喻,拟定这些政策的参与者不止一位,他们的可持续观各不相同。因此,一旦事涉增长,同一份文件中经常出现明显相互抵触的表述,有时甚至出现在同一流水句(run-on sentence)**中。这意味着,就连联合国外交官及协助其工作的研究人员都分不清,实现可持续社会究竟应该推行放开金融监管、以增长为本的经济政策,还是应该实现系统监管经济、对促增长喊停的政策。于是,在《世界自然资源保护大纲》这同一份报告中,前脚还在强烈要求建立一种"国际经济新秩序",要求"规范国际贸易",确保发展中国家的资源不会在开发的名义下被肆意剥削压榨,全球消费应维持在"可持续水平";后脚却又开始鼓吹新自由主义,建

---

* 原文为Hydra-like concept,海德拉(Hydra)是希腊神话中的九头水蛇,它的头被砍掉后会迅速再生,此处用来比喻复杂而难以彻底解决的棘手麻烦。

** 流水句指一句长句中出现2个或2个以上完整的独立从句,往往在语法上没有进行正确的连接。此处实际上是指因为同一句前后表述互相抵触,根本不存在"正确"的连接词,只能写成流水句。

议起"贸易自由化,为来自发展中国家的商品消除所有贸易壁垒"矣,明明两段之间只隔着寥寥几页[17]。

《我们共同的未来》中的自相矛盾则表现得更为醒目。一开始,该报告极力维护生态极限的思想,抨击经济增长,认为增长导致环境破坏、工业污染及发达国家的过度资源消耗:"第二次世界大战之后快速的经济增长造成了破坏,环境问题由此而生。"可随后它来了个180°大转弯(performs an about-face)[*],又开始催促人类应速速走进"经济增长的新纪元"。在报告另一处作者甚至使用了令人发怵的术语"可持续经济增长",殊不知这个词曾令抵制增长的可持续派惊恐万状[18]。

那么,经济增长本身究竟是致病的麻烦,还是治病的良方呢?就像戴利在20世纪70年代所指出的,答案遵循排中关系,两者不可兼得。自20世纪80年代以来,联合国对增长持模棱两可的态度,有人据此指责"可持续发展"不过是乔装打扮的新古典经济学,而经济增长至今仍是可持续圈内的重要争议点[19]。

也许,在1980—2000年,联合国所作所为的功过是非众说纷纭,其原因正是可持续运动这种内部的不一致性吧。我们先来看几个成功的案例。首先,如前文所述,联合国的第一项成就是为可持续运动提供了一个制度环境下的栖所,让它声名远扬。20世纪80年代,可持续性成为合法的发展框架,也是全球各个社会都能追求的目标。

其次,UNEP在国际环境政策方面确实取得了一些标志性成就。例如,它委托IUCN制定了《世界自然资源保护大纲》。1987年,它还促成了《蒙特利尔破坏臭氧层物质管制议定书》的发表,这应该是国际环保合作领域最辉煌的胜利。这项具有法律约束力的协议禁止使用氯氟碳化物等造成臭氧层损耗的化合物,联合国的所有成员国最后都签署了该协议。于是,臭氧层开始自我修复,能够直射地表、对人体致癌的紫外线减少了[20]。UNEP还携手WMO

---

[*] 原文短语about-face的本义是队列训练动作"向后转",多用来比喻做出了重大改变,但与"变脸"无关。

创建了IPCC。IPCC自1988年以来一直负责梳理、总结人为气候变化的研究成果。它定期发布评估报告,指导全球应对气候变化的政策。如今,全球各个社会都知道人类如何影响气候与天气,但在20世纪60年代末至70年代前,人们尚未将二氧化碳的排放同全球变暖挂钩[21]。20世纪80年代至今,可持续运动的推动者一直密切关注着气候变化及其对人类和生态系统的影响。

再次,联合国多次召开举世瞩目的大型峰会,出台了具有强大影响力的公约和环境政策。其中最具重要意义的"联合国环境与发展会议"("里约地球峰会")于1992年在巴西的里约热内卢召开,联合国成员国及数百个非政府组织齐聚于此,研讨环境与发展问题。这届峰会达成了多项协议,其中部分具有法律约束力。《里约宣言》首次把"可持续发展"认定为一种人权,也就是说,"可持续生存"(living sustainably)此后属于一种自然权利而非有望实现的目标。这种措辞便构成了一项法律依据,可据此宣称"不可持续性"不仅违法,甚至还是对人权的侵犯[22]。另一份政策性文件是《21世纪议程》,颁布至今仍未具备法律约束力,但它为有志于走上可持续发展之路的不同国家和地方社区提供了非常详细的框架。数以千计的城镇、地区已经将《21世纪议程》进一步转化为可持续发展的行动计划,切实实现了减少排放、节约能源、减少资源消耗、提升城市规划的可持续性。《21世纪议程》对芬兰、英国、瑞典等国家的影响尤为显著[23]。此外,"里约地球峰会"还拟定了具有法律约束力的《气候变化框架公约》和《生物多样性公约》。

最后,1997年的《京都议定书》取代了《气候变化框架公约》。《京都议定书》在法律上规定了发达国家的减排义务。虽然该议定书早在1997年就被采纳,但直到2005年才正式作为法律生效。目前,已有37个国家接受该议定书约束,但美国、加拿大不在其列(这两个工业巨头担心减排会在短期内影响各自的经济)。议定书规定:为减缓、扭转人为的气候变化,发达国家必须分两阶段(2008—2012年和2013—2020年)完成温室气体排放的减量[24]。在第一阶段,许多签约国,尤其是欧洲国家,都能够顺利达成各自的减排目标。《京都议定书》还有一个亮点,就是设立了"碳排放交易制度"和信用额度,帮助发达国家向发展中国家提供减排计划的资金[25]。

不过,联合国的可持续举措也存在很多缺失纰漏,因此败绩不少。主要问题在于:前文提到的许多公约、条约、框架和协议常被当作空话和大话而未能得到落实,因此成效不彰。"里约地球峰会"的一大特点是南北分歧严重,非政府组织和政府之间矛盾激烈。那些在里约热内卢产生的文件被"兑水冲淡",执行上大打折扣,这也反映出联合国各成员国之间的意见不一。此后,联合国又在约翰内斯堡(2002年)和里约热内卢(2012年)召开峰会,承认联合国期望中的世界和现实之间还存在巨大差距。全球不平等现象依然普遍存在,世界人口在继续增长,包括化石燃料在内的许多稀缺资源还在被不断消耗,这些都仍旧是创建可持续社会和绿色经济的绊脚石。以客观事实而论,谈及让世界摆脱以增长为本的新自由主义经济体系,联合国几乎可以说是毫无作为。虽然在应对气候变化上取得了一定进展,但温室气体还在大气中继续累积。2013年,大气中的二氧化碳水平超过了400 ppm*,世界距气候变化进入失控阶段又近了一步。

对联合国行动不力的批判中,声音最响亮的是针对其名下的各种协议。它们大部分是自愿性质的,不具有约束力,如《21世纪议程》。即便是少数具有法律约束力的协议,却又允许成员国随时退出,如2011年加拿大就退出了《京都议定书》。另外,联合国在政治上强调南北平等,同时又是自上而下体制,因此必然遭到一些保守政体的强烈反对。美国对联合国的态度以时近时疏而出名,同时至今没有批准《京都议定书》**。阿拉巴马州做得更彻底,从法

---

* 截至2022年,该数值已升至417 ppm左右。
** 在克林顿总统执政期间,美国曾于1998年11月签署了《京都议定书》(时任美国副总统戈尔出力尤多,他本人此后因在全球气候变化问题上的贡献与IPCC共同荣获2007年诺贝尔和平奖)。但当时美国国会参议院在事先就宣布它不会批准执行《京都议定书》。最后,在议定书于2005年正式生效之前,小布什总统政府在2001年正式宣布美国退出《京都议定书》。

律上禁止实施《21世纪议程》,主要理由是该议程提出的政策亲环境、亲劳工。

尽管如此,在20世纪80—90年代,无论是联合国内部还是联合国外部,落实可持续性的努力还是越来越多了。20世纪70年代的生态经济学家缺少建设性思路,而20世纪末的可持续主义者则不同,他们为缔造一个可持续社会制订了众多的规划、倡议和详细的策略,并逐一将其实施。

这一时期涌现出一些综合性的全面方案体系,描述了可持续社会的构成要件,以及人们应如何对其进行建设与评价。从20世纪70年代开始,不断有人努力尝试让可持续性减少模糊性、增加可操作性。凡此种种无不是为了回答那个紧迫的问题:人类应当如何行动,才能在地球上实现可持续生存? 美国得克萨斯州曾在1975年、1977年和1979年于休斯敦附近举行"伍德兰兹会议"(Woodlands Conferences),邀请数十位学者研讨这个问题。他们在向会议提交的论文中提出了很多实用的构想,如开发替代能源(生物质能、太阳能、地热能、风能等),向"自愿的简朴生活"过渡等[26]。

1981年,世界观察研究所(Worldwatch Institute)的创始人布朗拟定了一份构建可持续社会的详细蓝图(应该是类似蓝图中的第一份)。他在《建设一个可持续社会》(*Building a Sustainable Society*)^{*}一书中分析了工业社会的核心难题,描绘了一条通往可持续的可行路径,还有横亘在这条路上的一些"制度性挑战"。该路径的策略核心是稳定人口数量,保护自然资源,稳定生物系统,开发可再生能源,建设可持续的交通、农业系统,创造绿色就业机会,打造相关的职业教育体系,培训人们从事绿色职业,重新思考城市规划,实现"更高的本地自足度"[27]。 布朗所说的制度性挑战包括:克服既得利益——尤其是化石燃料和工业部门的利益,团结企业、大学、公共利益团体和媒体,为可持续事业奋斗[28]。 皮尔斯(D. Pearce)、马尔坎迪亚(A. Markandya)和巴比尔(E. B. Barbier)三人在1989年合作发表了一部关于发展"绿色

---

* 该书于1984年在科学技术文献出版社中译版的标题为《建设一个持续发展的社会》,恰好照应了本书作者在前文中对比"可持续性"与"可持续发展""可持续增长"的段落。

经济"的开创性著作,与布朗的旨趣一脉相承[29]。

也就在这一时期,虽然可持续发展概念本身仍不够清晰,但毕竟在实绩上成功腾飞了。它走出了联合国,走向国际金融机构和高等学府。20世纪90年代,发达国家的大学(特别是加拿大、英国和美国的大学)纷纷为本科生和研究生开设了可持续发展课程,有些甚至还设立了学位[30]。可持续发展成为一个学术领域与专业方向。不仅如此,像世界银行这样的国际金融机构,一向顽固推行新自由主义、对环保态度冷淡,此时也将可持续发展视为在环保与发展问题上弥合矛盾的一条途径。世界银行在1992年指出:"现在人们已经认识到,健康的环境是实现可持续发展、建设健康经济的必要条件[31]。"

不过,世界银行还想要更进一步探索,超越可持续发展这一概念中的种种模糊之处,于是着手探究用以测量、评判一个发展方案是否可持续的可行方法。1992年,世界银行发表了一份报告,题为《可持续发展诸概念》(Sustainable Development Concepts),出人意料地运用"传统的新古典经济学理论"来分析"自由市场力量可能无法实现可持续,以及在怎样的情况下政策干预会有利或有碍于实现可持续。"[32] 不过,和联合国内部的矛盾之处类似,世界银行在20世纪90年代沿用"一切照旧"经济学来批判该经济学本身造成的影响。它既区分"可持续性"和"可持续经济增长",又将两者混为一谈。另外,它还鼓吹混合利用"政府干预"(监管)和"市场机制",是"改善可持续性"的最佳手段[33]。

时至20世纪末,许多学者已然看清:可持续发展虽然作为一套话语在国际发展、政治和高等教育诸领域不断扩展,但其内部仍然分作两个对立的阵营:

一个阵营主张经济要连续增长,同时大力增强环境敏感度,以提升全球的生活水平,切断贫困与环境退化之间的关联。另一阵营则呼吁要彻底变革经济组织,使增长率降至比我们熟知的数值要低得多的水平,甚至是零增长或负增长[34]。

虽然在20世纪90年代,可持续发展理论中常规的"基于市场的方法"可能占据绝对优势,但对立阵营也有所进步,出现了与"自由贸易"对抗的"公平贸易"(fair trade)相关新理念、新思想,强调本地治理(与联合国和世界银行自上而下的路径相反),注重可持续农业、环境与人类健康,以及女性、教育与原住族群问题[35]。从某种意义上说,"可持续发展"和"**通过发展实现可持续**"(为了实现生态稳定,在道德、文化、经济领域实行转型)两种理念之间的思想矛盾正日益升级。

20世纪最后数十年还见证了人们对可持续有机农业受到的重视日益加深。从公元前1万年到1900年前后,人类的粮食几乎全部来自"有机"种植,肥料是天然的,害虫防治技术也是天然的。但是到了20世纪,出现了工业形态的农业:人们抛弃了古老的作物轮作,开始利用化学手段"助燃"作物的单一种植制,这种农业体系靠的就是人工合成的肥料、杀虫剂和除草剂,其中大部分是石油化工业产物,它们会污染地下水、损耗地力、毒化土壤、害尽鸟类和昆虫(如重要的传粉者蜜蜂)[36]。20世纪70年代出现了有机食品运动,它也是对卡森谴责杀虫剂的一种响应,不过该运动直到20世纪90年代才真正轰轰烈烈地开展起来。自1990年起,美国的有机食品销售额涨势惊人,年均增幅达到20%。到2005年,销售额已达138亿美元,直到今天还在增长[37]。目前,有机农业在全世界的许多国家及地区都受到法律、法规保障,它是一种"促进与增强生物多样性、生物循环和土壤生物活性的生态型生产管理体系",其基本原则是"最大限度地避免使用农场外输入物(off-farm inputs)"。在美国,有机农业意味着有机食物"在种植过程中不使用合成农药、生长激素、抗生素、现代基因工程技术(包括遗传修饰作物)、化肥或污水污泥。"[38]一些国际开发组织一直批评有机农业和非遗传修饰作物的使用*,理由是在为世界上的穷人提供粮食方面,有机农业作出的贡献太少。但近期的研究与实践进展证明,有机耕作技术在产量上较常规耕作方式**毫不逊色甚

---

* 注意"使用非遗传修饰作物"和"禁止使用遗传修饰作物,只能使用非遗传修饰作物"之间是有区别的,作者在论述有机农业与其批判者的主张时似有春秋笔法之嫌。
** 这里的"常规耕作"指的是发达国家语境下的"传统"耕作方式,即大规模工业式农业。中文语境中的传统耕作显然离有机耕作更近。

至犹有过之,且不像后者那样存在破坏水土的风险[39]。

有机农业有一种分支被称为永续农业(permanent agriculture,或称 permaculture),目前在世界上很有名气。20世纪70年代,澳大利亚的两位生态学家莫利森(B. Mollison)和霍姆格伦为了在塔斯马尼亚岛上消除工业型农业造成的灾难性影响,首创了永续农业。当时,岛上的森林已被严重破坏,农业依赖化学品开展单一作物种植,导致土壤贫瘠、水道污染、生物多样性降低。永续农业一开始只是一种农业设计,其后逐渐拓展成一种包罗万象的可持续生存哲学(在这种语境下 permaculture 又被译成"永续生活设计"或"朴门之道")*,它注重高效耕作技术与社群的自立自足[40]。朴门之道有12条设计原则,随着时间的推移稍有变动。这些原则将可持续运动的诸多核心生态理念都囊括在内、熔于一炉:

1. 观察与互动;

2. 采集并储存能量;

3. 获取收益(obtain a yield,狭义指收获农业出产物);

4. 实行自我调节(self-regulation,兼有"自律"之义),接受反馈;

5. 利用可再生的资源与服务,并加以珍惜;

6. 零废弃;

7. 设计应由模式至细节;

8. 多整合、少分隔;

9. 处理问题时须小步渐进、徐徐图之;

10. 利用多样性、珍视多样性;

11. 利用边角、重视边际;

12. 创造性利用、积极应对变化。

虽然农业仍然是朴门之道的主要应用领域,但只消一瞥便不难看出,上

---

* 在英语中 culture 一词从本义"农业栽培"逐渐发展出引申义"培养""习俗""文化"等,因此 permaculture 很容易被望文生义,从永续农业延伸为一种关于可持续性的文化哲学、生存之道。

述原则也适用于农耕园艺以外。自20世纪80年代之后,朴门之道在世界上很多地方兴盛起来,对许多人而言,它始终是他们与可持续性之间的主要纽带。他们的想法变成了一幅蓝图,要让社会摆脱那种依赖化学制剂、将大自然视如仇雠的怨毒之心,以及穷竭尽耗手段的粮食生产方式,转向依靠互助共存、可再生资源与土地本身的持续肥力。例如,受莫利森和霍姆格伦的启发,敷盖护根(mulching)、堆肥(composting)、雨水采集等方法现已被广泛采用,实现了"水产养殖、园艺与小规模禽畜饲养三者的有机融合"[41]。

另一项进展是公平贸易运动,出现于20世纪最后几十年,人们借助它来打造可持续性更高的全球贸易、消费形式。公平贸易可以溯源至20世纪中叶,到了20世纪70—80年代,该运动已经演化为替代新自由主义的全球化政策和"自由贸易"的可行办法。自由贸易开辟了无约束市场(unfettered markets),这种市场既对商品的生产者进行剥削,又造成了发展中国家的生态系统退化。公平贸易则不然,它并不会把"价格低"重视到高于一切的地步,而是力求在发达国家的消费者与发展中国家的商品生产者之间取得更高程度的平等。公平贸易的倡导者认为,应按更高的环保标准开展贸易——如果必须靠破坏环境才能实现贸易,那这种贸易就不应受到支持。他们还认为,商品的出口商和生产者——特别是小本经营、生活贫困、历史上曾深受压榨剥削的手工艺匠人,应当允许其为匠心之作定下高出一般(工业化批量生产的)商品的价格,这样他们才能真正享受本该拥有的与其相匹配的体面生活。

在英国和北美开始逐渐出现一些非传统贸易组织,如乐施会公平贸易公司(Oxfam Fair-Trade Company),它们已成为公平贸易的重要倡导者。公平贸易运动最初是围绕手工艺品开展起来的,到了20世纪后期,纺织品、咖啡、巧克力、水果及其他农产品逐渐成为公平贸易中的主流商品[42]。公平贸易的贸易额虽然只占全球贸易的很小一部分,但它对社会和环境产生了很多积极影响。公平贸易标签的创制,助推上述商品巩固了市场地位。这些商品和有机食品一起持续增加,涨势惊人,参与公平贸易的产品现在每年的零售总额已达数十亿美元[43]。

虽然从源头来说，正如读者在本书第三章所看到的那样，回收利用运动是由环保运动发起的，但在此之后回收利用便成为了消除浪费、节约能源这一可持续发展目标的一部分。当然，回收利用和有机耕作一样也不是什么新事物，所有前工业化社会都少不了各种方式的资源回收利用。经历过经济大萧条和第二次世界大战的那一代人，也都普遍参与过回收利用。20世纪70—90年代，回收利用呈现出新意，即尝试加强对工业生产的人造材料（如玻璃、纸张、铝、钢、电子产品等）的回收利用，并且将其作为降低能耗的长远大计。毕竟，从矿石中提炼金属不仅成本高昂，而且还是能源密集型生产过程。自20世纪70年代以来，通过回收利用实现的材料和能源节约的总量难以被算清。但比较容易判定的是，回收利用率确实有所提高。美国的回收利用率从1980年的9.6％跃升至21世纪初的32％。现在，欧洲一些国家的城市垃圾回收利用率超过了60％[44]。1995年，美国人回收了476亿个软饮料容器。回收业自20世纪80年代开始一直稳步增长，世界不同国家及地区的城市都开始在路边捡拾可回收物品，有数千个新建的回收中心开张运作并转移废物流。20世纪90年代，"减量、再用、回收"（reduce, reuse, recycle，简称3R）成了众多小学生的口头禅。许多城市开始执行强制回收，减少废弃物。同时，各级政府下令强制采购回收再生的产品（特别是再生纸）。有人说，回收利用是环保运动所取得的成就中最辉煌的一项。时至今日，它仍然是可持续性求索过程中的一项重要内容。然而即便如此，对回收利用运动的批判仍然连绵不绝，说它未能降低发达国家的总体资源消耗率。"废弃物的量增加了，回收利用的工作量也随之增加。"[45]

20世纪70—90年代，可再生、可持续能源的增长是可持续运动影响力日益增强的另一个标志。和回收利用、有机食品一样，可再生能源也堪称历史悠久。为前工业化社会提供动力的风、木柴、牲畜和人，都是"可再生的"。身兼汲水、磨谷之能的荷兰风车利用的正是可再生能源。可持续采伐的森林也是可再生的,它源源不断地提供木柴(我们现在将其视为一种生物质能源)。其实,在工业革命使化石燃料变得举足轻重之前,所有能源几乎都是可再生能源。读者在前文中已经看到,工业化世界不可持续的一个主要原因是使用了煤炭、石油和天然气等不可再生物质。因此,20世纪后期对可再生能源的重新发现算是"返本归元",虽然这些旧式能源已经以新技术进行了现代化改造。这一时期许多可持续主义者,如洛文斯和布朗,为工业社会从不可持续的"硬"燃料向可再生的"软"燃料过渡设计了多种方案[46]。

20世纪的最后20年中,风能、太阳能、生物质能、生物燃料*和地热能("软"能源)逐渐替代了部分代表性工业能源("硬"能源),换言之,对汽油、柴油以及用不可持续方式(包括化石燃料与核能)生产的电力的消耗都下降了。与上述"软"能源并列的是水力发电。在19世纪后期出现的水力发电,是一种可再生型(但未必可持续)电力生产方式。不少可再生能源是在应对20世纪70年代能源危机期间开发的,当时美国的对外石油依存度很高。后来,美国开始安装风力涡轮发电机,并且联入电网供电。20世纪80年代初,美国加利福尼亚州南部建成了三个大型风电场[47]。此后,许多国家开始兴建生物质发电厂,燃烧植物物质发电。

太阳能就是在利用太阳的光和热。早在工业化社会之前,人们便想出了各种办法来利用太阳能(如建造温室)。太阳能发电包括使用光伏设备(photovoltaics)将阳光转化为电能,以及较新的聚光太阳能发电(concentrated solar power)技术。和太阳能发电相似,太阳能供热就是利用太阳能来加热水。19世纪60年代人们就开始着手开发太阳能技术,但直到20世纪70年代之前基本上未能取得重大进展。在20世纪70—90年代,光伏设备的销售量起伏不定,与石油价格呈现相关性**。不过,自2000年以来太阳能发电量

---

* 严格来说,生物燃料属于生物质能的细分类别,主要包括生物乙醇(bioethanol)和生物柴油(biodiesel),这些都是生物质由微生物或化学方法转化而成的。本句中与"生物燃料"并列的"生物质能"指传统的生物质直接燃烧供能,也就是薪柴类燃料。

** 原文为an inverse relationship,疑有误,若石油价格上涨,光伏设备销售量应随之上升。

最终实现了保持稳步增长,现在的统计单位已是千兆瓦(gigawatts)。1977年,加拿大萨斯喀彻温(Saskatchewan)省的节能屋建成,它使用了一套太阳能供暖系统,成为21世纪"净零"住宅的样板,具有开创性意义[*]。

地热能就是利用地球内部的热量发电、供暖,当时已被许多国家采用,如美国、冰岛两国,都有可用作此类能源的地热活动。1970—2000年,冰岛基本实现由石油供暖彻底转向地热供暖。燃料危机还激起了巴西、加拿大、美国、欧洲等地对生物燃料的兴趣。生物燃料的生产原料包括甘蔗、玉米(能生产生物乙醇的品种)和油菜、大豆(能生产生物柴油的品种),以及其他许多生物质。不过,有不少人严重怀疑这类燃料的可持续性和规模可扩展性(scalability)。1978—1996年,美国对藻基生物柴油的科学原理及其规模可扩展性开展了研究。现在,很多人认为藻基生物柴油是一种可持续性比较高的生物燃料[48]。

尽管取得了上述进步,但在临近20世纪末时,可再生能源的使用和硬能源消费量相比还是相形见绌。在世界上的某些地区,水力是重要的电力来源,但总体而言,化石燃料仍旧是这个世界的主要驱动力,它们甚至比核电更重要。风能、太阳能直到2000年以后才在全球能源消费中占据了相对较大的份额。随着世纪之交的到来,这种局面变得越发清晰:石油产量渐趋顶峰(而石油消费量还在继续增长),然而并没有哪种可再生能源能够真正取代普通能源,让人类摆脱对石油的依赖。自2000年以来,有一个想法盛行不衰:全球各社会应当充分调动本地现存可用的分散化、可再生的能源资源,把它们结合起来,彻底取代硬能源。

向商业界传达可持续原则的第一波努力发生在20世纪80—90年代。20世纪70年代后期,伍德兰兹会议的与会者们就已敦促企业界与生态新思

---

[*] 萨省节能屋一直使用至今,其建造与运作过程为"被动式节能建筑"(passivhaus)的标准化提供了宝贵的经验。

维接轨[49]。1981年,布朗指出:创建可持续社会需要克服的一个主要障碍将是商业既得利益,因为不少企业一向是从不可持续的工业活动中获利的[50]。不过也正是在这一时期,力图协调公司利益与环保事业的尝试多了起来。埃尔金顿(J. Elkington)、罗伯特、霍肯(P. Hawken)、艾默里·洛文斯和亨特·洛文斯(H. Lovins)夫妇等人各寻良策,想让资本主义企业在更多关注生态保护和可持续性的同时,仍能把企业盈利之需摆在优先地位。这批作者在21世纪建设"绿色经济"的实践中仍然具有重要影响,在激励环境咨询公司的成长上,他们都发挥了积极作用。

罗伯特是这方面的一位先驱。他生于瑞典,20世纪80年代因从事癌症研究而声名鹊起。他越来越重视人体组织内的毒素积累问题,尝试运用细胞生物学知识主张人类健康和可持续性。罗伯特借助自己的科研声誉,促成瑞典科学界达成一项共识,即需要满足哪些条件才能确保可持续社会得以存世,瑞典的科学家给出一致答案:实现可持续性需要满足4个系统条件。岁月流逝,4个系统条件的表达稍有变化,但在20世纪90年代,它们通常被这样描述:

1."在可持续社会中,自然界不会出现从地壳中开采的物质浓度的系统性增加。"

2."在可持续社会中,自然界不会出现人类社会生产的物质浓度的系统性增加。"

3."在可持续社会中,自然界不会出现物理手段造成退化现象的系统性加剧。"

4."在可持续社会中,人类需求在全世界范围内得到普遍满足[51]。"

罗伯特将自己的思想体系称作"自然之道"(The Natural Step),他还创立了一家同名的咨询机构,帮助商业界与其他组织重新调整价值观,使之与可持续价值观契合。罗伯特并不反对资本主义或者货殖之道——也看似并未特别留意增长问题。他把"自然之道"当作对商业终极目的之反思。他的咨询公司运用"反推"(backcasting)*方法,协助企业设法落实可持续材料的使用与可持续活动的开展。公司的主要客户包括宜家、瑞典麦当劳与斯堪的克酒店集团(Scandic Hotels)等著名企业。现在,"自然之道"在瑞典、美国、英国、加拿大、澳大利亚、新西兰、日本、以色列及南非均设有办事机构,是商业界与可持续性之间的重要桥梁。

霍肯是罗伯特的早期合作者。在担任环境顾问多年之后,他在美国创立了"自然之道"分部。1993年,他出版了一本很有影响力的著作《商业生态学:可持续发展的宣言》(*The Ecology of Commerce: A Declaration of Sustainability*)**,书中指出应当消除"商业和可持续性本质上水火不容,不可兼得"的观念[52]。该书为那些既想盈利又想对环境负责的企业制订了详细的管理计划。"问题在于我们能否创建出这样的企业:既不会直接或间接地破坏环境,又能盈利赚钱、发展壮大[53]。"霍肯和这一时期的众多生态经济学家不同,他并没有直接瞄准经济增长或解除管制的资本主义经济形态。他的著作一方面支持对消费和污染征税,另一方面又强调必须遵循"市场原则"。他希望实现的商业形态是通过从可持续性中获利来促进可持续性本身,即商业界使自身变"绿",并在此过程中获得稳健的可观收益。

这并不意味着商业界应该无所不赚(profit from just anything)。霍肯语带悲痛地写下这个事实:在商业界眼中只有两种利润,一种是毛利,一种是净利,至于利润来自负责任的经营还是靠伤害人与环境而得,他们才不会去费神区分呢[54]。在霍肯看来,"商业的终极目的并不是赚钱,或者说不应只为

---

* 反推原文为backcasting。预测(forecasting)方法主要基于当前的趋势 时间序列外推。反推与预测一样属于未来学范畴,不应与历史回溯相混淆。反推的基本思想是首先确定有具体时间与量化目标的理想化未来愿景,然后分析目前现状,找出从现在通往理想未来的可能路径(经常需要借助中期目标过渡),类似于这种设问思考方式:如果想要在未来某个时间达成某个目标,我们从现在开始必须采取哪些行动步骤。
** 此中译版书名有误,将"可持续性"与"可持续发展"相混淆。

了赚钱。商业本身也不应局限于一套生产-销售系统。商业应许的美好前景在于利用服务、创造性发明和伦理道德观来提高人类的整体福祉[55]。"这本书列出了可持续企业应当遵循的6种行动原则：

1."以本地和地区生产的产品代替国内其他地区或国外生产的产品。"

2."对产品带给自然界的影响负责任。"

3."不要为了发展和增长就引入外来资本源。"

4."积极参与符合人性、值得付出、有尊严、满足人们真正内在需求的生产过程。"

5."要制造耐用且长效的物品，其最终的使用和处置都不会伤害到子孙后代。"

6."通过教育把消费者转变为客户*。[56]"

20世纪90年代以来，霍肯对资本主义的生态思考备受关注和讨论。不少公司企业认为，霍肯著作所提及的可持续实现路径听上去舒服顺耳、毫无威吓之意，若换成其他说法，公司也许就把可持续性当作与资本主义唱对台戏的威胁了。霍肯的思路是不跟工商业作对，而应与其**同心协力**，重新调整经济方向，远离污染与破坏性增长。

此后，霍肯联手环境学家、能源专家艾默里·洛文斯与作家兼可持续倡导者亨特·洛文斯夫妇二人，在1999年出版了热销著作《自然资本论：关于下一次工业革命》（*Natural Capitalism: Creating the Next Industrial Revolution*）。洛文斯自20世纪70年代后就很有名气了，当时他写了《软能源之路》。1982年，洛文斯夫妇开办了"落基山研究所"，专事研究和咨询，并且做得有声有色。夫妻俩合作参与的这本书，对《商业生态学》中的许多思想观点作了扩

---

* 消费者（consumer）概念侧重于花钱消费，与生产者、销售者之间的关联在购买、使用结束之后就不复存在；客户（customer）的单词本义是经常光顾者（回头客），概念围绕商店或公司（主）的具体服务对象（客）展开，强调的正是主客之间存在的长期关系。

展,并阐发了舒马赫的"自然资本"概念。《自然资本论》的作者们认为,自然资本指的是具有内禀价值的"支撑、供养生命的生态系统的总和"[57]。该书中写道:如果尊重生态极限,承认自然资本具有内在价值,这种价值甚至在其被转化为可交换产品之前便先天存在,那么一种可持续性更强的新型资本主义就会出现。

在本章所述的著作中,《自然资本论》在本质上属于支持"基于市场的生产与分配系统"的那一派,但同时它又寻求一种高生态敏感度的资本主义。这本书之所以闻名,是因为它认定无须全面审视人类的价值观,只须对当前的经济体系进行技术性修补,做一些有效调整,社会就可以实现可持续性。霍肯和洛文斯夫妇为建设自然资本主义设计出4种策略:

1. 极致的资源生产率:提高资源的利用效率,尤其是能源资源。

2. 仿生学(biomimicry):参照自然过程构建经济模式,根除废弃物概念,在"连续不断的闭环"中重复使用物质材料。

3. 服务与流量经济(service-and-flow economy):把"商品加购买"型经济转变为一种新型经济,这种新经济模式侧重于客户从生产者处租赁产品和服务,从而激励生产者生产耐用品并提供优质服务。

4. 向自然资本主义投资:恢复与维护生态系统[58]。

该书将英特飞公司(Interface Inc.)作为自然资本主义企业的光辉典范。自该书出版至今,该公司一直是世界上最大的商业地毯制造商之一。公司的老板是具有强烈环保意识的安德森(R. C. Anderson)。20世纪90年代初,英特飞就致力于可持续发展,大幅减少(甚至消灭)了废料,提高了资源利用率。它还着力于实践服务与流量模式,运用仿生学在公司内部创造了高效的新型生产方法——混搭模块式地板设计。与此同时,公司盈利情况甚佳。

《自然资本论》还谈到了其他许多问题。它预测混合动力汽车必将兴起、大力宣传资源效率、敦促企业要"隧穿成本壁垒"即要持有"注重长期能效最终一定会省钱"的认识。此书备受关注,惠及落基山研究所,现在该研究所已经为数十家"财富500强"企业做过环境咨询。

这一时期商业可持续领域公认的最大亮点大概要数"三重底线"论(triple bottom line,简称TBL)了。企业责任专家埃尔金顿在其1997年的开创性著作《西餐叉子吃人肉:21世纪商业的三重底线》(*Cannibals with Forks: The Triple Bottom Line of 21st Century Business*)中首次提出了"三重底线"。他写道,"三重底线"是指企业应把三个互补领域的成功同时作为目标,而且这三种成功应皆可量化,这三个领域分别是经济(以利润为测度)、社会(以社会福祉与社会公正为测度)和环境(以可持续性与环境质量为测度)[59]。埃尔金顿实际上是在响应霍肯的主张,即企业的目的不只是赚钱,企业若想维持长期生存与盈利,就必须促进社会公正,将可持续原则融入到企业活动中。"三重底线"的第一条线是经济,考察的是人力资本、物质资本和金融资本的状况;第二条线是环境,主张要在尊重"自然资本"、使用可再生能源的前提下盈利;第三条线是社会,主张企业应当重质量、重福祉,努力缩小贫富差距,提升健康与教育,而不应依靠从事让人受苦受难或会令社会问题加剧恶化的活动来获利[60]。

20世纪90年代以来,"三重底线"成为企业责任领域的理念共识。许多公司(主要是中小型企业)已将其落实到日常会计实务中[61]。目前尚未出现大型上市公司使用"三重底线"的案例,但像巴塔哥尼亚(Patagonia)公司这样的一批中型企业已在使用并取得了良好效果。巴塔哥尼亚公司是一家知名的户外服装配饰企业,2012年4月公布的年销售额达5.4亿美元[*]。该公司把遵循"三重底线"的"人、地球、利润"原则("people,planet,profits",简称3P原则)作为企业口号,改用有机棉和循环回收的汽水瓶(可用于合成摇粒绒)

---

[*] 2022年巴塔哥尼亚公司估值约为30亿美元,年销售额超过10亿美元。

作原料。公司不仅承诺收购有机种植的棉花来支持有机棉农,还着力提高公司员工的满意度与福祉[62]。

生态经济学领域在20世纪80—90年代继续发展,舒马赫、戴利等的思想观点逐渐渗透进经济学界。1989年,该领域拥有了自己的专业期刊《生态经济学》(Ecological Economics)。这一时期,一小部分生态经济学家,包括戴利本人,在各国的银行及世界银行等国际金融机构中找到了工作[63]。但该时期生态经济学领域最重大的进展无疑是一个概念的出现,那就是生态足迹分析(Ecological Footprint Analysis,缩写为EFA),它对可持续经济学不断施加形塑作用。

"生态足迹"是由加拿大温哥华市不列颠哥伦比亚大学(the University of British Columbia)的生态经济学家里斯和他当时指导的瑞士籍在读研究生瓦克纳格尔共同提出的。20世纪90年代,里斯和瓦克纳格尔合著了一本书及一系列论文,为测度特定政治实体的可持续状态提供了可靠方法。生态足迹分析测算人类对地球生态系统的需求度,它呈现了现代社会对生态服务的使用速度如何超越地球更新的速度。更准确地说,它要测算的是给定一个人类单位(如一个城市或一个国家),那么它需要多大的海陆面积才能支撑、维持其生活方式和资源消耗率。"特定的人类种群(population)或经济体的生态足迹可被定义为具有生态生产力的不同类别(农田、牧场、森林等)土地(与水体)的面积,对这类水土的需求是基于连续供给前提下的*",一个给定的政治体要靠它提供原材料、能源及处理污染物[64]。"生态足迹"概念对社会公正或事关可持续的其他社会因素涉及不多,不过,它确实有力地说明了人类对自然环境施加的压力。

---

* 如果土地或水体失去了连续提供生态系统产品与服务(如净化污染物、吸收温室气体等)的生态生产力,那么虽然其地理面积仍然存在,但它将不再被计入"生态账目"中的"资产项"(生态承载力)。

生态足迹之所以重要，主要有以下几个原因。

其一，它遵循生态原则重新定义了"城市"或"国家"。一个城市不只是一片被包裹在边界线以内的土地，更是一个依赖全球生态产品和服务的消费单位。正如里斯所说，"所有的城市地区都挪用（appropriate）*了来自遥远'他乡'的生态承载力**，因而形成了一种依存关系，从生态学或地缘政治学角度而言，这种关系可能是不稳定、不可靠的[65]。"

其二，里斯和瓦克纳格尔设计了一套较为精准的算法以计算某个给定的政治实体对陆地（和海洋）的需求，可生成实用的明确可测数值。以加拿大温哥华市为例，"温哥华市现有人口170万，为保障当前消费者生活方式所需的食物和化石燃料，仅仅保守计算该市就需要830万公顷土地用于连续生产。然而，温哥华市所在的整片盆地面积也不过40万公顷左右。因此，要使上述城市功能生效，全体温哥华需要'进口'的土地面积，至少在该市实际占地面积的19倍以上[66]。"生态足迹以定量的方法说明：如果每个城市、国家都像温哥华市那样消耗土地，世界势必陷入生态过冲状态；如果**全世界**的土地消费规模都与温哥华市处在同一水平，那人类需要至少三个地球才能生存下去[67]。

其三，生态足迹有力地批判了基于增长的新古典经济学，以及工业全球化存在的缺陷。里斯和瓦克纳格尔汲取了第一波生态经济学家的明悟洞见，并将其转化为一种切实可行的方法，使人们能够以该方法为基础，确保社会运行在生态极限以内。他俩让"足迹"一词在当代社会中无处不在。除了"生态足迹"，现在还有了"碳足迹"，用以衡量个人、组织或政治实体的温室气体排放量**。不过，生态足迹分析之所以重要，主要是因为它能计算出具体数字，从而证明我们的世界目前已经陷入了何种程度的不可持续状态。

---

* 可以参照人文学科中的"文化挪用"（cultural appropriation）概念理解。

** 碳足迹的原理就是测算需要多大面积的土地（或水体）才能将给定区域中排放的温室气体完全吸收，所以严格来说应当称"温室气体足迹"，因为氧化亚氮等温室气体并不含碳。

在两位学者看来,可持续性并非模糊不清而无法测量的概念。可以确切地证明,很多城市、国家当下正生活在生态过冲状态之中。

生态足迹分析证明:自20世纪末以来,全世界整体上一直处于生态过冲状态。各国政府和公众如何处置这种现状,那就取决于他们此刻的意志了。里斯和瓦克纳格尔当然希望全球各个社会共同按照可持续性更强的方式运行,减少自身的生态足迹。为此,瓦克纳格尔担任了"全球生态足迹网络"(Global Footprint Network,简称"全球足迹网络")的主席。"全球足迹网络"是一个智库,运用生态足迹分析帮助城市或国家减少污染,降低资源消耗率。该机构曾与卡尔加里市*、旧金山市、伦敦市、米兰市、欧盟、日本、哥斯达黎加、阿拉伯联合酋长国等政治实体合作,开展基于生态足迹分析的咨询工作[68]。今天,生态足迹仍在被广泛地使用与讨论,在它的推动下,可持续性由一个模糊的想法变为一种精准的方法论指称、一片切实可为的学术领域。

21世纪初,可持续性已在学术界、联合国及众多政府、非政府组织和企业牢牢扎根。2000年,瑞士成为全世界第一个把"可持续发展"写入宪法的国家[69]。短短25年间,"可持续性"从一个灵光一闪式的不定形想法转变为一场得到强大机构支持的建设性运动。当然,这并不意味着世界转眼之间就变得可持续了,而是说明人们已经开始关注增长和工业化的过失与缺陷。印度博帕尔工业灾难(1984年)、切尔诺贝利核灾难(1986年)令人类醍醐灌顶,随即意识到工业杀虫剂和"硬"能源是危险的、不可持续的[70]。另外,有关人类在导致气候变化方面起到关键作用的新数据,引发了人们对工业社会终极成本的种种忧虑。人类的未来已经注定面临过冲和崩溃了吗?

这一时期,可持续运动的确获得了实实在在的成长,表现在一些新方法、新应用上,涉及范围从农业系统到商业和经济学界。不过,它也仍在被

---

* 加拿大阿尔伯塔省最大的城市。

矛盾和分歧所困扰。"可持续性"和"可持续发展"两种表述各自的支持者在增长问题上意见不合,这是该运动的一个突出问题。直到今天,寻求可持续发展和希望在全球社会实现可持续性的两派之间依然存在分歧。20世纪90年代末,联合国在倡导可持续性的过程中表现出了自相矛盾,其实践结果也是利弊参半,这些都在昭示着可持续运动的未来命运。

第六章

当代可持续性——从2000年至今

园圃妙成，不以滥扩无休为能。

——戴维·霍姆格伦（David Holmgren）

任何系统，若毫无调适，单纯按指数曲线增长，终难免崩溃。

——安德鲁·佐利（Andrew Zolli）和安·玛丽·希利（Ann Marie Healy），引用自杰弗里·韦斯特（Geoffrey West）

说我们身处一个已实现可持续的时代（a sustainable age），大概是言过其实的，但可以说我们正活在属于可持续性的时代（the age of sustainability）。毋庸置疑，可持续运动的声望近些年来可谓水涨船高，已经可谓卓著了。涉及可持续性的学术领域也得到了惊人的扩展，出现了新工具和新方法，为可持续性的界定、测度和评估提供了便利。众多组织和社群都积极拥护可持续生存原则。客观地说，"可持续性"在极短的时间内由边缘化的生态理念一跃成为主流运动。今天，在超市、大学校园、水族馆、公司总部、政府机构等地方，普及可持续性的宣传随处可见。西方国家有越来越多的大学、非政府组织和企业设立了"可持续办公室"，里面摆满了可持续计划、指南，却无一会设立"绿色精进办公室"或"现状办公室"。从某种意义上说，这套环境话语已经从涉及人与自然关系的各种思想理念中脱颖而出。

　　本章尝试简述可持续性如何在当代社会中获取一席之地，但这并不意味着我们所处的世界已经实现可持续状态，恰恰相反，这个世界被现存的诸多障碍、壁垒及根深蒂固的利益挟持，正处于不可持续程度很高的状态。瓦克纳格尔甚至认为，自20世纪90年代以来，人类（的消耗）已超过地球的承载能力，所以此刻我们正生活在全球过冲状态下[1]。本章旨在展示人类社会为了应对生态危机，将会如何做出建设性反应——展示可持续运动的成长、深化进程，介绍它在抵制人类陋习方面取得的部分成绩。

　　随着可持续观（the philosophy of sustainability）的发展，可持续性一词的外延也在扩大。我们不妨来回忆一下前面几章的内容。可持续性概念生发于18世纪，那时它是一种森林管理方法。到了20世纪60—70年代，它是对工业主义及生态过冲趋势的一种反动，其焦点集中在能源消耗、有害的经济体制、人口增长和农业等问题上。如今，可持续性除了涉及上述问题的处置，还涵盖对许多其他问题的应对。如自2000年以来，对可持续性3E框架中社会问题这一维度的关注超过了对经济、环境维度问题的关注。现在，几乎所有事情都可以透过可持续性这个"棱镜"来观察——教育、心理健康、城市规划、园艺、建筑等，无所不包——甚至到了很难断言有哪些事情不会被放到可持续话语的语境中讨论的地步。

　　有人会说，可持续性的确已成为一种包罗万象的世界观，成为这个时代的当务之急、核心要事。今天的年轻人为可持续相关议题所激励，如气候变化的威胁、遗传修饰生物体的风险[2]、摆脱化石燃料的必要性、可再生能源的好处、本土主义和绿色经济的优势、消除贫困和全球不平等的愿望等。最重要的是，可持续性作为一种充满希望的乐观主义话语，已然成为一种庇护所式的精神慰藉，人们可以借助它同时避开两侧夹逼的精神压力：环保主义的愤世嫉俗与拘束着现代世界的冷漠不适。在许多人看来，可持续运动似乎是能被社会接受因而有望成长壮大的唯一切实可行的运动形式。

目前，与可持续性相关的模型、领域与应用很多。综合来看，这说明可持续性已经融入了人类的社会和经济体系中的各个领域。虽然可持续位点众多，此处不便全面介绍，但本章列举了以下几个例子，可以让读者对2000年以来可持续运动的多样化状况有所了解。

可持续性的指标、方法及测量工具

1992年，联合国发表了《21世纪议程》。这是一部可持续发展的行动计划，提出了若干核心建议，其中之一就是要建立"更明确的测量（工具）"，深入认识"自然资本"的价值及人类活动的可持续状况。议程写道："这一点同样重要，国民经济核算程序不应仅限于估测商品生产及按惯例有偿的劳务生产。"[3] 也就是说，对1992年的工业社会而言，能够判断某一活动是否可持续的良好测定方法尚不存在。如前文所述，可持续性在当时实际上是一个无法实测的抽象概念。

但2000年以来，新指标、新方法和新测量工具不断涌现，可持续性的模糊性降低了，可计算性增强了。旧式经济学方法论或被抛弃，或由社会、环境量化指标补足，新的可持续性评估工具实现了从无到有[4]。最终结果是全新信息的生成，它可被用来评估一切事物的可持续状况，大到发电厂、经济林，小到在杂货店购买的苹果和虾。宏观测量手段如"生态足迹分析""真实发展指数"（Genuine Progress Indicator，缩写为GPI）等可以评估一个国家乃至全人类的可持续状况。在新测量手段出现之前，这样的评估是难以做到的。表6.1列举了主要的可持续性测量工具。

表6.1 是否可持续？——可持续性测量工具举例

工具名	生态足迹分析
工具内容	生态足迹分析是测量人类对自然需求的著名工具。它是一个"会计核算系统"，可用来确定一个给定的政治实体(如城市、国家等)留下的"足迹"(环境需求量)大小。它测量"某一区域的人类种群使用了多大面积的土地和水体……包括用以生产该种群所消耗资源的土地，容纳人类的建筑物和道路所用的空间，以及吸收二氧化碳等排放废弃物的生态系统面积"。该核算系统同时"跟踪自然的供应量"，能计算出"有多大面积的具备生物生产力区域可用来提供此类服务"(生态承载力)。生态足迹分析的计算最终会得到一个数值，用以判定一个政治实体是生活在其力所能及的范围内，还是已经处于生态过冲状态。全球生态足迹分析表明：当前的人类世界需要"1.5个地球才能提供人类消耗的资源，以及容纳人类排放的废弃物*"。[5] 许多城市和国家都已采用生态足迹分析。世界自然基金会也从善如流，生态足迹分析的计算数据结果被用于该基金会一年一度发布的地球生命力报告(Living Planet reports)。
工具名	碳足迹
工具内容	碳足迹和生态足迹分析可以说是堂表亲。碳足迹专用于测量个体、行业、活动或政治实体的二氧化碳(有时也包括甲烷)总排放量。例如，同为打工人，家住郊区、通过燃油车往返城区的通勤族的碳足迹会比家住城区节能型住宅的步行或单车族的更大。碳足迹有助于明确谁(或什么)要对人为气候变化负最终责任，还有助于碳减排目标的制定。
工具名	生命周期分析(Life-Cycle Analysis or Assessment，缩写为LCA)
工具内容	生命周期分析经常用于评估与产品、能源等相关的复杂环境影响。它是一种对某一制成品或设施进行"从摇篮到坟墓"全过程测量的分析方法。以一条普通的蓝色牛仔裤为例，对它进行生命周期分析，测算制造该产品所选用的原材料及其加工情况，然后依次测算牛仔裤的制造、分销、使用、维护和废弃处置(或回收循环**)情况，最后便可算出生产一条蓝色牛仔裤所需的能源和材料总投入及对环境造成的总体影响。借生命周期分析可知，有些产品造成的污染较强，生产时的能源密集度较高。掌握了相关信息，就可以判定一个行业或一件产品是否具备可持续性[6]。

---

* 这里所指和生态学中的生产力一样，是单位时间内的流量概念而非存量(如生物量)概念。事实上只有1个地球，每年消耗资源过多的后果是"家底"存量不断下降；排放物超标则会造成大气二氧化碳浓度不断升高等后果。

** 有回收循环项的生命周期分析又称"从摇篮到摇篮"(cradle-to-cradle)。

(续表)

工具名	能源投资回报率(Energy Return on Investment,缩写为EROI)
工具内容	能源投资回报率常用于物理学、生态经济学和能源部门,它所要确定的是能源生产时需要消耗的能源是否多于最终的能源产量。更确切地说,EROI就是能从某一能源产生的可用能源量与获取该能源时所消耗的能源量之比。用EROI可以确定使用某种能源带来的是净收益还是净损失。EROI已被用来评估传统能源(化石燃料、核能)和可再生能源。很多使用EROI的能源分析师认为:生产玉米乙醇*所需的能源量大于最终产生的能源量。不过,EROI概念本身也存在不少问题,其中之一便是它不涉及能源造成的污染,而确定一种能源是否可持续,污染显然是必须纳入考量的。例如,煤炭的EROI值非常高,但开采、使用煤炭造成的污染也很强。
工具名	I=PAT
工具内容	该公式成形于20世纪70年代,通过它可以了解人类对自然环境的影响。该公式认为,环境承受的影响(I)是由给定社会的人口(P)、富裕度(A)和技术(T)共同造成的。目前,该公式还有零星使用的情况,但整体上已被STIRPAT**这类更精细的测度方法取代。
工具名	联合国人类发展指数(Human Development Index,HDI)和联合国人类贫困指数(Human Poverty Index,HPI)
工具内容	HDI用于度量世界各国的社会福祉,但经常受到批评。它用预期寿命、教育状况和人均收入水平等数据来评估一个国家的相对发展情况。虽然这相较使用GDP度量一个国家的发展状况有所进步,但HDI缺失生态维度,故常被可持续派忽略。HPI度量的是世界各地区的预期寿命、识字率和基本生活费用水准,它是对HDI的一种补充。
工具名	联合国千年发展目标(Millennium Development Goals,缩写为MDGs)
工具内容	由经济学家萨克斯牵头的联合国"千年计划"(the Millennium Project)设计了一组"千年发展目标",为联合国189个成员国确立了发展目标和可测的健康、经济指标。MDGs旨在到2015年通过消除极端贫困、普及初等教育、促进性别平等、降低儿童死亡率、抗击传染病(疟疾与艾滋病等)、确保环境的可持续性、形成全球发展伙伴关系等途径,在全球(尤其是世界上那些最贫困国家)建成可持续性更高的社会。

---

* 属于可再生能源中的生物质燃料。

** STIRPAT全称为"Stochastic Impacts by Regression on Population,Affluence,and Technology",评估人口、富裕度和技术三个自变量对环境随机影响的回归模型。

(续表)

工具名	社会健康指数(Index of Social Health)
工具内容	该工具度量一个社会的福利状况(多用于美国)。它用一组共16个社会指标来评判一个国家整体的社会健康状况。原本它被设计出来是要取代GDP的,但由于生态维度缺失,所以在可持续性评估中的应用很少见。

工具名	真实发展指标(Genuine Progress Indicator, GPI)
工具内容	真实发展指标是美国的进步再定义(Redefining Progress)组织于1995年创制的,意在取代GDP。GDP和GPI均以货币为计量单位,但GPI并非简单测量某一经济体的繁忙度。它汲取GDP信息,还要根据收入分配、犯罪率、污染、长期环境损害及外资依赖度等因素进行调整。正如组织名称所示,GPI试图"重新定义进步",并对一个社会及其经济的可持续状况作出更可靠的评估。因此,一个国家的GPI评分可能与其GDP大相径庭,这并不意外。GPI显示:尽管GDP数值持续上升,但美国"自20世纪70年代以来,经济增长实际上一直迟滞不前"[7]。在美国的某些地区,最近几十年的GPI甚至还有所下降。

工具名	真实财富(Genuine Wealth)
工具内容	"真实财富"是经济学家阿涅尔斯基(M. Anielski)创制的。和GPI一样,真实财富意在取代GDP。它是一个综合核算系统,定量与定性分析并用,测量"幸福的物质条件和质性条件"。真实财富把"人力、社会、自然、金融和基础设施资本"置于同一张资产负债表中,从而得以准确了解一个社会及其经济的整体可持续状况[8]。使用质性数据是真实财富有别于其他测度方法的特色所在。

工具名	幸福星球指数(Happy Planet Index,缩写为HPI)和国内幸福总值(Gross Domestic Happiness,缩写为GDH)
工具内容	幸福星球指数由新经济学基金会(the New Economics Foundation)于2006年创制。幸福星球指数和稍早的国内幸福指数是两个独立的测度体系,都用于评估世界各国的平均人类幸福度。两者的创制目的也都是取代GDP,共通的思路是测量生活质量而非测量财富或经济活动。两个指数都将生态、社会、经济等因素考虑在内。根据2012年的年度HPI数值,哥斯达黎加国民的幸福度排名世界第一,尽管该国并无工业化大国的财富。英国的HPI排名第40,日本排名第45,美国和加拿大均未进入前50名。

（续表）

工具名	三重底线
工具内容	三重底线由埃尔金顿于20世纪90年代提出，是一种遵循伦理原则的企业会计方法，从财务、社会、环境三方面评估可持续状况。它一改简化会计的量化方法，不再单纯以盈利能力来评价企业成功与否。它看重的是对三个相互关联问题的回答：企业是否盈利、创新、管理良好？是否参与环境可持续性的实践？是否有助于社会平等、公正和社群？理论上，三重底线分析可以揭示一家盈利丰厚公司的低劣社会、环境绩效评分。为了强化企业责任，倡导绿色经济，三重底线在企业的社会责任领域得到了日益广泛的应用[9]。
工具名	能源与环境设计领域引领地位（Leadership in Energy and Environmental Design，缩写为LEED）认证
工具内容	LEED认证由美国绿色建筑委员会（US Green Building Council）于20世纪90年代创制，现已成为测量、评定、推广绿色建筑的常用工具[10]。LEED 2009体系从能效、用水量、材料、室内环境质量、创新等方面为建筑评分，一座建筑的最高得分为100分。目前该体系执行四级认证：合格（40—49分）、银（50—59分）、金（60—79分）和白金（80分及以上，要取得白金评级是相当困难的）。最近，LEED认证已扩展到将建筑邻域环境包含在内的整体评价，名为LEED ND评价方案。LEED认证为世界各地采纳认可，已成为评定建筑可持续性的首要标准，符合LEED标准也成为房地产开发商、业主和（或）运营商夸示建筑、树立声望的主要依据之一。
工具名	可持续状态跟踪、评估与评级系统（The Sustainability Tracking, Assessment and Rating System，缩写为STARS）
工具内容	STARS是"透明的自陈报告框架，供高等院校度量其可持续绩效"[11]，由高等教育可持续性促进协会（Association for the Advancement of Sustainability in Higher Education，缩写为AASHE）开发。很多高等教育机构，尤其是美国和加拿大的高等院校，都已采用STARS来深入考察其环境绩效。不过，该系统存在一个问题：自我评估缺乏独立验证，报告的诚实性与精确度完全依赖报告者的自身素质。
工具名	基于生态系统的渔业管理（Ecosystem-Based Fishery Management，缩写为EBFM）
工具内容	这是一种渔业管理的全系统模式，它摒弃了目前仍居主流的水产捕捞模式（最大持续产量法，maximum sustained yield）。最大持续产量概念以系统的线性为前提，其成立条件是系统存在稳定平衡态，而EBFM则不同，它是基于生态系统经常变化、难以预测的特点提出的理念。EBFM有利于维持生物多样性，它要实现的是充足产量（sufficient yield）而非最大产量。同时，它融合了社会与生态数据，构建出一种基于整体论的可持续渔业生产模式。

(续表)

工具名	生态标签(Ecolabels)
工具内容	近年来,针对"绿色"产品的第三方认证大幅增长。生态标签操作意在让消费者了解产品和服务的来源及其影响,鼓励可持续消费。在产品表面或其外包装贴上生态标签,区分哪些是生态产品,哪些是按不可持续的传统方式生产的产品,既一目了然具备直观性,又很有象征意义。

工具名	生态标签:生态标识(EcoLogo)
工具内容	生态标识认证由加拿大政府于1988年创制,目前在北美地区得到广泛使用。该认证确保"带有生态标识的产品和服务符合环境引领级别的严格标准"[13]。该认证涵盖面极广,如清洁剂、黏合剂、油墨、地板材料等无所不包。

工具名	生态标签:有机认证(Certified Organic)
工具内容	有机标签授予经官方认证的有机产品,一般由国家农业部门或其他具备有机产品认证资质的机构来管理。在美国,有机认证由美国农业部执行。有机认证分为不同级别,包括"100%有机""有机"(95%—99%有机)及"有机成分制造"(70%—94%有机)[14]。各地的标准稍有不同。实行有机标签制度是为了促使农业转向可持续形态。

工具名	生态标签:公平贸易
工具内容	公平贸易标签由经过认证的国家级公平贸易组织来管理,确保产品的生产过程对社会、环境负责[15]。标签的意旨是在发展中国家(公平贸易产品的原产地)和发达国家(公平贸易产品的消费地)之间实现更高程度的平等。在公平贸易市场上流通的产品主要包括工艺品、棉花、水果、咖啡、巧克力等。

工具名	生态标签:食品里程(Food Miles)
工具内容	食品里程指食物作为商品时从种植(养殖)地或加工地运输到购买、消费地的距离。有些地方曾经尝试用估算的运输里程给食品(主要是水果、蔬菜)贴标签,让消费者了解他们的食物来源及在将其送到店面的运输过程中需要消耗的能量。然而,这些尝试的效果十分有限。近年来,尝试的方向已由食品里程转向食品生产的生命周期分析,因为后者更为全面。提出食品里程的人是一些本地农业的支持者,他们想通过它来降低消费者对长途运输食品的购买量。

工具名	生态标签:森林管理委员会(Forest Stewardship Council,缩写为FSC)
工具内容	森林管理委员会是一个非政府组织,成立于1993年,主要工作是对木材、纸张及其他林业产品进行认证和标记,其目的是促进森林的可持续利用,帮助消费者在市场上行使知情选择权。但该委员会的标签操作曾受到批评,因其执行标准混乱,且事实上并无助于阻止皆伐(clear-cutting)及其他不可持续的林业活动。

(续表)

工具名	生态标签:海洋管理委员会(Marine Stewardship Council)和海洋智慧(Ocean Wise*)
工具内容	海洋管理委员会和海洋智慧是独立的两家认证机构,均旨在促进可持续渔业和海产品的可持续消费。海洋管理委员会成立于1996年,如今已成为庞大的标准制定机构,为有资质的生产商提供认证标签。海洋智慧是由温哥华水族馆(Vancouver Aquarium)运维的资源保育项目,规模较小,提供自创的认证标签。海洋智慧"直接与餐厅、市场、食品加工商及供应商合作,为他们提供最新的科学信息,协助其做出海洋友好型决策。"[16]

可持续性测量工具已无处不在,且具有重要的文化意义。有了这些工具,经济学家就能从动态角度评估某个经济体的健康状况,其范围远超经济活动和企业的扩张与收缩,也不再仅以财务盈亏来划定成功与否;"绿色产品"得以推广,身在市场的消费者能够做出更明智的知情选择;能源分析师和生态经济学家得以分析能源的可持续性,找到绿色、低碳经济的实现途径;建筑师、设计师掌握了新工具,也受到新的激励,去建造可持续的节能型建筑。可以说,"是否可持续?"这个问题从未像现在这样容易回答。

测量工具的激增永久地改变了我们的语言及文化关注点。"生态足迹""生命周期分析""绿色建筑""生态标签"等为英语增添了新词,说明人们对自身行为造成的影响有了新的体认。伴随新方法而来的还有新知识、新领域。想要使一座建筑获得LEED白金级认证,分析一辆汽车的生命周期,或确定一种可再生能源的EROI数值,都需要丰富的专业知识。于是,相关的学位教育和同等学力培训项目应运而生,传授新的测量标准、方法与工具,而其目的都是为构建可持续社会提供有用的信息。

这些新类型的数据不断堆叠累积并进入公共话语场域,对经济核算的传统会计标准和诸多进步迷思(the myths of progress)形成了有力的抵制,工业社会自19世纪以来一直囿于这些迷思。换言之,这些新的测度指标创造

---

* Ocean Wise 实际上是个双关命名,还有朝向海洋(oceanwise)之意。

了另类形式的知识,向现状(the status quo)发起了挑战。它们创生出看待问题的新方式与新价值观体系。如LEED认证确立了一种评估建筑设计成果的全新方式。从LEED视角来看,一座在生态方面设计优良的建筑才配得上建筑美之称并具备社会价值,而非仅有审美愉悦或表面上的经济节约。现在,浪费即丑恶。同样,GPI和真实财富是取代GDP的可行测度指标。这些新指标拒斥传统的经济健康观念,迫使我们重新考虑自己的文化优先级和经济政策。三重底线说明成本–收益分析可能因过于肤浅而损及社会、环境福祉。它能帮助企业重新界定何为进步,还能说明财富的创造(也就是我们的社会对成功的传统测量标准)并不一定有益于人类与自然环境。生态足迹分析重新界定了城市、国家的概念,它使人们了解到一个人类社群对遥远"他乡"的物质挪用已达何种程度。与之相似,生命周期分析生成了前所未有的信息。现在,人们想要了解产品和服务的总能源需求及其环境影响已不再是一桩难事。生产者、投资者、消费者利用生命周期分析就能评估一个产业的可持续状况。

此外,生态标签(有机认证、生态标识、公平贸易等)的出现,反映出人们采取摩尼教式(Manichean)[*]思维对待消费:一方面渴望绿色产品、可持续消费;另一方面继续维持破坏性消费模式的惰性。这种思维方式会造成社会的分裂。"食品里程"意识可能会改变消费者行为。有机食品和"传统"食品常并存于食品市场,迫使消费者在相互对立的农业体系之间做出艰难的选择。在公平贸易叫板"自由贸易"的情况下,经济领域的意识形态看似仍然悬而未决。

很多新测度标准反遭传统方法捍卫者挑刺,理由是它们在反映现实时存在偏倚,或者隐含的前提假设有误,抑或重质(质性分析)轻量(纯粹的量化数据)。即便作为测量方法的有效性得到承认,它们通常也只被当成既有

---

[*] 此处指一种光明–黑暗二元对立的思想方式,这也是摩尼教继承琐罗亚斯德教而有别于其他一元论宗教的重要特征。

标准的"备胎"。尽管在大多数情况下，相较传统的标准、方法及会计实践，这些新测度标准被定位为次一等，因此也算不上什么"主流"，但整体而言，它们在21世纪初还是取得了长足进步。

这样的例子可以举出很多。现在，各类工程学和经济学课程项目一般都提供LCA和EROI培训，而很多企业、非政府组织和政府部门都聘用接受新测量方法培训的专业人员。海洋管理委员会对来自全世界各大洋的11 000多种可持续产品进行标识[17]。有机产业和有机认证标签制在全球各地持续发展壮大。虽然在2010年有机食品、有机饮料的销售额仅占食品销售总额的4%，但行业销售额相较2009年增长了7.7%。2010年，有机产业的总估值达到了267亿美元。同年，在美国国内销售的水果、蔬菜中有11%获得了有机认证[18]。尽管2008年出现经济下行，但"在2010年取得LEED认证的建筑总面积增加了10亿平方英尺*"，增长率达14%。这个数据意味着全世界仅一年取得LEED认证的建筑总面积就达到80亿平方英尺，其中美国、中国、印度和阿拉伯联合酋长国的贡献最多，大大降低了二氧化碳排放量（据估计减排800万吨），这是因为LEED建筑都是节能型建筑，经常使用可再生能源。随着时间推移，到2030年时，LEED认证建筑可累计减少二氧化碳排放达1.7亿吨，这个数字在全球碳足迹中所占比例就不再是微不足道的了[19]。许多中小企业采用三重底线履行企业责任。还有，很多国家、企业和市政管理部门运用生态足迹分析来减轻人类对全球生态系统造成的压力，其方法是减少浪费，逐步换用可再生能源，着力发展本地农业系统。

能源

可持续派有一个共识：全球社会运行必须逐步摆脱"硬能源"，转而依靠可持续、可再生能源。应该用什么能源来取代化石燃料和核能？关于确定**哪些**替代能源可用及应**如何**使用的问题，和能源需求问题一样至今仍存在很大争议。几乎无人相信可再生能源足以支撑当前社会的消耗水平，而且

---

* 1平方英尺≈0.0929平方米。

有证据表明,其中某些新燃料如玉米乙醇等的生产过程对化石燃料的依赖度很高,其产生一单位能量时的全部能量投入超过一单位。其他类型的能源如藻基生物柴油、波浪能发电等还在研发测试中。目前尚未出现万能灵药式能源解决方案。

事实上,可再生能源目前多半还属于未来可期状态,尚未成为现实。尽管如此,"绿色能源"已成为可持续运动的核心内容,原因有三。

其一,全世界的化石燃料将要耗尽,寻找替代能源势在必行。海因伯格认为,石油、天然气和重油这些传统能源的产量于2010年前后达到了峰值。与此同时,开采化石燃料的成本和风险越来越高,所造成的环境危害也越来越大,发生于2010年的墨西哥湾海岸漏油事件再次向人类敲响了警钟。充裕而廉价的化石燃料在减少,这一事实对全世界的工业经济体而言,意味着连续的经济增长已经几乎不可能(先不论永久增长本身不再是人类所需,因而不受欢迎的问题)再维持下去了[20]。另外,绝大多数可持续派认为,核电是危险且不可持续的[21]。* 二战后有一段时期,人们将核电描述成一剂包治百病的良方,能够满足人类的所有能源需求,然而历史证明,它的现实表现终究谈不上不负众望,反倒配不上当年那些炎炎大言。

其二,化石燃料作为不可再生资源,其储量在快速减少,而消费率却仍在一路飙高,原因是部分发展中国家投身于化石燃料的获取狂潮。我们这个世界沉迷于化石燃料,依赖它来推动工业经济。IPCC 在2011年发布的特别能源报告《可再生能源与气候变化减缓》(Renewable Energy Sources and Cli-

---

* 译者认为,任何技术都存在"双刃剑"性质。作者在本句对应的尾注21中指出的核能诸多问题确实存在,但正如国际原子能协会所指出,即便考虑到乏燃料处理所需化石燃料,核能在整体上不会直接加剧人为气候变化,这也是一个事实。因此,是判断核能不可持续应当彻底抛弃,还是在保留核能作为低碳能源选项的前提下,将解决前述问题视为技术进步(包括核聚变技术)与监管体系改革的目标,仍然尚未盖棺论定,作者的结论是值得商榷的。

mate Change Mitigation）中指出，化石燃料仍然是世界主要能源。不妨看一看2008年的统计数据：石油占34.6%、煤炭占28.4%、天然气占22.1%——化石燃料总计占85.1%，核能占2.0%，而剩下的才是可再生能源占比，仅有12.9%[22]。

其三，化石燃料会造成严重的污染。科学界有一个共识：使用化石燃料产生的温室气体排放是导致人为全球气候变化的主要原因。每年排放到大气中的二氧化碳超过360亿吨，其中81%是化石燃料的燃烧所致，剩下的19%则源于森林砍伐[23]。大气中温室气体的浓度升高，在地球表面形成隔热层，热量无法从地球的大气层中逸出*，致使全球平均气温升高，气候失稳异常，冰盖、冰川融化，引发一系列对人类、动植物及生态系统的负面影响[24]。

鉴于上述三个原因，21世纪的挑战就是找到为社会正常运行提供可持续动力的手段，同时要减少能源消耗。

可再生能源的现状如何？如上所述，2008年，可再生能源在一次能源**的供应总量（492艾焦***）中只占12.9%。其中大部分贡献来自生物质能（占一次能源的10.2%）和水电（2.3%）。地热能、太阳能、风能、生物燃料、海洋能合计占0.4%[25]。不过，在发电、运输用燃料和供暖制冷等领域，上述比例会更高一些。2008年，可再生电力占全球电力供应总量的19%，其中16%来自水电，3%来自其他。2008年，生物燃料占全球运输用燃料总量的2%，虽然并不是所有的可再生生物燃料都具有可持续性[26]。同年，可再生能源占全球用于供暖制冷能源总量的27%，这其中包括传统的生物质来源（17%，指薪柴

---

* 来自太阳的辐射波长较短，在输入地球时可以穿透该隔热层到达地表，但经地表反射后输出的辐射波长变长，于是会被大气温室气体吸收，也就是说温室效应本质上源于温室气体吸收辐射时的物理化学特性。

** 一次能源又名"天然能源"，指从自然界获取后未经转化（基本的形态和品位不变）而直接利用的能源。包括煤炭、石油、天然气、水能、风能、地热能、核能、生物质能、太阳能、潮汐能、海洋能等。

*** 1艾焦（exajoule）= 10^{18} 焦耳 = 1000万亿千焦。

类)与现代生物质能(8%),还有太阳能和地热能(两者合计2%)[27]。但几乎在所有能源部门,化石燃料仍然是王者。

表面来看,可再生能源所占的比例相对较低,但绿色能源生产行业实际上正稳步扩张。21世纪以来,政府加大了对可再生能源的扶持力度,随着该领域投资的增多,成本开始下降,公众利益得到了提高。近年来,可再生能源的增长率高得惊人。2009年风电增长了32%,全球当年有38吉瓦*风电入网。水电增长了3%(增量为31吉瓦)。接入电网的光伏(Photovoltaic,缩写为PV)太阳能电力增长了53%(增量为7.5吉瓦),数据惊人。IPCC写道:"2008—2009年,全球新增发电量约300吉瓦,其中有140吉瓦来自可再生能源。"用于供暖及供热水的太阳能板(又称"集热式太阳能",solar thermal)增长了21%(增量为31吉瓦)。地热能增长了4%(增量为0.4吉瓦)。2008年,生物燃料占运输用燃料的2%,2009年占3%(2009年全球消耗生物燃料170亿升)[28]。

在实现经济转型,改用可再生、可持续的国内自产(或区域自产)能源方面,有些国家取得了长足进步。2013年,丹麦有近30%的电力来自风电,丹麦电网和斯堪的纳维亚电网、德国电网相连,使风电最大化[29]。约有4 000人口的丹麦萨姆索(Samso)岛使用生物质能、风能和太阳能,实现了彻底的能源自给[30]。在德国,可再生能源成了一个获利丰厚的庞大产业,就业人数达几十万。现在,德国有20%以上的电力来自可再生能源,而且该比例还在不断上升,这种局面很大程度上得益于德国在陆地和海上新建的多个风电场,以及在私人住宅屋顶大力推广安装的太阳能板[31]。事实上,德国的确有一项雄心宏大的计划:在未来的几十年里,逐步淘汰剩余的核电站,减少对煤炭的依赖。德国计划在2050年前基本实现全社会在运行时排他式利用可再生能源。

许多国家的政府都在深入参与绿色能源的开发。德国政府启动了"上

---

* 1吉瓦(gigawatt,GW)=10^9瓦= 10亿瓦= 100万千瓦。

网电价"(feed-in tariffs)的补贴机制,鼓励私人安装太阳能板。上网电价机制为小规模能源生产者(如在屋顶安装连入电网的太阳能板的家庭)付费,其补贴价高于向电网供电的市场价格。也就是说,只要上网电价机制延续下去,安装了太阳能板的普通德国家庭就能一直从中获取收益,这样不仅抵消了太阳能板的安装成本,而且让民众更注重可再生能源,可谓一石二鸟[32]。在加拿大的安大略省(及世界上其他一些地方),省政府为购买安装太阳能板的房主制定了返利政策。2008年以来,西班牙政府一直在扶持建设聚光太阳能发电厂(concentrated solar power plants),这种发电厂使用反射镜聚集太阳光,发电效率较高。美国政府一直在资助、扶持藻基生物燃料研究。

对于个体而言,使用替代能源尤其是太阳能、生物燃料以及后院地热系统和微型风力涡轮发电机(简称微型风轮机)已经成为一种文化、政治宣言:拒绝硬能源、拒绝集中化能源生产。更不用说在某些情况下,使用替代能源本就是一种理性的经济选择。要推进可持续运动,有件事在本地就可以做到——使用可再生能源,它已经为许多参与者带来了希望、自由和积极主动的投契感。不过,可再生能源的成本仍然很高(例如,在私人住宅上安装发电光伏板的最低费用仍高达3万美元),燃料的绿色度基本上等同于燃料生产、运输系统的绿色度,而且到目前为止,可再生能源远未能遏制世界能源消费的增长势头。

可持续设计与绿色建筑

在发达国家中,按传统方式建造的房屋能效低,依赖集中能源生产,且频繁使用有害或生态敏感的建筑材料。相比之下,可持续(建筑)设计融规划、建筑、景观等于一体,目标是筑造一种可持续的建筑环境。"绿色建筑"是可持续设计的重要侧面之一。20世纪90年代,美国绿色建筑委员会创立了LEED认证体系,从那时开始,"绿色建筑"就已成为一种辨识度很高的建筑模式。2000年以来,可持续设计在欧洲、北美等多地的大学课程及社群里日益普及。LEED的能效标准远高于大多数地方和国家政府规定的最低能效标准。

为什么建筑应该变得更"绿"呢？首先，房屋、公寓楼、商业建筑等建筑物在气候变化过程中有其作用。世界许多地方的房屋在烧锅炉、炉灶、热水器时用的是石油和天然气，而其所用的电力通常来自煤电与核电。放眼全球，建筑部门占最终用途排放（end-use emissions）总量的8%。在工业化国家，特别是冬季寒冷的国家，该项比例值会高很多（如果把建造过程所需的能源包括在内，数值还会更高）[33]。美国一些城市地区的排放量中，约80%和建筑部门有直接关系，因为存在供暖、制冷和维修养护之需[34]。因此，发展绿色建筑的部分动机是减少住房部门的污染度和能源消耗。其次，在绿色建筑方法诞生之前，很少有人考虑到建筑材料会影响环境。例如，世界上很多地方采用不可持续的方式管理森林，人们采伐濒危树种建房造屋。绿色建筑力图让人们提高对所用建材及其开采方式的环境意识。最后，传统住宅开发商特别是开发郊区的那些，几乎不会去留意伴随郊区化而来的，危及人们可持续生活能力的任何必然后果，如能源密集型汽车通勤造成污染、为了建房而摧毁林田、大户型住宅比城区小户型消耗更多的能源和水。以前，人们将房屋视为独立实体，因而并不在意社区凝聚力、交通网络及今后入住者生活方式带来的影响。

一幢建筑具备哪些条件才算是绿色或可持续的呢？一般来说，可持续建筑具备几个特点：使用可再生能源，减少（或根除）废弃物和污染物产生，能源、水利用率高，采用安全的环境友好型材料建造，与本地社区和交通网络融合，有利于健康、安全和福祉。可持续建筑类型众多：使用被动式太阳能设计的脱离公网型*"陆地之舟"**(off-the-grid Earthships)，它装有太阳能

---

* 脱离公网型指不连入公用输送网络，如电网、煤气网、自来水网等，也可单指不连入公用电网。

** 陆地之舟（Earthship）品牌属于总部设在美国新墨西哥州的"生物建筑"（Earthship Biotecture）公司。

光伏、集水系统,利用可循环回收材料建造,利用可再生、可持续材料作为墙壁与隔热层的草砖(straw bale)房屋;外观更为传统且连入电网但采用了太阳能光伏的高能效设计房屋。已有的建筑也可以通过"家庭能源翻新改装"实现绿色化,这种改装一般包括给阁楼新增隔热层、安装太阳能板、用节能型电器替换老旧电器,加装(隔热的)双层玻璃窗等。

过去的20年间,世界各地涌现出一批绿色建筑评估系统。判定一座建筑对环境产生的总体影响时,LCA是最基本也最可靠的方法。名声最响亮的绿色建筑认证系统就是前文提到的LEED认证,该系统利用LCA等技术评估建筑的可持续性。LEED认证机构于1993年在美国创立,目前在世界各地设有多个分支机构。LEED认证机构依据能效、用水量、建筑材料、室内环境质量、创新性及其他因素对建筑进行评级。在该评估系统中,一幢建筑的最高评分为100分,认证等级分为四级:合格、银、金和白金[35]。对于众多绿色建筑的建造者而言,目标就是建成(或改造为)"净零"(Net Zero)或趋近"净零"的建筑物,也就是说,该建筑在实现年碳排放量为零的同时,还能做到能源的自产自给,甚至有盈余能返销给电网。不过,计算建筑物是否达到净零并非易事,因为大部分家庭每年总有一段时间需要从电网获取电能(一天中也同样如此),其余时间才会向电网供电。实际上,评估一幢建筑的"绿色度"是桩麻烦事儿,这也是从事LEED认证工作必须训练有素的原因。

2000年以来,绿色建筑和可持续设计是两个蓬勃发展的行业。截至2011年,全球获得LEED认证的建筑面积超过15亿平方英尺[36]。 2013年,全球绿色建材市场的市值达1160亿美元,当时预计到2020年,这个市值将翻一番[37]。随着对气候变化了解的逐渐加深,公众对绿色建筑和节能高效的关注度日益升高。今天,获得LEED认证或在"净零"家居生活,已成为一种社会威望的标识。另外,能够安装太阳能板或小型地热冷暖系统的本地承包商现已数不胜数。在德国,虽然政府已着手削减上网电价补贴,但安装家用太阳能发电系统的需求依然强劲。2012年,德国新增的太阳能发电装置创历史新高,容量增长超过7.6吉瓦,总容量超过36吉瓦[38]。同年,可再生能源(太阳能、生物质能、风能和水能)占德国总耗电量的22.9%,除了太阳能发电厂,大量太阳能电力来自私宅安装的光伏发电设备[39]。区域供暖系统在欧洲和北美也相当普遍,这说明可持续设计取得了重大进展。这种系统把发电厂产生的热量分配给商用建筑和(或)住宅(热电联产)[40],从而减少了污染,提高了能源的资源利用度。

可持续派有一个共同主张,那就是绿色生活方式必须从家居开始,事实上,住宅的确已成为可持续性的核心场所之一。可持续意识较强的建筑商和房主采取各种方式予以响应:有些响应相对简单而廉价,如安装节能电器、发光二极管(light-emitting diode,缩写为LED)灯具等;有些则更为复杂、费用较高,如安装集水装置、地热供暖、太阳能光伏设备和集热式太阳能设备。一项研究表明,绿色建筑的性价比很高:即使无意实现严格的"净零",但只要对住宅做一番精心的规划和改造,便能使家居能耗减少50%,二氧化碳排放量减少39%,用水量减少40%,固体废弃物减少70%[41],并且还能使房屋升值。

城市主义

当今世界日益城市化[42]。1900年有1.5亿人居住在城市,2000年则有28亿人,增长了近19倍。2008年以来,全球的70亿人口中有超过半数在城市安家。1950年以来,城市化速率超过了人口的总体增速:全球人口增长了2.4倍,而城市人口增长了4倍,越来越多的人离开农村进入城市。近年的城市人口增长大部分发生在发展中国家,超大城市(megacities)*已成为这些国家的一个共同特征。据了解,一些城市的人口增速达到每月增加1万人[43]。墨西哥城人口为2160万人,圣保罗为2760万人,孟买为2070万人。如今,地球上至少有25座超大城市(居民达到1000万人以上)。据联合国预计,到2050年,世界人口将增加33亿人,大部分(虽然肯定不是全部)增长会出现在

---

* 根据联合国标准,城区常住人口在100万以上的城市为特大城市(supercities),在1000万以上的为超大城市。

发展中国家的城市[44]。

随着城市人口的激增，城区不断扩张，吞噬了宝贵的农田和自然区域。20世纪90年代，美国的人口在十年中增加了3300万，其中大半集中于城市，为此，每年开发的土地面积多达220万英亩[45]。当然，有了城市就要筑道铺路。仅美国一国就有相当于俄亥俄、印第安纳、宾夕法尼亚三州耕地面积之和的土地被筑成道路，主要用途当然是跑汽车[46]。现在，世界上很多城市堵车成灾。1950年，全世界登记注册的机动车为7000万辆。2007年，这个数据达到了8.06亿辆[47]。城市主义者认为，汽车堵塞城区，降低城市居民的生活质量，而且是温室气体的重要来源。

同时，城市的发展对人类和地球造成了生态上的众多不利后果。许多城市人满为患，卫生状况恶劣，出现了社会分层现象。住宅荒及卫生、排污和饮用水方面的问题是困扰发展中国家的城市通病。城市也是食品、服装、水、热、燃料和电力的消耗中心。我们从里斯和瓦克纳格尔的研究中得知，城市对生态系统造成的压力远超地理学研究得出的城市极限，世界上的许多城市（应该说是大多数城市）正运行在生态过冲的状态下[48]。

因为城市存在诸多问题，所以该处也成为努力奋斗实现可持续性的关键场所。第一批城市主义者批判了传统思路下的城市规划及所谓城市更新改造计划。他们中首屈一指的人物是雅各布斯，她主要研究社会、经济问题，从犯罪与贫民窟到关于经济多样性和宜居城市的需求，无所不包。较新的城市主义思路采取了更注重生态的视角，尝试处理好污染、废弃物、能源消耗、运输与社会、经济问题之间的关系。

过去的几十年，可持续城市主义最具影响力的运动当数"新城市主义"（New Urbanism）。"新城市主义"是一场城市规划设计运动，力图扭转城市发展中的郊区化趋势，因为后者造就了以汽车为中心、难以步行到达的低密度社区格局。

与郊区化相反,新城市主义者追求的是回归高密度城市社区,这种社区的特点是混合功能建筑(集住宅、商业、娱乐等用途于一身)与生机勃勃的人行道文化。他们认为:要开辟步行者专享区域,供人们休闲与社交聚会的开放空间要足够宽敞,要谋划防止乱占乱建的土地利用策略,要修筑自行车道,整合交通系统,减少对汽车的依赖。新城市主义并不是想拆除仓库区和工业区,而是强调对现有基础设施的再利用,把郊区居民带回城区[49]。这种规划模式已经在美国的许多城镇得到应用,如佛罗里达州的海滨(Seaside)市、科罗拉多州的朗蒙特(Longmont)市。

不过,新城市主义只是"绿色城市主义"的思路之一,后者是由城市主义者比特利(T. Beatley)提出的。他对按照绿色城市主义规划的城市作了如下描述:①在生态极限内存续,其领导者就该城对其他城市与非城市地区的依赖度负责。②运用仿生学模拟自然系统的效率与循环性。③创建一个物质循环代谢系统,根除废弃物。④力争实现自给自足,能源本地产、食物本地种,构建强健的本地经济体系。⑤倡导社会可持续性及健康的生活方式。⑥注重生活质量和宜居社区建设[50]。比特利此论是针对美国和加拿大的城市规划者而发,在他看来,可持续城市的最佳范例在欧洲:欧洲的中、小城市与北美的同等规模城市相比,前者的生态足迹和碳足迹小得多,步行区域更多,城市密度更高,绿地更多,利用的可再生能源更多,有更为优秀的交通网络(包括自行车道和轻轨交通)。比特利专门提到,在引导欧洲中等规模城市向可持续状态过渡的进程中,地、市级政府的可持续行动计划相当成功[51]。

丹麦建筑师盖尔(J. Gehl)应该算是21世纪初城市主义的领军人物,在创建可持续城市方面成就卓著。他认为,可持续城市就意味着城区内交通主要依靠"绿色出行"——步行、骑自行车、搭乘公共交通工具。他写道:"这类交通方式对经济和环境的益处是十分明显的,它们可以减少资源消耗、限制排放、降低噪音。"[52] 盖尔和他的公司对布莱顿(Brighton)*、哥本哈根、墨尔本、纽约等多座城市重新作了规划设计,扩增了人行区域、自行车道与混合功能建筑。盖尔最著名的成果当属他2007—2008年在纽约市的工作:重新规划设计了百老汇的部分区域,减少了汽车交通,开辟了自行车专用道,扩增了步行区域和户外公共座位。盖尔在他的设计作品和出版著作中始终强调城市的"人文维度":一座城市无法做到让人感受愉快且宜居,那就是城市规划者的失败[53]。

不过,在盖尔等可持续城市主义者的努力之外,北美、欧洲及世界其他地区的城市也已开始重视可持续城市规划了。现在,无数城市都有了可持续性相关的专职部门和行动计划,用以指导本地和地区的政策。很多城市采用了创建可持续城区的十项原则,即"墨尔本原则"(Melbourne Principles)。倡导、推进城市可持续性的组织如雨后春笋般涌现,如可持续社区研究所(Institute for Sustainable Communities)、韧性城市中心(Center for Resilient Cities),以及规模可观的世界城市及地方政府联合会(United Cities and Local Governments)。波特兰、西雅图、埃德蒙顿(Edmonton)**等城市扩建了城市铁路网。温哥华、多伦多、旧金山、巴黎、伦敦等城市新增了自行车道和(或)共享单车。在纽约市和其他城市,设置步行区域背后的环境与经济逻辑已被广泛理解,在很多城市的中心区,汽车的通行已经受限。因为城市期望实现更高的自给自足水平,所以本地农业和城市农业的复兴也是城市致力于实现可持续的又一个重要标志[54]。事实上,城市农业历史悠久,但在19世纪,西方国家城市中的作物种植园与家畜基本上被排挤殆尽,沦为大搞去自然式净化(sanitized)的现代城市的受害者。

虽然取得了上述成绩,但突出的问题依旧存在。世界各地的城市继续增长并消耗。城郊不断啃噬自然区域。多数城市规划者仍然是经济增长的支持派,而所谓的"增长管理"计划,往往和替城市增长文过饰非的洗绿策略

---

* 布莱顿是英国南部的海滨城市。

** 埃德蒙顿是加拿大阿尔伯塔省省会。

并无二致。城市主义学者佐瓦尼(G. Zovanyi)认为,在美国"很难找到这样的地方,当地的司法权力机构会对未来的增长设置绝对上限"[55]。社区规划咨询师福多尔(E. Fodor)驳斥了许多赞成城市增长的论调,他指出,扩张城市并**不能**解决失业问题,**不能**实现更高的净税收,也**不能**使住房降价,使市民更负担得起[56]。可有些规划者还是认为:即便如此,想应对这些问题,除增长之外也别无他法了。

最后要说的是,城区振兴(revitalizing)往往会造成与中产阶级化(gentrification)*相关的问题,房地产价值暴涨,迫使当地的贫困居民外迁。许多信誓旦旦坚定要走可持续道路的城市[如西雅图、旧金山、博尔德(Boulder)**等],实际上是被"创意阶级"[creative class,城市学理论家佛罗里达(R. Florida)使用的批判术语],也就是受过良好教育的人群左右,他们的工作和活动需要独立性与创造力[57]。但在某些德国城市如汉堡,市议会明确把佛罗里达的思想作为可持续计划的灵感来源,凡被视为中产阶级化的东西都会遭到强烈抵制。在汉堡的行动派看来,所谓"创意阶级城市"只是缺乏包容性的排外主义、社会不平等、增长与生态冷漠(ecological apathy)的委婉说法而已[58]。

交通运输

创建可持续交通系统,主要针对的是汽车无处不在且具有破坏性这一问题。如前文所述,全世界已有8亿多辆机动车在道路上行驶,而随着发展中国家争先恐后地沿袭发达国家的交通运输模式,全球的机动车数量还会继续增加,可谓前车之鉴无用,纷纷重蹈覆辙。

为什么我们需要绿色交通运输系统呢?简单来说是因为以汽车为中心且利用化石燃料的这个系统是不可持续的。从全球来看,交通运输部门排

---

* 又译"绅士化""缙绅化",指低收入人士聚居的旧区在重建后出现地价及租金的上涨,因此吸引更高收入人士迁入,并最终取代原有的低收入住户群体。

** 博尔德是美国科罗拉多州城市。

放的温室气占全部温室气体的13%（若将工业运输也计入，这个比例肯定会更高），因为大部分机动车辆和几乎所有飞机使用的都是高污染的化石燃料[59]。即便所有汽车都改用环境友好型燃料（姑且假定这一点现在就能做到），可持续派仍有充分的理由主张限用汽车。其实，汽车给社会带来的负面影响甚多：是它造就了城市郊区，是为了使用它才不得不在地球上划出面积相当大的土地来铺设机动车道，也是它造成了交通对化石燃料的更大需求。截至2000年，汽车仅在美国造成的致死、致残人数就达到2.5亿，同时*每天*消耗石油800多万桶，造成美国对外国石油的依赖，*每天*产生维护成本达2亿美元，*每周*害死100万只野生动物，制造噪音，加重哮喘、肺气肿等病症，排放大量温室气体，*每年*产生未进入回收循环的废钢与其他废弃物达70亿磅[*]。[60] 内燃发动机每燃烧1加仑[**]汽油就要排放约19磅二氧化碳，而生产、加工这些燃料时还要再排放9磅二氧化碳[61]。更何况，化石燃料的消耗速率还在其储量下降的同时不断攀升，只要将这些事实一同考虑进去，就不难明白为什么说这个世界的交通已经不能再继续依赖使用汽油的机动车了。

那么，可持续交通是什么样的呢？如盖尔所说，"绿色出行"就是增加步行、骑自行车与搭乘公共交通工具的交通方式。所有的绿色出行方式都会从整体上削减对化石燃料的依赖，削减对普通公路与高速公路的修建需求。盖尔指出，在市区实行汽车限行，会大大提升当地居民的生活质量[62]。欧洲和北美地区再度表现出对自行车道、步行区域、轻轨列车、整合式公交系统及绿色廊道的青睐，说明可持续交通的社会价值受到了重视。价值观转变的另一个标志是"压缩通勤"（live by your workplace）运动，该运动受到可持续派和城市规划者的激赏。

城市之间及城市以外区域的往来交通又如何呢？虽然汽车、飞机目前

---

* 1磅=453.6克。

** 1加仑（美制）=3.7854升。本句按公制描述即内燃发动机每燃烧1升汽油就要排放约2.28千克二氧化碳，而生产、加工这些汽油燃料时还要再排放1.08千克二氧化碳。

仍是长途旅行的主要工具,但高铁的发展日益受到重视。近年来,德国、法国、中国、日本及美国加利福尼亚州都修建了高铁。不过,包括火车在内的所有机械式交通工具是否"绿色",完全取决于为其提供动力的燃料。火车要想实现可持续,就得使用"绿色"电力;同样,飞机也要放弃航空柴油,改用其他能源。为此,美国目前正全力对基于微藻等微型生物的第二代生物燃料进行扩大生产,以便取代车用与航空柴油。藻基运输燃料已经引起美国军方、波音公司、埃克森美孚公司及一批航空公司的重视。英国的维珍大西洋航空公司(Virgin Atlantic)便是其中的一家,该公司还进行了生物柴油-柴油混燃动力试飞[63]。说到底,实现可持续交通运输既靠绿色能源,又靠明智的规划。

高等教育和研究

自2000年以来,可持续运动在欧美高校圈变得日益显眼,无论是在行政管理方面还是在学术研究方面。2013年,高等教育可持续性促进协会(AASHE)在加拿大和美国共拥有会员学校862所。很多会员学校设置了可持续办公室,负责制定、协调学校的可持续政策。AASHE还管理着"可持续状态跟踪、评估与评级系统"(STARS),这是一个"透明的自陈报告框架,供高等院校度量其可持续绩效"。有250多个AASHE会员单位使用STARS系统来减少废弃物与碳足迹,降低电和水的消耗[64]。此外,高等院校的校长、院长纷纷承诺要着力促进高等教育的可持续性。例如,来自全球40多个国家的350多所大学在1990年签署了《塔卢瓦尔宣言》(Talloires Declaration)*,这是一个十点行动计划,"要求各高校将可持续性和环境素养作为教学和实践的重要内容"[65]。

可持续性还是一项新兴的学术主题。工程学、艺术、建筑学、农学、城市规划、政治学、商学、经济学、社会学等学科都涉及可持续研究和评估。自

---

* 塔卢瓦尔位于法国东南部的奥弗涅-罗讷-阿尔卑斯(Auvergne-Rhône-Alpes,缩写为AuRA)大区。

2000年以来，大学开设的可持续性专业学位课程进展迅速，首先是加拿大的达尔豪西大学（Dalhousie University）开创性地设立了可持续性学院（College of Sustainability），随后加拿大的不列颠哥伦比亚大学（University of British Columbia）设立了社区和区域规划学院（School of Regional and Community Planning），其后美国的纽约市哥伦比亚大学（Columbia University in the City of New York）设置了可持续发展专业的博士学位课程，该课程"将传统的社会科学（尤其是经济学）研究生教育同自然科学与工程学的研究相结合，旨在培养从事并推动可持续发展目标相关的纯学术研究与政策评估的专业学者"[66]。目前，涉及可持续性领域某一方向的全球研修项目总数已有数百个。AASHE列出的可持续性专业学位课程共计1377个。即便是未开设此类学位课程的大学，也会开设可持续性相关专业领域的学位课程，并提供文凭。

可持续性领域的专业学术期刊数量也有所增加，它们为该领域的研究成果提供了发表渠道和争鸣平台。《生态经济学》期刊的创刊时间为20世纪80年代，但新创办期刊涌现很快，如今在品种数量上已有不少，如《国际高等教育可持续性杂志》（International Journal of Sustainability in Higher Education）、《国际可持续发展杂志》（International Journal of Sustainable Development）、《可持续性与绿色商业杂志》（Journal of Sustainability and Green Business）等。这些刊物使可持续研究的众多分支领域得以成形。

虽然可持续性在大学的学术兴趣、课程设置、行政管理等方面均有所发展，但高等教育对绿色价值观的倡导能力中还存在一些重要问题有待解决。例如，里斯认为高校经常"对可持续性形成掣肘"，这是因为它们执地坚守某些领域和方法，而后者会一再复制那些造成不可持续性的习惯和观念[67]。再如，大多数商科课程还在对企业的社会、环境责任轻描淡写，传授"盈利乃企业唯一目标"的教条。大多数经济学系仍为新古典经济学派所把持，在鼓吹增长时毫无批判意识，把GDP视为衡量经济健康状况的硬指标。因此，可持续性通常能找到的一席之地恰恰位于一些不太拘泥传统的较新学术领域,如艺术与设计、资源经济学、环境社会学、可再生资源、国际与公共事务等;也正是出于这一原因,高等院校的校园中常见两派分庭抗礼,一派是可持续派学者、生态学家和生态经济学家,另一派则是"一切照旧"派。学生在不知不觉中接触到两种相互抵触的知识体系,对他们而言事情被复杂化了。虽然里斯提到的这些问题真实存在,但更明显的一点是:高校已经并将继续为可持续运动的深入开展作出重要贡献。

可持续经济学与绿色经济

生态经济学是可持续经济学(the economics of sustainability)的基础。可持续经济学是一个正在成长的经济学派,它对当今世界的不可持续状态作出评估,倡导建设一种绿色经济。可持续经济学属于非主流的资本主义经济学,其思想基础源自米香、戴利、舒马赫及罗马俱乐部的著述,源自20世纪70年代第一批生态经济学者的研究。它拒斥新古典经济学,尤其是"经济的最终目的是无限增长"这种观点。它寻求建立稳态经济或类似的经济。它协调、兼顾经济与环境价值,运用新方法创造新知识。它赞成监管、自然资本保护、社会平等、消除浪费和污染以及摒弃肆无忌惮的粗放型消费主义。涉足可持续经济学的经济学家包括里斯、瓦克纳格尔、杰克逊、维克托、海因伯格、斯帕什(C. Spash)、法利(J. Farley)和阿涅尔斯基。他们出版了很多著作,如杰克逊所著《无增长的繁荣》(*Prosperity Without Growth*)、维克托所著《无增长的管理》(*Managing Without Growth*)和海因伯格所著《当增长停止》(*The End of Growth*)等。

虽然生态经济学派未能实现对大学课程、政府部门与银行系统中新古典经济学理论的彻底替代,但自2000年以来,它还是取得了长足发展,其社会正当性(social legitimacy)有所增强。与20世纪70年代相比,如今的生态经济学所受重视程度肯定有所提高。这种态度转变在很大程度上是因为公众认识到了世界上堪忧的社会、环境和经济问题。石油产量达到峰值已成为目前人们的普遍看法。人为气候变化的真实性已得到科学家群体和大多数公众的认同。2007—2009年的经济衰退促使全世界关注现行经济范式中存在的种种陷阱。全球的社会不平等程度加重了，很多工业化国家的总体幸福感出现停滞甚至下降。可持续经济学为这些问题提供了可能的解决办法，因此受到公众、非政府组织、企业和许多政府机构的重视。难怪2010年杰克逊以"超越增长和消费主义的生活"（life beyond growth and consumerism）为主题的一场"技术、娱乐、设计"（Technology，Entertainment，Design，缩写为TED）演讲得到了广泛传播。

可持续经济学家说了些什么呢？首先，他们一致认为发达国家已不再需要经济增长，因此主张创建以稳定性与生态极限为重的经济体系。他们大体上认同罗马俱乐部对增长极限的评估。他们认为，地球和人类文明无法应对工业化经济产生的污染，无法解决不断增长的人口对生态系统的破坏和对食物的需求问题。如杰克逊所说，"（自1950年以来）全球经济活动的超常增长可谓史无前例，这同我们的科学认识——基础资源有限，我们赖以生存的生态系统有其脆弱的一面——完全相悖[68]"。罗伯特·斯基德尔斯基（R. Skidelsky）和爱德华·斯基德尔斯基（E. Skidelsky）父子以同样的笔调写道："我们一致认为，对富裕国家而言，增长不再是一个明智的长期政策目标[69]。"维克托也赞成这个观点，他指出："离开了增长，富裕国家也能过得下去[70]。"这群人中以海因伯格的态度最为激烈：

但是，廉价、充裕化石燃料的时代即将结束，我们对持续扩张的信念也将从根本上发生动摇。增长的终结确实是一件大事，它意味着一个时代的终结，意味着现有的经济、政治与日常生活的组织方式的终结。

我断言，真实的、总体的、平均的增长已经基本上结束了，尽管我们还会看到某一季度或某一年的GDP相对于前一季度或前一年有所增长，在某些国家或地区还会看到剩余增长（residual growth）[71]。

其次，可持续经济学家拒斥传统经济分析所用的指标和方法。他们批判 GDP 和（或）GNP，批判"多多益善"（more is better）的观念；他们为"外化"环境、社会成本的主张感到悲哀；他们坚决反对用税收和补贴来支持化石燃料，支持汽车、消费，以及支持经济增长。

最后，他们赞成建立一个注重幸福的经济体系，该体系认为，进步决不能同增长画等号，它另有定义，而事业抱负的成就、个人发展和社会公正才是"繁荣"（prosperity）的真正内涵[72]。当然，关于"美好生活"（good life）的具体构成，学术界可谓百家争鸣，超越单纯的经济学范畴。一个普遍的看法是：发达国家应当摒弃物质至上的文化价值观，转而追求"内在的富足"。这一意旨其实也和经济学直接相关，因为可持续经济学家赞成培育"重质发展"的宏观经济政策，超越在量上的更多物质积累，支持最终实现财富与资源的公平分配，人人能够过上健康、幸福、有尊严的生活。

对于所有可持续经济学家而言，终极目标就是"绿色经济"：这是一种低碳、去中心化、环境可持续的经济，一种提升平等、福祉和生活满意度的经济[73]。2006 年，斯特恩（N. Stern）在他的名作《斯特恩气候变化经济学评论》（*Stern Review on the Economics of Climate Change*）中提到：逐步放弃化石燃料并创建绿色经济的成本仅占全球每年 GDP 的 1%。到了 2008 年，斯特恩把成本估值提高了一倍——占每年 GDP 的 2%，以此说明气候变化的速度超过预期[74]。如前文所述，绿色经济的支持者也常常拒斥单纯为了增长而增长（growth for growth's sake）[75]。的确，生态经济学家认为，开创绿色经济需要进行一场资本主义的**内部**革命。杰克逊希望实现"不过分资本主义化"（less capitalistic）的资本主义，而里夫金则追求一种新型的协作式与分散型资本主义[76]。

那么，为了取代新古典经济学和"一切照旧"，可持续经济学家提出了什么呢？20 世纪 90 年代以来，可持续经济学家创制了很多新经济测量指标，将生态学、物理学和工程学方法融入旧有的经济模型，生成了支持经济可持续性的新知识。也正是在此处，我们看到了可持续经济学和第一波生态经济学之间的最大分歧。20世纪60—70年代的生态经济学家对新古典经济学和工业主义进行了有力的批判,但在创制可持续性的测量工具,针对以增长为本的经济体系拿出建设性的替代方案方面,他们显得力有不逮,几无建树。

可持续经济学家则不然,近年来,他们创制或创造性地运用了很多注重可持续性的工具、方法和经济测量指标。如前所述,里斯和瓦克纳格尔创制了"生态足迹分析",用以呈现对经济体依赖生态系统服务,却又经常在超越可用资源生态限度的状态下生活等方面的理解。前文提到的生命周期分析(LCA)则是另一种十分有用的工具,可持续经济学家用它来评估某种产品、能源所造成的复杂环境影响,它揭示出工业经济的所有隐性成本。LCA出现前,一个行业或一种产品的能源密集度和污染度是无法计算的。有了测度经济福祉的新指标,测量经济体"繁忙度"的GDP会被调整计算方法,或直接弃而不用。真实发展指标(GPI)是一个名为"进步再定义"(Redefining Progress)的组织于1995年创制的,它采用GDP数据,再根据犯罪、污染和收入分配等社会、环境因素对其进行调整。GPI显示,工业化国家的经济已有相当长一段时间不再增长了。例如,美国经济自20世纪70年代以来就停滞不前了。真实财富(Genuine Wealth)是GDP的另一个替代指标,它运用定量分析加上质性分析的混合方法来评估一个社会的整体幸福状况,把"人力、社会、自然、金融和基础设施资本"合并放入同一张资产负债表。

国民总体幸福度(aggregated national happiness)现在是经济学领域的一个蓬勃发展的研究方向,它是作为针对GDP的最强大制衡指标之一涌现出来的。GDP是定量指标,而国民幸福度是定性指标,它测量社会福祉和国民对生活的满意程度,兼顾生态因素。对总体幸福度的学术关注可以追溯到伊斯特林(R. Easterlin)1974年发表的开创性论文《经济增长是否改善了人类的命运?——一些经验证据》(*Does Economic Growth Improve the Human Lot? Some Empirical Evidence*)。阿马蒂亚·森(A. Sen)、阿涅尔斯基、莱亚德(R. Layard)及新经济学基金会(New Economics Foundation)等学者或机构对此展开了研究[77]。评价公共幸福度(communal happiness)时有两个指标最常用：一个是2006年创立的"幸福星球指数"(HPI)，另一个是更老(修订也更频繁)的"国内幸福总值"(GDH)。HPI定期打分评级，阅之饶有趣味。正如你可能料想到的那样，世界上最富裕的那些国家，其民众的生活满意度往往较低。在2012年的HPI评级中，哥斯达黎加独占鳌头，虽然它并未拥有工业化大国的财富。英国排名第40位，日本排名第45位，美国和加拿大双双跌出前50名。

如此看来，HPI表明在经济发展方面存在某种甜区(sweet spot)*，超出该区的发展只会让社会变得臃肿，人民却得不到幸福与满足。哥斯达黎加、巴哈马和文莱的生活满意度评级很高，而这些国家的人均GDP却都不足2万美元[78]。这里的要点便是：在极端贫困下生活，肯定无法产生幸福感，但随着财富的逐渐积累，其生活满意度回报也会出现边际递减现象。两种极端情况之间存在一个中庸地带：一个国家不必十分富有，不必以消费为导向，其国民照样可以生活得很幸福。对公共幸福度的这种分析不时会受到严厉批评，认为其方法论失当：怎么能对个体幸福进行累加计算？倘若一国的幸福观与另一国存在文化差异，又该如何处理？尽管如此，HPI仍然是反驳"消费越多越幸福"这种观念的重要方法[79]。

可持续经济学家也不接受"外部性"概念，正如读者在本书第四章所看到的，"外部性"是一种把工业生产造成的社会、环境成本排除在经济分析之外的托词。可持续经济学家孜孜以求的正是包容性更强的"真实成本经济学"。里斯对此有一段比较详细的解说：

新古典经济学家素来满足于商品和服务的价格在理论上完全由供求规律决定。然而，在市场不受监管的情况下，消费价格仅反映直接生产成本(如租金、劳动力、资源和资本)。关于很多生产过程中对生态系统、人类社

---

* "甜区"本为体育术语，指网球、棒球、高尔夫球等运动中球拍、球棒、球杆上能发挥最佳击球效应的位置，后广泛用来表示某一领域的最佳区域、黄金时段等。

区、群体健康造成的附加伤害,现行的成本-价格体系根本未加考虑。这些外部成本(市场之外的成本)竟然全部是由第三方或全社会(当然还包括整个生态圈)来承担的。由于真实成本只能以负外部性的形式呈现,因此会造成负面效应的商品和服务常以低于其真实生产成本的价格进入市场。这种压低定价行为导致过度消费,令资源利用率低下,并引发污染。凡此种种皆为市场失灵的典型症状。

与之相反,在真实成本经济学中的消费品价格将包含生产过程所带来的环境、健康及其他福利的损失赔偿成本。价格"讲明"成本的真相后,消费者会自行调整其消费模式,减少对高生态成本商品的购买行为。市场的运作效率会提高,生产者会进行主动创新并采用清洁生产的工艺流程,总产量和(或)总消费量减少(这在资源紧张的情况下是件好事),污染和健康成本会减至微不足道,第三方将摆脱不公平的负担[80]。

如此一来,真实成本经济学就能解决市场失灵问题,让消费者了解商品和服务**真正**的成本。对真实成本进行的会计核算说明,生态系统服务具备比人们通常认为更高的价值(也更昂贵)。

可持续经济学家还赞同强化政府对市场的监管,执行一系列市场外机制。里斯指出:"纠正市场失灵需要政府的干预[81]。"可持续经济学家给出的理由是:自由贸易、市场去监管(market deregulation)引发过度消费,造成资源枯竭、生物多样性丧失、社会不平等和污染。为此,他们提出了不少监管纠治措施。第一种措施:征收污染税、生态税及其他种类的所谓庇古税(Pigovian taxes)*,提高污染、破坏生态的成本,令污染者、破坏者望而却步。这套方法就是进行一场绿色税收改革,(用收税的方式)对人们不想要的东西如人

---

* 庇古税由英国福利经济学家庇古(Arthur C. Pigou)提出,指政府通过征税或补贴方式来纠正经济当事人的私人成本与社会成本之间不一致性(这种不一致性会使经济学意义上的"理性人"在个体层面做出的最优选择,最终导致社会层面的非最优化),解决市场的资源配置失效问题。

为排放的温室气体、危险废弃物等进行"处罚",(用减税、免税的方式)对人们真正想要的东西进行"奖励",具体来说就是各种可持续实践。

第二种措施:政府将补贴发放给绿色行业,而不再补贴污染行业。有人估计:2012年全球化石燃料获得的补贴数额高达7750亿美元[82]。如此巨额补贴不仅让人们形成了化石燃料充裕且廉价的错误认识,也说明世界各地在文化上对硬能源的重视与依赖程度。既然文化价值观要实现向绿色经济的转型,相应的纠治措施就是把补贴发放给建设可持续性的行业。

第三种措施:一些可持续经济学家赞成推行针对排放量的限额与交易系统(cap-and-trade systems),以可交易的污染权形式对各行业强制执行排放额度制。从理论上说,这套机制既能维持市场体系,又能鼓励减排,并推动各行业改用绿色技术。

最后,第四种措施:可持续经济学家达成了这样一种共识——自然资本(自然环境提供的商品和服务)需要得到保护、恢复与估价。按当前的经济制度,自然资本只有被用于生产时才能被赋予价值。然而,一个寻求依靠自然供给来实现可持续性的经济体,在把自然资本"用于"经济活动之前,就必须先计算出其价值。森林里的一棵树始终在吸收排入大气中的二氧化碳,然而新古典经济学却没有为这一至关重要的生态系统服务赋予内禀价值。

纵观历史,可持续经济学从未像今天这样拥有向新古典经济学教条发起挑战的能力。越来越多的高校如爱丁堡大学(the University of Edinburgh)、伦敦政治经济学院(the London School of Economics and Political Science)等都开设了生态经济学的人文硕士(Master of Arts,缩写为MA)*学位课程。关于增长陷阱、使用有限资源成瘾、工业化国家的生活满意度缺失等问题的研究新成果已经进入大学课堂和公众意识。可持续领域使用的测量标

---

* 英国的研究生学位分为研究型研究生(Research Postgraduate,缩写为PGR)和授课型研究生(Taught Postgraduate,缩写为PGT),人文硕士和科学硕士(Master of Science,缩写为MSc)都属于后者。

准,尤其是生态足迹分析,已成为针对生态冷漠与增长范式的正当、主流挑战方式。这个新兴经济学领域的优势在于它一方面足够传统,因此具有广泛的吸引力。(再怎么说,它仍然属于另一种形式的资本主义),但另一方面,它又围绕绿色价值观、生活满意度(而非物质主义与增长)及生态极限的存在这一事实重新校准了经济学思想。

商业与金融

商业界对可持续性越来越关注了,不仅因为这类兴趣被视为与时俱进之道,而且因为可持续商业实践能够使企业实现长期运作并盈利。毕竟,减少浪费、提高能效可以节省资金,况且越来越多的消费者也希望去购买真正的绿色商品和服务。员工满意度也是企业可持续性的一项内容,很多公司都在努力提高员工的福利,从而减少人员的流动,提高员工的忠诚度。许多企业和高校、市政府一样,也设立了可持续部门或科室,负责协调企业的社会政策和环境政策。还有不少企业雇请绿色事务咨询机构来出谋划策,以降低浪费、减少碳足迹。例如,2005年,沃尔玛(Walmart)聘请落基山研究所,计划到2015年将卡车运输队的燃油效率提高一倍[83]。近年来,石油巨头壳牌加拿大公司(Shell Canada)聘请了当地一家名为"绿色分析"(Green Analytics)的咨询企业,协助公司避开生态敏感区域,减少在阿尔伯塔省油砂开采地的工业足迹[84]。

企业对可持续性的兴趣只是一种装点门面的作秀吗?公司真正想做的难道不是靠这些来赚钱吗?这个问题一直有人在问,而且争论相当激烈。当然,确有部分公司明知故犯,设立的所谓"环境"研究机构纯属赝品,不过是为了掩护传统的开采、生产和土地利用活动。不少公司被指控存在刻意的洗绿行为——它们在广告中玩弄暧昧辞藻,大搞虚假宣传,力图为自己塑造绿色环保的形象。惠好(Weyerhaeuser)、雪佛龙(Chevron)、孟山都及其他很多公司都曾遭到抨击,说它们虚假承诺,对可持续价值观嘴上一套手底一套[85]。毫无疑问,很多此类指控是公允合理的,但毕竟还存在另一批公司、企业，它们对可持续经营所持的态度是真诚的。自2000年以来，企业社会责任（corporate social responsibility，缩写为CSR）已成为商业伦理领域的一场声势浩大的运动，它拥有自己的期刊、研讨会、大师（gurus）和行动指南。企业社会责任是一种行业自发的尝试，旨在完善环境与社会方面的会计核算和当责（accountability）机制。

如上一章所述，三重底线是企业最常用的可持续性核算方法。该方法依据一家公司在创造利润、促进社会福祉、履行环保责任等方面的记录，评测该公司的经营是否成功。在商业界经常能听到"人、地球、利润"（people, planet, profit）这条座右铭。会计体系彻底转换为三重底线核算的跨国公司屈指可数，但许多中小公司已经接受并完成了这一转型挑战。可持续性的利益相关公司在采纳三重底线标准时似乎最为顺畅。如有一家主营太阳能板安装的美国小型公司——南方能源管理（Southern Energy Management）公司，它就使用了三重底线，因为三重底线与公司的业务是一致的[86]。想让石油公司、大型零售商等使用三重底线要困难得多，因为这些企业在做这件事时必须对其业务活动进行重大调整，甚至重新思考自身的存在理由（raison d'être）。到头来，沃尔玛还是会卖进口的塑料制品，而壳牌石油也要继续从地下开采化石燃料。无论给"可持续性"下哪种定义，这些企业想要实现可持续，唯有在业务方向上作出重大改变才行。

不过，美国律师、环保主义者范·琼斯（Van Jones）认为，"绿领经济"（green-collar economy）近年来蓬勃成长，原因之一就是企业从新近发现的绿色服务与产品中获得了好处，而另一个原因则是政府对可再生能源和绿色基础设施加大了资金投入。范·琼斯给"绿领"工作下了一个定义："在环境友好型职业领域中，能够维持家计、有职业发展轨迹、需要接受职业教育培训或具备相应业务水平的工作。"他举了几个例子："安装太阳能板的电工，安装太阳能热水器的管道工，参与生物质燃料部分生产过程的有机农业从业者，修建节能绿色建筑和风力、太阳能、波浪能发电场的建筑工人。"此处不妨加上修建、维护轻轨系统的技术人员、修建自行车道的城建雇工,以及绿色咨询机构的员工等。范·琼斯还展示了绿领行业的盈利能力。2006年仅美国一国"可再生能源和能效技术行业就创造了850万个工作岗位、近9700亿美元收入和1000多亿美元利润[87]。"在德国,仅仅可再生能源一个部门在2010年就聘用了近37万人[88]。因此,企业既对实现商业活动的绿色化,也对深度参与、发展新兴的绿色经济具有明确的积极性。

自2000年以来,绿色金融界也在一路成长。最早对金融活动进行反思的银行之一是格莱珉银行(Grameen Bank)*,它是一家总部位于孟加拉国的信贷机构,为南亚地区的穷人提供无抵押的小额贷款,其中约98%是贷给女性的(通常是一些小型女性社团)。该机构的理念是,小额贷款可以刺激本地经济,有利于实现可持续的自给自足。2006年,该银行及其创始人尤努斯(M. Yunus)被授予诺贝尔和平奖[89]。格莱珉银行现已成为以商业为本、实现可持续发展的新型信贷励志典范。例如,Kiva和E+Co等非营利组织已成为在发展中国家里向社区支持的绿色行业提供贷款(通常是小额贷款)和投资的排头兵[90]。近年来,基于互联网的众筹金融是一个欣欣向荣的行业(虽然众筹支持下的倡议或方案并非都以实现绿色环保为目标)。事实上,近些年涌现出很多替代性金融机制如自我投资的个人养老金、归本地社区所有的能源公司(如丹麦就有这类公司)、社区发行的股票和债券、周转基金、社会投资基金,等等[91]。

很多可持续派和金融家已经看清,资本主义的旧金融模式必须按照绿色经济的要求接受重新审视[92]。为此,摩根大通(J P Morgan)的前任常务董事富勒顿(J. Fullerton)在2010年创建了资本研究所(Capital Institute),他想要设计出一条过渡途径,能够实现"向一种公正、可再生、可持续的生活方式的经济转变"。富勒顿断言:"目前的金融驱动型经济体系亟须找到一个可供讲述的新故事,再配上一张新路线图。"[93] 例如,清洁技术的新投资途径对

---

* "格莱珉"是孟加拉语中"乡村"的意思,故又译为"孟加拉乡村银行"。

可持续运动具有重大意义,因为能源企业需要对此投入大量资本,但极少能迅速获得回报。其实,对获取快速收益这一点的重视是造成最近绿色能源投资下滑的主因。据《纽约时报》(*New York Times*)报道,"全球范围内对清洁技术的风险投资从2011年的96.1亿美元减至2012年的74亿美元,减少了将近1/4……换句话说,清洁能源公司不能只依赖传统风投来融资,因为这类投资者想要的是快速而丰厚的回报"[94]。眼下,很多清洁技术公司尚能维持一时,一靠政府拨款,二靠企业合作,三靠"追寻高价值产品线的自主选择意愿,这是通往规模更大但利润率更低市场的道路"。显然,绿色经济需要不同于传统资本主义经济的信贷投资方式,鉴于绿色能源生产面临的这种新现实情况,替代性信贷投资方式是很有意义的。

商业与金融的绿色化正处于现在进行时。目前,落基山研究院、"自然之道"等咨询公司及众多小型咨询机构仍在为全球企业提供生态智慧。绿色产品,从本地有机食品到公平贸易商品,继续在各自的市场上争夺更大份额。虽然对清洁技术的投资在2012年有些停滞不前,但绿色经济尚有很多领域没有停止向前的步伐,绿领工作岗位如今比以往任何时候都要充裕。尽管如此,绿色经济转型还需要更多企业有志一同,自愿在实践中改弦更张,跳上"可持续性"这艘大船。只有商业界重新确立自身的使命,才能真正实现可持续性。正如霍肯在20世纪90年代所写的那样,"商业的终极目的并不是,或者说不应只是为了赚钱。商业本身也不应局限于一套生产-销售系统。商业应许的美好前景在于利用服务、创造性发明和伦理道德观来提高人类的整体福祉。"[95]虽然企业社会责任和三重底线已经启动了这一进程,但依然道阻且长,尤其是对那些坐拥巨大既得利益的公司而言,挑战尤为艰巨,因为这些利益恰恰是在不可持续的工业活动中获取的,而这类工业加剧了我们所面临的生态危机。

社会可持续性:平等、民主、社会公正、福祉与消除贫困

20世纪60—70年代,环保主义者和生态经济学家重点关注的是可持续生存的环境与经济这两个维度,而2000年之后,可持续性的社会维度受到了更多关注,其中包括平等、民主、社会公正、福祉及贫困(尤其是第三世界的发展中国家的贫困)同经济、环境之间的关系。可持续主义者认为:可持续社会不仅要保护自然资本、消除浪费、实现经济稳定,还要促进人类的幸福、平等和安康。这种对人类福利的重视是区分经典环保主义和可持续运动的核心特征之一。可持续主义者认为,经济系统缺陷与环境破坏总是和社会问题相关联的。

什么是社会可持续性?施特伦(R. E. Stren)和波莱塞(M. Polèse)是这样定义的:"按公平、公正的方式对多样化的群体与文化习俗进行整合,能够达成这种总体效果的政策或制度[96]。"哈里斯(J. M. Harris)和古德温(N. R. Goodwin)也作出了类似的解读:"(可持续性的)社会维度可被定义为使所有人具备下列能力的过程:满足自身的基本需求,达到合理的舒适区间,过上有意义、有志趣的生活,在卫生和教育领域公平分享机会[97]。"相反,缺乏社会可持续性的社会有两个特征:极端贫困和(或)公民无力过上安全、有意义、令人满意的生活。一个社会如果不公正、不幸福,即便它能设法在生态极限内存续,社会不可持续状态也必将引发社会动荡。因此,社会稳定需要公正、平等,还要有达成令人满意生活的各类条件。在哈里斯和古德温看来,"一个社会可持续的系统必须做到:实现分配公平和机会公平、社会服务充足(包括卫生、教育)、性别平等、具备政治问责和政治参与机制[98]。"盖尔指出:"社会可持续性还包括一个重要的民主维度,那就是要将在公共空间中遇见'他者'的平等权利放到首要位置[99]。"

以往,社会可持续性大多把重点放在发展中国家的发展和消除贫困上。如今,人们在重新斟酌、调整可持续发展的方向,努力做到3E的均衡兼顾,这样一来,发展就可以做到惠及穷人,与本地的需求和环境相结合,促进平等,与此同时鼓励开展对环境负责的实践活动[100]。过去有很多自上而下的开发倡议或措施,虽然着意帮扶贫困社会,但在社会和环境方面几乎毫无建树。

这种例子不胜枚举,如在干预马拉维(Malawi)的粮食危机时,国际货币基金组织(IMF)就帮了倒忙:"由IMF牵头推行的经济自由化……剥夺了对当地农民来说至关重要的农业投入获取机会,同时取消了消费补贴,造成粮食价格无法维持稳定。"再如,尼泊尔的农村地区并不适宜种植苹果,但美国国际开发署(USAID)强行推广,结果自然是一场灾难性的失败[101]。

戴利认为,联合国、IMF和世界银行在20世纪90年代推行的发展政策存在一大弊病,它们并未吸取工业化国家在经济和产业领域的前车之鉴,反而在贫穷国家重蹈覆辙。它们关注的重点始终是工业化国家如何增长,怎样才能从其他地方的发展中获利,而从未聚焦发展中国家的增长和发展本身。官僚群体高居庙堂而不接地气,因此他们的想法落在纸面上固然看起来挺美,但一经实践就会露馅,只能反映出他们对当地的客观环境条件和民众现实需求的无视。[102]因此,哈里斯和古德温认为,"发展带来的收益未能实现均匀分配,收入不平等依然存在,有时还较以往更为严重"。不仅如此:

> 发展对环境和现有的社会结构造成了重大的负面影响。对森林、水系和水产资源进行掠夺式开发,使许多传统社会惨遭破坏。发展中国家的城市普遍污染严重,同时在交通、供水和排污等基础设施上存在不足。如果对环境破坏不加以制止,很可能会破坏发展的根基,甚至造成对人类至关重要的生态系统的崩溃[103]。

2013年,格里格斯(D. Griggs)和几位同行制订了一组兼顾社会、经济和环境问题的可持续发展新目标。这组目标包括"欣欣向荣的生活与生存之道,可持续粮食安全,可持续水安全,通用清洁能源,健康、高产的生态系统,以及为实现可持续社会而进行的治理"[104]。

在可持续发展的实施过程中寻求平衡,在这类政策尝试中抱负最为远大的一次当属联合国的"千年发展目标"(MDGs)。MDGs形成于2000年,共含8个发展目标,计划到2015年在全球实现。联合国成员国一致同意人类应实现这些目标:

1. 消除极端贫穷和饥饿；

2. 普及小学教育；

3. 促进性别平等与女性赋权；

4. 降低儿童死亡率；

5. 改善产妇保健；

6. 抗击艾滋病、疟疾及其他疾病；

7. 确保环境可持续性；

8. 建立全球发展的合作伙伴关系[105]。

到目前为止，参与 MDGs 的国家进度很不均衡[106]。MDGs 的细项之一是让世界上最富裕的一批国家承诺捐出 GDP 的 0.7% 用于援助和开发，但该目标在这些国家大多未能兑现。"千年村计划"（Millennium Villages Project）是 MDGs 的一个子项目，由美国经济学家萨克斯负责。他还曾在 21 世纪初主持了重点关注非洲的联合国"千年项目"（Millennium Project）。千年村计划的目标是提高农业产量、控制疟疾、创设医疗保健服务、改善供水、普及教育。据萨克斯称，该计划已经在实现目标的方向上取得了可观的进展，至少对缓解极度贫困这一目标来说如此[107]。疟疾预防也取得了突出的成绩："自 2000 年以来，全球的疟疾发病率下降了 17%。疟疾导致的死亡率降低了 25%"，换言之，"有 110 万人免遭病死于疟疾的厄运"[108]。

究竟是贫困引发了环境破坏和政治动荡，还是反过来，由环境破坏和政治动荡导致了贫困呢？这个孰因孰果的问题一直来回往复，争论不休。不过，有一点是明确的：贫困、政治动荡和环境问题三者之间往往存在紧密的关联度。戴蒙德等人认为，在现代世界的政治和环境两个领域中，持久长存的热点问题其实本质上是同一的[109]。戴蒙德还指出，在林业生产活动方面，（西半球最穷的国家）海地和邻国多米尼加（贫困状况只比海地稍好一些）存在很大差异。"今天，多米尼加共和国有 28% 的土地仍被森林覆盖，而海地的森林面积只占全国总面积的 1%[110]。"在参与可持续发展的新生代可持续主义者看来，目标设定为消除贫困，不只是想要改善贫困人口的生活质量，更是因为在海地这类世界最贫穷国家中，往往会出现在绝望之下破坏本地环境的行为。目标设定为实现可持续发展，这绝不意味着让穷国沿着工业化国家的老路重蹈覆辙，后者已深陷这条过度消费与恣意排放之路无法自拔。戴利认为，"可持续发展……必然意味着要由增长型经济（及其所有的必要条件）蜕变为稳态经济，富裕的北方世界已经到了不得不变的关头，而贫穷的南方世界最终也要变[111]。"

在实现社会可持续的过程中，工业化国家面临的最大挑战之一就是要同时为所有的社会阶层创造绿色生活的参与机会。用范·琼斯的话来说，就是需要体现"生态公平"（eco-equity），使穷人和受压迫者能够有条件按可持续方式生活，并且还要使他们在不断发展的绿色经济中有活可干。"如果绿色经济依然表现为一种利基市场（niche market）*，那么即便这个市场的规模不小，被排除在外的人口比例也将达到80%，他们会不可避免地（也许还是不知不觉地）抵消掉20%的'绿色'人口所产生的全部正面生态效应。"[112]范·琼斯认为，可持续生活的高昂成本切断了城市贫民从多方面参与可持续运动的途径，这一点他说得对极了。毕竟，有机食品一般会比传统食品贵，安装太阳能光伏系统更是太贵，贫困人口委实负担不起。另外，日常生活中遭遇的种种艰辛会使穷人觉得绿色价值观对自己而言遥不可及，因此也毫不关心。尽管社会可持续性涉及诸多内容——解决发达国家中的贫困与社会不平等问题当然属于相当重要的一部分，但生态特权群体（eco-privileged）和生态弱势群体（eco-underprivileged）之间的差距如果得不到消除，那这种生态鸿沟将始终是可持续道路上不可小觑的绊脚石。现在，有一种共识正日益增强，那就是可持续运动一定要有足够高的包容度，保障所有人皆可参与，要教育全体公民，让他们了解可持续生活的乐趣和好处。

最后要说的是，人们近来在两方面下功夫：一是把可持续性和人类的健

---

* 利基市场指消费者需求的特化程度很高的一类细分市场。

康与福祉联系起来;二是继续深化对不可持续生活所产生健康风险的认识。一个实现了社会可持续的社会,必然是能够保障全体公民安全和福祉的社会,因为不可持续性会从方方面面损害人类的福祉。首先,污染损害人体,负面影响不可胜数。化石燃料燃烧排放的废气会造成"哮喘、肺气肿、心脏病、支气管感染等慢性病的发病率激增"[113]。各种毒素和污染物会破坏细胞生物学过程并可致癌;这也是癌症研究者罗伯特在20世纪80年代成为可持续运动早期关注者的原因[114]。其次,以车代步的郊区化生活方式加上健康食品摄入量少,是肥胖率升高的重要原因之一。最后,城市过度拥挤、嘈杂,加剧了人的精神压力和焦虑,与此同时幸福度相关研究显示,富裕国家中的过度消费行为反而会降低生活满意度。理论上,在一个实现了社会可持续的社会里,公民应甘于朴素生活,其价值观将知足常乐、身体健康置于金钱与消费之上。

食物、本地主义和社区自给自足

园艺、农业和本地经济是践行可持续性的重要场域。人们正日益认识到:依赖高污染的(通常也是购自境外的)化石燃料是不可行的,工业化的农业生产过程对土壤、水体、动植物和人体有害。于是,自20世纪90年代以来,按可持续方式生产、消费本地自产的食品与材料呈现出盛大的复兴态势。对非遗传修饰(non-GMO)的本地自产健康、有机食品的偏好正在逐渐成为主流。追求本地化之所以被称作"复兴",是因为在前工业化社会中,所有人的生计供养都几乎完全依赖本地物产。与可持续运动的许多其他方面一样,回归本地食品和本地经济是一种与时俱进的返本归元,同时是在有意识地节能降耗,拒斥全球化。

自2000年以来,食品本地化运动发展迅速。对本地农产品(或畜牧业产品)的饮食新爱好多半脱胎于有机运动。有机运动形成于20世纪70年代,它振兴了依靠农家肥和杀虫天然产物的前工业时代农业生产活动。本地饮食(Eating locally),伴随着20世纪70年代在澳大利亚发展起来的永续农业

（前文已有详细描述）流行起来。本地饮食凸显了自给自足的可持续高产园艺的诸多优点。在西方国家的市场上，本地食品（local food）（通常也是有机食品）现已随处可见。城市农业正在很多城市开展实践，食品合作社相当普及。近几十年来，直销农贸市场的数量也大幅增加。美国农业部（The US Department of Agriculture，缩写为 USDA）把"本地食品"界定为在距离产地（或产品所在州）400英里范围内购买的农产品。另一些人想缩窄"本地"一词所代表的空间尺度。2007年，史密斯（A. Smith）和麦金农（J.B. MacKinnon）出版了畅销书《百里饮食》（The 100-Mile Diet），该书遂成为食品本地化运动的经典[115]。

美国农业部资料显示，虽然本地食品的市场规模和长途运输的国际食品相比依然很小，但近年来已呈现显著增长趋势。以美国为例，直达消费者模式（direct-to-consumer，缩写为 DTC）的本地食品市场在1997年为5.51亿美元，到了2007年则达到了12亿美元。直销农贸市场由1994年的1755个增加到2009年的5274个，且仍在持续增加，加拿大及欧洲的部分地区也有这类市场复苏的迹象。不仅如此，人们对社区支持型农业（community-supported agriculture，缩写为 CSA）的兴趣日益增加，这是种横跨农业生产与食品分配领域的替代经济模式，在该模式中，消费者以会员订购的方式分享每周一份的水果和蔬菜，以此支持本地农场。CSA 在加拿大、美国和欧洲部分地区很受欢迎。1986年，美国只有2个 CSA 农场，2001年约有400个，到了2010年则达到了近1400个[116]。所谓"本地膳食运动"（locavore movement）*也不再局限于素食果蔬，具有本地意识的消费者重新发现了本地货的好处，包括本地精酿的啤酒、葡萄酒，本地饲养的牲畜，以及本地制造的服装和面料等。

---

* 翻译 locavore 的情况和 permaculture 类似，概念的内涵随历史变化、发展，permaculture 根据上下文的语境来选择译为"永续农业"或"朴门之道"，而本句中的 locavore 在广义语境下应从"本地膳食主义者"改译"本地消费主义者"。

自2000年以来,可持续运动中的泛本地主义(pan-localism)运动已与其他志同道合的运动相投契,如生物区域主义运动(the bioregionalist movement,指按地理而非政治的原则加强经济与文化合作)、志愿简朴生活运动(voluntary simplicity),素食主义(vegetarianism)与纯素食主义(veganism)运动*、慢餐运动[the slow food movement,与"快餐"针锋相对,且强调要吃产自本地物种的本地食物(eating native**, local foods)]、去增长运动(the degrowth movement)及转型城镇运动(transition town movement)。"转型城镇"是个尤为有趣且名声渐隆的本地主义实例,这一概念是由一位名叫霍普金斯(R. Hopkins)的朴门人士在不列颠群岛上发展起来的,其核心思想就是建立自下而上运作的社区网络,推动城镇与城市逐步向可持续状态转型。目前,英国、瑞典、巴西等国和北美地区已有很多转型城镇。除了降低电力消耗(减少能源使用)、推行可持续建设,转型城镇还以"本地化和恢复力"为根本理念,也就是说转型城镇注重本地经济、自给自足及按可持续方式生产的食品[117]。

　　霍普金斯本人还参与了本地货币的创制,这种替代货币在英格兰很受欢迎,它可以用正规货币兑换,但只能在加盟相关项目的本地机构内部使用,以此来鼓励本地消费。这种新型货币包括刘易斯镑(Lewes Pound)、布里克斯顿镑(Brixton Pound)、托特尼斯镑(Totnes Pound)和布里斯托尔镑(Bristol Pound)。在本地主义的复兴过程中,英格兰在很多方面名列前茅,甚至连英国议会也参与其中,英国议会于2007年通过了《可持续社区法案》(*Sustainable Communities Act*),在2011年通过了《本地主义法案》(*Localism Act*)。

　　尽管本地食品运动有所发展,使人们对本地经济再度重视起来,但想要实现可持续的本地生活仍然存在很多障碍。首先,比起长途运输食品,本地

---

*　素食主义者不食肉,但可以吃蛋类和乳制品;纯素食主义者则更为严格,不吃任何来自动物的食品。

**　也就是不吃本地生产的外来物种食品,注意外来物种并不等同于外来入侵(invasive)物种。

食品占据的市场份额还是相形见绌。2007年,美国的DTC本地食品销售额仅占农业总销售额的0.4%,但这一数字较1997年的0.3%还是有所提高的。如果不计入非食用农产品,2007年的DTC销售额占全部农产品销售额的0.8%[118]。其次,并不是所有本地食品都是有机种植或可持续种植的,也就是说,本地食品也可能出现和主流农业一样的问题。这种情况经常会造成消费者选择上的伦理难题:购买本地自产的传统食品或远道而来的有机食品,哪种更好?另外,北美许多地区气候偏冷,秋、冬两季需要依靠能源密集型温室才能进行农业生产,于是在某些情况下,境外食品造成的环境影响反而会低于本地食品。若就本地食物生产的可持续性而论,温暖地区至少从理论上说要比寒冷地区更具优势,因为前者能够实现作物的天然全年生长。不过,在不少温暖地区如美国西南部,农业另有用水问题。最后,人们一直在争论:哪怕吃的都是按有机方式自产的本地肉类,食肉者到底能否实现可持续呢?一般来说,畜牧业会占用大量土地,消耗大量粮食、水和化石燃料。也许真正实现可持续饮食只有一条途径,那就是要在很大程度上做到,甚至是严格做到有机纯素饮食[119]。

政府规划与环境政策制定

政府对可持续性的支持究竟是高还是低,很难一概而论,因为就可持续事业参与度而言,地方与地方之间,年与年之间,还有联邦、州和(或)省、地区、市县各层级之间,差异广泛存在。可以确定的是,有些国家的政府显然对可持续性着力更深。从20世纪90年代开始,各级政府纷纷采纳可持续行动计划,用以指导交通、建筑、能源消费、废弃物污染、温室气体排放等领域的政策。荷兰率先制定了"国家环境政策计划"(National Environmental Policy Plan),该计划在过去近20年几经修订。近期案例如欧盟于2008年制定了"可持续消费与生产以及可持续产业政策"(Sustainable Consumption and Production and Sustainable Industrial Policy),用以指导整个欧洲地区的高层决策;温哥华市雄心勃勃地出台了"至绿之城:2020年行动计划"(Greenest

City: 2020 Action Plan），要把这座加拿大城市改造为"全世界绿色程度最高的城市"[120]。西方国家中还有很多地区和城市也将可持续性列入了议事日程。

客观地说，各国、各地区的政府在近几十年都为促进可持续投入甚多，完成了很多工作。其中最能说明政府对环境可持续性重视程度的当属对国家公园、自然保护区、森林和海洋区域等的保护工作。哥斯达黎加全国受保护区域的面积占国土总面积的26％，居世界领先地位。2000年，欧盟委员会基于"预防原则"对可能造成公害的政策立法禁止实行。在许多联邦制国家（如澳大利亚），政府正式通过了清洁空气和清洁水法案，还致力于推动可持续林业的发展，这些也都说明可持续性正越来越受到重视。联合国的大多数成员国都加入了国际环保公约，例如承诺将温室气体的排放量削减到1990年水平以下的《京都议定书》。正如我们所见，联合国从20世纪80年代起一直深度参与可持续发展运动。从美国的二氧化硫排放额度交易系统到欧盟碳排放交易体系（European Union's Emissions Trading Scheme，缩写为EU ETS），各国政府也都在支持各类限额与交易系统。德国等国家创设了市场调整机制如生态税、上网电价补贴等，意在鼓励可持续生产，推广可再生能源。据里夫金所言，"已有50多个国家或州、省实行了'上网电价'，在电网回购来自可持续能源生产者的绿色电力时，提供高于市场价的优惠报价[121]。"

不过，总的来说，政府在支持可持续性上没有做到的事更多，而且属于"不为也，非不能也"，如此支持力度（尤其是在国家层面上）没有几个可持续派会感到满意。最明显的工作便是制定可持续行动计划，并矢志不渝地落实。然而，大多数政府的价值观和议程如此错综复杂，简直就是一团乱麻。因此，政策的自相矛盾可谓屡见不鲜：一方面，政府在支持可再生能源、公共交通和可持续消费；可与此同时，又在另一方面继续维持过时的鼓励增长经济政策（正是这类政策造就了不可持续的工业化社会）。即使是在自诩"至绿"的政治体内，也难免出现这种自相矛盾情况。例如，加拿大温哥华市引以为傲的是拥有整个北美地区对环境要求最严的绿色建筑规范，城市93%

的电力来自可再生能源(主要是水电),并大力支持绿色交通。但与此同时,该市看起来好像也对近年来令人震惊的人口激增(27%)感到十分光荣,但事实上这种增长只会造成城市总体消费率和生活成本的上升。里斯正好就在温哥华生活并从事教书育人的工作,多年来他一再告知公众:这座城市的生态足迹仍然十分庞大,距离自身设定的可持续目标还差得很远。

此外,只有当那些污染大户(国家)一一落实其减排承诺后,国际环保公约才能发挥效力。然而,美国和加拿大目前甚至都未主动签订《京都议定书》。世界上大多数国家仍然固守化石燃料的旧范式。一瞥政府发放的能源补贴就能明白工业化国家还是看重化石燃料,高于一切其他能源。根据本书写作时的最新发布数据,1994—2009年美国石油、天然气行业获得的补贴总额近4500亿美元,而这16年间,可再生能源行业获得的补贴仅有59.3亿美元[122]。如果工业社会希望长久存续并维持繁荣兴旺,就必须扭转这种补贴失衡状况。

如前所述,20世纪70—90年代,在国家和国际层面作出了一系列环保承诺,然而承诺本身反而遮蔽了很多绵延至今的环境问题,各国政府在应对这些问题时总体上处理不当,甚至将其彻底忽视。如过度捕捞,原始森林毁坏,土壤流失、退化,沙漠扩张,证据日益增多的环境污染导致内分泌紊乱现象,城市的恶性扩大,生物多样性丧失,物种灭绝,生态系统丧失组分或过度简化,对水资源的不可持续利用,由过度消费造成的资源枯竭等问题不断加剧世界生态危机,而政治圈面对这类危机时几乎毫无作为。生态学家如霍林和他在"恢复力联盟"(Resilience Alliance)的同道合作设计出新型环境管理模式,重新思考了国家应如何开展自然资本的管理、恢复与基本生态系统服务的保护工作等问题,但这些思想直至最近才逐渐受到关注和认可[123]。论及可持续运动忧虑的最大问题应如何解决,各国政府和国际社会还有很长的路要走。

正如读者在本章所看到的,可持续运动有多个侧面,在诸多机构、实践和学术领域日渐成为一种流行。20世纪90年代以来,可持续运动在联合国内部实现了去中心化,并超越制度基础向外拓展。可持续性是一套原则,为交通、城市规划、能源、食品生产和人工环境等部门提供指导,给出愿景。它还是获取新数据和新工具的基础,后两者又回馈可持续性,将其从朦胧的抽象概念转变为一系列可确认的具体过程与真实成果。现在,可持续性已经是一种可以度量的"状态"。它是一片不断成长的学术领域(或是一系列学术领域的跨学科组合),是一类专业知识,也是一条切实可行的职业道路。可持续运动成长了,并取得了正统性,伴随着这一过程,该运动向工业化国家提供了一整套可行的替代性叙事,取代的是自18世纪以来一直影响、形塑西方世界关于现代性的叙事。可持续派提供了建设可持续社会、发展绿色经济的蓝图,绿色经济的价值观将生活的满意度置于增长和消费之上,它会指引我们在生态极限之内兴旺发达。

第七章

未来——可持续性面临的十大挑战

污染物引发气候变化,贫富差距日益增大,资源短缺频频发生,世界各地不断出现各种生态问题,凡此种种越来越令人忧心,这对可持续派施加了新的压力。创建一个在生物物理极限内兴旺发展的可持续社会,不再被视为遥不可及的乌托邦式目标,相反,这已经成为迫在眉睫的问题,对其无视或处理不当,都会给地球自身及依赖地球才得以存在的人类经济体系带来灾难性的后果。在政治上重视可持续事业,从制度上支持可持续事业,以金融手段保障可持续事业,这也意味着人们对这项事业有了更高的期望,想要能够立即看到实实在在的有形成果。人民群众不尚空谈,他们需要的是可行的具体办法,以期解决实际问题。可持续派能否把握住当下的机遇,引领这场朝向可持续未来的转型呢?

创建可持续社会的求索之路上面临着诸多挑战,大量紧迫的难题尚未得到恰当的解决,如某些政治利益与企业利益根深蒂固,使不可持续性绵延不绝,应当如何克服?怎样才能形成主动自愿进行自我转型的社会氛围?实现可持续转型所需的资金和政治决心从何而来?可持续社会是"工业化的"还是"后工业的",是"全球化的"还是"本地化的"[1]? 转型变革的进程应自上而下,自下而上,抑或兼而有之?本书叙述了自1700年以来可持续性的成长与发展,但无意暗示读者未来的终点必将是生态乌托邦的实现。即便乐观派也不得不承认很可能出现的情况是:任务过于艰巨,工业社会做不到悬崖勒马,因此工业革命只不过是被拖延了的人类灭绝事件第一阶段而已,最终崩溃的结局是真实存在的威胁。假设可持续性真能把造成人类生态困境的众多危害一并消除,那肯定是在人民群众的广泛支持下经过一番万众一心的协同努力去适应转型,然后方能实现。可持续运动甘冒沦为夸夸其谈之风险,誓要改变人类历史进程的走向,岂易事哉!

本书最后想谈的是可持续运动面临的十大挑战。还有一些其他挑战当然也会提及,但这十项挑战是探讨可持续性的文献引用频率最高的,也是可持续派眼中最为紧迫的。

创造一个共同的未来愿景——并坚持不懈

设法解决复杂问题时,需要广泛合作乃至凝聚共识、达成一致。然而,自从可持续性成为主流、拓展广度之后,同一个单词下便遮掩着各种利益与观点的冲突,最后成了一团混沌。在经济增长问题上,可持续派内部素有分歧。近年来,可持续运动更是兼收并蓄过度,到了无所不包的地步,负担愈加沉重,矛盾也越发复杂化,尤其是在管理与决策领域。笔者在大学可持续委员会的个人工作经历便佐证了这一点。可持续委员会常常门派云集,有"四眼天鸡"(Chicken Little)*式的幸存派("看,天快塌了!"),有用"可持续性"新瓶装"一切照旧"旧酒的维持现状派,还有一些是走务实、中庸路线的战略策士。他们各自力推某种特定议程,可谓公说公有理,婆说婆有理,观点的跨度大体反映了象牙塔外更广阔社会上的思想分化状况。拥有多元视角当然不能说是坏事,但既然已经走到实践运动这一步,可持续性面临的头号重大挑战恰恰就是先要把思路统一起来。

想要在不可持续的工业化状态下实现向可持续社会、经济体系的社会转型,就必须有一幅能够凝聚共识且切实可行的未来蓝图。用霍尔史密斯

---

* 2005年上映的迪士尼动画电影,讲述一只戴眼镜的小公鸡某天被一颗橡子砸中,因此判断大难将至,自己要行动起来拯救地球的故事。作者此句带有近似成语"杞人忧天"的嘲讽意味。

(G. Hallsmith)和利塔尔(B. Lietaer)的话来说,"人们的价值观,也就是他们最看重的东西,指引着长期愿景,而长期愿景又是动员集体行动的先决条件"[2]。可愿景应当由谁来设定？当愿景众多又彼此矛盾时该怎么办？采纳或拒斥愿景,谁有作出决定的选择权？自20世纪70年代以来,出现了一大批接受过生态学、社区规划和(或)生态经济学等领域学术训练,并着眼未来的思想家。他们殚精竭虑,制订出多个可持续愿景。读者在本书前面的章节已经遇见了多位此类思想家：霍姆格伦、戴利、霍普金斯、里夫金、埃伦菲尔德、霍肯、艾默里·洛文斯与亨特·洛文斯夫妇、海因伯格、布朗、福多尔、洛(I. Lowe)和博伊德(D. R. Boyd)等。他们和其他可持续派一样,各自都发表了详尽的构想[3]。

上述思想家的愿景从总体来看,就是构建一种低碳、节能、生态安全的经济体系,而支撑它的则是去中心化的制度[4]。挑战性不仅体现在要将实现绿色未来的不同愿景融合起来,而且体现在要把关于可持续性的信息有效地传达给公众,不仅需要宏大愿景本身,而且要有在"前线"摸爬滚打的无名"小卒"(grunts)[5]。只有当绝大多数普通人都能认识到可持续生活理念的重要性,认识到可持续性与日常生活息息相关,可持续运动才会成功。这种叙事需要接受磨砺,需要广泛传播,需要被人接纳。正如埃伦菲尔德在《经过设计的可持续性》(Sustainability by Design)中所说："只有当现代人接纳新事理(a new story),从而彻底改造自身的行为,使自己在行动中呈现出的是繁荣兴旺而非不可持续,那时可持续性才能得以实现。"[6]

走出新古典经济学、去监管化与增长痴迷

2012年,美国的戴维营(Camp David)召开了八国集团(G8)峰会,与会的世界首脑能够达成的唯一共识就是全球需要更多的经济增长,尽管当时吞吐量水平史无前例,全球生态系统退化惊人,人口继续增加,失业率居高不下,导致气候变化的污染物排放量创了纪录。现在,世界经济正处在有

史以来规模最庞大的状态。2012年,全球GDP超过71万亿美元*。可持续主义者认为,经济的连续增长非但未能解决全球的社会、环境问题,反倒加剧了社会不平等,引发掠夺、污染和过度消费。但对大多数经济学家和政界人士而言,增长信条仍是他们心目中的不刊之论(an unscrutinized article of faith)。正所谓一白遮百丑,增长成了"市场原教旨主义者"教义的核心法则。因为质疑这一理念对新古典经济学来说会动摇根基,所以该学派捍卫起它来也堪称不遗余力[7]。

近年来,现代经济学的另一则信条更是呈现出一副越来越站不住脚的模样,那就是新自由主义者所笃信的:市场去监管化将为所有人创造出稳定性和经济利益。英国广播公司(British Broadcasting Corporation,缩写为BBC)的梅森(P. Mason)指出:2007—2009年的经济大衰退就是克林顿执政时期美国对金融市场解除监管造成的长期后果之一,监管放松曾于1999年达到极致。[8] 1933年出台的"格拉斯-斯蒂格尔法案"(Glass-Steagall law)要求将投资银行从储蓄银行中强制拆分出来,帮助美国走出"大萧条"恢复元气,而正是在1999年,该法案被悄悄废止了,取而代之的是"格雷姆-里奇-比利雷法案"(Gramm-Leach-Bliley Act,缩写为GLB Act)**,以及紧随其后在2000年出台的"商品期货现代化法案"(Commodity Futures Modernization Act),后者彻底取消了针对波动性极强的金融衍生品市场的所有监管。梅森指出,这样一来的结果便是"放开了对投资银行的业务监管,这些银行大力拓展业务,向穷人和少数族裔提供次级抵押贷款,于是形成了一个全球规模的金融衍生品市场,银行业与保险业之间实现了融合"[9]。2007—2008年,上述架构出现了整体坍塌,原因之一是沉重的债务压力,而另一个原因则是经济去监管化与离岸的"影子银行系统"在推波助澜。现有的大量证据

---

* 2022年全球GDP约为100万亿美元(美国在该年度的加息导致全球主要货币的兑美元汇率多出现贬值,因此以美元计算的全球GDP数值低于IMF的预测值101.6万亿美元)。

** 又名"金融服务现代化法案"(Financial Services Modernization Act)。

可以证明：只有当监管存在的情况下，市场才能维持稳定。2007—2008年的国际金融危机只是相关教训中最近的（但可能是波及面最广的）一个案例，很好地演示了为什么去监管化会伤害到穷人，并造成更大范围的经济损失。霍肯在这次危机之后言简意赅地写道："完全自由的市场在理论上是如此迷人，但它其实和不需要法律的社会一样，在实践中并不可行。"[10] 市场监管看似并非上策，但在2007—2008年的金融危机中，凡是对银行系统实行严格监管的经济体，基本上都做到了免受崩溃之苦[11]。

增长和去监管是现代工业资本主义的"中心法则"，要摒弃这两则教条，就必须废除现有蓝图从头重绘。如前文所述，可持续经济学家已经对此作出了回应。他们提出了各种其他形式的资本主义以替代新自由主义，表明繁荣与否要从福祉、兴旺度（flourishing）、生活满意度和生态平衡等方面来衡量，拒绝承认物质增长、债务累积与经济过度膨胀是必需的[12]。构建合理调控的绿色经济，也许正是当下的必答难题。40多年来，戴利坚决批判诸如"受管理的增长、均衡增长、精明增长、绿色增长"这些伪善、矛盾修辞及新古典经济学的其他"临时托词"，最为直言不讳[13]。他的稳态经济学思想为一种宏观经济模型奠定了基础，这种模型在理论上是要创设一个在自身生物物理极限内运行的、稳定繁荣的工业化社会，虽然在实践层面该模型很大程度上尚待检验[14]。

作为针对增长痴迷（the growth obsession）的一剂解毒良药，"去增长"（degrowth）已成为可持续理论界的一个常用词汇和概念[15]。去增长就是反消费主义运动，它刻意让社会进入"省电减耗"（powering down）模式，重新找回本地经济，提倡非物质主义生活方式，以此扭转经济不断扩张的趋势。海因伯格的《省电模式》（*Powerdown*）、刘易斯（M. Lewis）和科纳蒂（P. Conaty）的《恢复力要则》（*The Resilience Imperative*）、福多尔的《更好，不是更大》（*Better Not Bigger*）、特雷纳（T. Trainer）的《转型》（*The Transition*），霍普金斯的《转型指南》（*Transition Companion*）等为从能源密集型工业向可持续、本地化生活方式的转型提供了可行的流程指导[16]。泽纳（O. Zehner）的《绿色错觉》（*Green Illusions*）和特雷纳的《可再生能源无法维持消费型社会》（*Renewable Energy Cannot Sustain a Consumer Society*）使我们认识到：物质消费的增长是新古典主义经济政策想要达到的效果，但它是不可持续的；只有在能源需求和消费水平大幅降低的前提下使用时，可再生能源才能对现代社会产生实质性意义[17]。最后，正如读者在前文所看到的那样，经济学家面临的难题是要走出新古典主义经济学那些无益工具（包括从GDP到成本–收益分析等）的迷阵，改用量化并促进平等、福祉、资源效率与生态原则的方法。现在所需要的是涌现出一套可以支撑可持续经济的宏观经济学新理论。

直面短缺，强化韧性

人类社会一方面要迅速适应这个世界的各种变化，另一方面要尽全力减轻生态灾难[18]。气候正逐渐变暖，而人们现在已经了解气候变暖会对农业生产、疫病、天气模式与滨海城市产生灾难性影响。淡水资源日益稀缺，表土肥力逐渐枯竭，地下水污染严重，石油峰值业已出现，埋藏在我们脚下的碳库被透支。世界各地的金属矿藏也在渐渐变得稀缺，例如，铜的储量有可能在2030年前后枯竭，铂、铪、铟、镓和锌的储量也越来越少[19]。现在，全球人口数量超过70亿*，达到了智人20多万年种群历史上的最高值，地球要供养得起人类，已经变得越来越难。接受过系统生态学专业学术训练的研究者说，人类即将面临一场巨大的危机，后者将迫使物种以超过常态的速度进化。

生态学中的恢复力概念指生态系统（或物种）应对变化的能力。将生态学这门科学中的经验教训进行外推，其推论与人类的关系似乎正变得日益密切。生态学家的发现是，最善于"吸收干扰"、适应且及时转变的物种才最有可能实现成功的进化[20]。社会科学家和生态经济学家选择了"韧性"

---

* 2022年世界人口已达80亿人。

（即有较强恢复力的）这一概念，将其直接用于人类当下的困境。刘易斯和科纳蒂认为韧性包含七大要素，即多样性、模块化、社会资本、创新、交叠、紧密的反馈回路及生态系统服务。只有理解并重视这七大要素，人类才有可能安然度过生态危机[21]。

在具体的即时层面上，韧性就是要直面当下，规划未来：确保人类的农业系统具有遗传多样性和抗逆性；采取各种方式厉行回收再利用，杜绝铺张浪费；依靠按可持续方式管理的森林和渔业；追求"事（物）半功倍"；建造能够抵御风暴、海平面上升与冷热极端气温的建筑和城市；将煤炭、石油和天然气视为过渡性燃料，最终应通往基于可再生能源的低消耗经济。人类社会再也不能秉持可以继续这样运作下去的思想了，也就是再也不能认为消费水平，如消费化石燃料、金属、粮食、塑料等还会继续像过去几十年那样一路飙升。生态足迹分析显示，人类正疾速奔向增长的极限——其实，人类现在正生活在全球过冲状态下。能否解决粮食及其他资源的短缺问题、天气系统的不稳定性问题，对人类的创造力和适应力是一大考验，尤其是21世纪的地球平均温度果真像许多科学家预测的那样上升6—8 ℉*的话[22]。

在富人和穷人、发达国家和发展中国家的不同需求之间统筹协调、构建和谐

可持续运动不能变成只有发达国家的有钱人才能负担得起，因此也只对他们有吸引力的运动。范·琼斯呼吁"多些生态平民主义（eco-populism）**""少些生态精英主义（eco-elitism）"，点出了可持续运动的关键[23]。倘若一提及绿色生活，能联想到的就只有那些富有而高调的名流，他们嘴上喋喋不

---

* 气温升高6—8 ℉约等于升高3.33—4.44℃。

** 汉语中"民粹主义"贬义较重，若译为"生态民粹主义"与本句的褒贬感情色彩不合，故译为"生态平民主义"，也能更好地体现同精英主义之间的对照意味。

休地念叨生态智慧,本人却依然在畅享能量密集且高消费的生活方式,看起来古怪别扭,本质上是双标,如此一来,也就别怪普通人认为绿色生活的理念从根基上站不住脚了。照现有情况,一般老百姓很难负担得起购买本地有机食品和安装家用太阳能板等行为。更何况,"绿色人生"听起来就有一股遥不可及的味道,挣钱养家的劳动者乃至城市贫民实在难以想象它和自己的生活有何关系。范·琼斯认为,只有当可持续运动能触及社会上每个阶层且他们都能理解其重要性时,可持续性才可能实现。特别是鉴于生态问题会影响到每个人,可持续性必须也理应具备广泛的感召力。

从国际关系来看,统筹协调发达国家与发展中国家各自的内部及两者之间对待可持续性的处置方式,也是一个亟待解决的问题。对国家来说,不应将可持续性看成是必须先经历一片混乱的工业化进程,变为富裕国家,然后才能去做的事情。其实,对世界上最贫穷的那些国家而言,实现通往可持续性的发展恰恰是当务之急。戈尔在《未来》(The Future)中写道:

> 影响正在陆续显现,对低收入的发展中国家的破坏尤为严重,姑且不论那些已经植根于气候系统的影响。由于极端暴雨天气及其引发的洪涝与泥石流会严重损坏道路、桥梁和公共设施,有些国家的基建维修预算已经直线上升。气候变化还使一些国家深受干旱之苦[24]。

戴蒙德在《崩溃》中对西方国家富人的观感极差,他们认为"环境关怀是件奢侈品,只有第一世界的富裕雅皮士才玩得起,所以富人没有任何理由非要把'应该做什么'告诉深陷绝望的第三世界穷苦人民"。他还写道:

> 我去过印度尼西亚、巴布亚新几内亚、东非、秘鲁等第三世界国家,它们的环境问题与人口都变得越来越多。我能深切地感觉到,那些国家的人民很清楚自己正在饱受人口增长、森林砍伐、过度捕捞等问题带来的苦果。他们知道这些,因为他们立刻遭受了惩罚:可以造房子的免费木材一去不复返,大规模水土流失,另外也没钱给孩子买校服、课本或交学费(这种悲惨诉苦我一直能听到)。

可持续性不应被视作西方世界达到的终点,而应该成为全球国家能够也必须共享的一段历程。西方国家在工业革命时期已然犯过的错误,发展中国家不必重蹈覆辙;西方国家的快进式发展路线,发展中国家同样无须亦步亦趋。

最后,萨克斯得气候学家与环境学家之助,他们共同证明生态危机会殃及全球。面对即将到来的变化,人类无法逃避,也无处可藏,即便这种变化可能并不是以同等方式(或在同一时间)影响全世界的所有地方。全球气候变化、生物多样性丧失、生态系统受损、人口增长,这是**全体人类社会**都要面对的威胁。汤汤洪水方割,人类无分彼此都是受害者。萨克斯以此论证,富裕国家应当向发展中国家提供金融与后勤援助,其背后的逻辑便是:帮助他人不只是在履行道义、利他行善,还能缔造全球稳定,最终惠及工业化国家本身[25]。

全球的贸易、能源、粮食、金融网络都具有高度互联性(interconnectedness),这意味着一旦系统受扰,发生中断(也就是不可持续性的体现),最终必然影响到所有人。人类从近期的两大事件中再次汲取了惨痛教训,其中一次事件是2007—2008年席卷全球的经济危机,另一次则是紧随该危机发生的2008年大宗商品价格飙升,当时世界上最贫困的人群被推到了饥荒边缘,几乎沦为饿殍[26]。另外,各种与气候相关的生态问题,尤其是干旱和洪涝灾害,令"气候难民"(climate refugees)日渐增多,他们来自非洲、中东与亚洲等地,为求生活安稳而不得不背井离乡[27]。

反思环境管理,捍卫生态系统服务,恢复自然资本

许多可持续主义者把可持续性分作"强"和"弱"两种。弱可持续性指人类克服破坏性习惯,设法维持生态系统、气候和人口的稳定。相较之下,强可持续性则再进一步,要求人类(尽其所能)去主动**修复**自身造成的大部分环境损伤"旧账"。强可持续性深受前文提到的生态韧性理论的影响。韧性论专家认为,政府及各行业的环境管理方式至少要在三方面作出改变,终极目标是实现自然资源的可持续利用。

其一,最大持续产量法(以往曾在林业、渔业等多种产业中得到广泛应用)已然过时,必须摒弃,因为这套资源管理方法在维持可持续收获率方面乏善可陈。麻烦之处是西方科学惯于将生态系统当作简单的静态对象处理,想当然地认为其很容易管理,还认为出现任何系统差池,如收获过度,人类都能迅速"修正"。其实,恰恰是人类经常将自然系统通过"工程"设计改成"简化"状态,令其变得脆弱易崩。里斯写道:"例如,人类在最大化某物种的收获量时,无意中就改变了该物种与生态系统内众多其他物种之间的关系(如捕食者-猎物关系),进而引发一系列反馈响应,后者会从根本上破坏生态系统的完好度。"[28] 简言之,当生态系统被人为设计、操纵,以便实现最大产量时,它便丧失了韧性,最后走向崩溃,就像20世纪80年代末和90年代初的大西洋鳕鱼捕捞业所遭遇到的那样。霍林等生态学家认为,资源管理者必须了解控制生态系统成长、成熟、崩溃和重组的"适应性循环",也就是生态系统中的各种流(flux,又称"通量")[29]。里斯认为,解决这个问题的办法就是资源管理由追求最大化转变为追求"充足"(sufficiency),顺应而非违逆自然过程[30]。

其二,环境管理需要改变的另一处是应当着重捍卫关键的生态系统服务。生态系统服务指一切能有助于营造健康、良好环境,维护人类的社会、经济形态稳定的自然过程。例如,气候对地球温度的调节能力,蜜蜂为农作物传粉,水体和大气的自净能力,废弃物的自然降解与脱毒,种子的传播,营养物质在生态系统中的扩散与循环能力等。聚焦生态系统服务,环境管理者才能认清真正需要保护的是**什么**[31]。

其三,也是最后一个方面,可持续主义者敦促政府和资源管理者超越单纯的保护与可持续消费,进一步进行自然资本的**恢复**。具体来说,就是要主动清理被污染的水道,在去除植被的裸地上重新植树造林(时刻记住物种多样性的重要),为贫瘠的土壤重建腐殖质层(肥沃而富含有机质),拯救濒危物种,挽狂澜于既倒。

气候变化是个大问题……

以下共识陈述已经在科学共同体内得到压倒性多数的支持:①地表温度在逐步升高。②造成这种地表升温的主因是人类活动,尤其是化石燃料的利用和森林砍伐(及其他土地利用活动)。过去几十年间,地表温度升高了1.08 ℉(0.6 ℃),而从20世纪初至今,地表温度共升高了1.44 ℉(0.8℃)。1981—2013年,担任NASA首席气候科学家的汉森(J. Hansen)指出,目前地表升温速度约每十年上升0.36 ℉(0.2℃)。到2100年,地表平均温度有可能比2000年高8.1 ℉(4.5℃)。升温的原因是大气中的二氧化碳、甲烷和氧化亚氮增多。至少就目前的情况来看,二氧化碳是影响气候的罪魁祸首,人类燃烧的(自18世纪以来)全部化石燃料释放出的"新"碳(指曾经处于深埋地下的矿藏状态,所以释放后对大气层来说是新增的碳)已经彻底改变了全球碳循环。前工业时代,大气中的二氧化碳浓度为280 ppm,且基本处于稳定状态。但到了2013年,大气中的二氧化碳浓度已经超过了400 ppm。所有这些最近(地质史意义上)进入大气的二氧化碳分子就像一张毯子,把热量裹挟在大气中。维持二氧化碳分子形态的化学键,同时在红外波段进行能量的吸收与辐射,使其难以从地表释放到太空。2010年是有记录以来最热的一年[*],2012年更是打破了多个高温纪录[32]。

另外,气候还受到诸多"正反馈回路"的影响,正反馈意味着加速气温变化,强化其效应后果,也就是说,气候变化问题会随着时间的推移变得愈发严重。形成正反馈的原因之一是全球海洋的酸度和水温会升高,海水吸收二氧化碳的能力便相应降低。海洋和森林一样,都是重要的"碳汇"(carbon sink),必须保证其有能力吸收并处理大气中多余的碳。原因之二,冻原(tundra)和永冻土(permafrost)升温,释放出内部自然储存的甲烷气体,在

---

[*] 这是本书写作时的数据。截至2020年,有记录以来最热年份前三位是2016年、2019年和2020年。

相同当量情况下甲烷对气候的危害*比二氧化碳高很多倍。原因之三,极地冰盖融化,就会发生"冰-反照率(albedo)反馈"。极地融冰后反照率下降,地表对太阳辐射的吸收增加,从而加速气候变暖。气候变化还会使沙漠进一步蔓延,森林消亡,而森林不仅是极其重要的资源,而且是抵御变暖必需的碳汇。

世界各地的人已经感受到了气候变化的影响:严重干旱,如2012—2013年肆虐北美的干旱;强烈风暴,如2012年的飓风"桑迪"(美国)、2013年的台风"海燕"(菲律宾);还有,北半球部分地区的春季提前到来,对生态系统造成恶性冲击。但是,最坏的影响尚未到来。科学家指出,如果气候变化无法在21世纪得到有效控制,则势必带来极其严重与深远的后果:全世界许多滨海地区会面临海平面升高造成的洼地洪涝;海水酸度增加,使珊瑚礁和多种鱼类的数量减少,这些海鱼为全球数十亿人提供食物;由于生境丧失、过度捕猎及其他种种问题,很多陆地物种或灭绝,或日渐濒危;全球生态系统必将出现动荡,并进一步退化;风暴的频率和强度必然会增加;干旱及天气的多变性(weather inconsistencies)必将使玉米等主粮作物减产(从而影响粮食的供应量和价格);传染病、杂草和害虫必然会变得猖獗。总之,前景十分、万分黯淡。应对已经发生的气候变化,尽我们所能扭转这一趋势,必定是文化、经济、政治等多方面的巨大挑战,未来的人们也必会将这一挑战看作人类遭遇到的重要十字路口。

……但气候变化并不是唯一的挑战

简直就像还嫌气候变化带来的麻烦不够大似的,生态方面还有很多其他难题足以妨害可持续社会的创建。克里斯特(E. Crist)在2007年发表的

---

* 指温室气体的全球增温势(global warming potential,缩写为GWP),即在一定时期内要与该气体产生的温室效应相等,对应的二氧化碳物质量比率。例如,在百年时间尺度上甲烷的GWP是28,这意味着1吨甲烷排放在100年内对全球气候产生的影响相当于排放28吨二氧化碳。

文章中指出：公众和政策制定者不应只关注气候变化。

气候变化带来的风险确实存在，但笔者认为，把气候变化看成人类所面临问题中最紧迫的那个，这种观点本身更是险上加险。对气候变化的这种评估完全可以从两方面去合理置疑：其一，它给人以强烈的暗示——我们所需要的方法就是气候问题的直接解决方法，如此一来，很容易把解答视野局限在技术领域；其二，它主张要从众多问题中抓住主要、突出的问题，在这样的言辞之下实际上削弱了对地球生态困境的整体关注[33]。

克里斯特认为，气候变化只是加剧了早已存在的生态问题，所以即便我们技术性地"取巧"解决了气候变化问题，这个世界仍要面对诸多严重危机，而这些危机的根源就是以增长为本的消费型资本主义社会的破坏性模式。"关键问题在于：一种无序扩张的文明正在摧毁生物圈，即便在该文明（以某种方式）排除掉"机器"里的某个故障（如温室气体累积造成的影响）之后，（仍不吸取教训）还会循老路继续无序扩张[34]。""物种灭绝、过度捕捞、原始森林破坏、表层土壤流失、荒漠化、内分泌紊乱、无休止的开发及生物多样性危机"等问题，本质上都是独立于气候危机而存在的，只不过气候危机会令其雪上加霜[35]。

另外，正如读者在本书中读到的，可持续性也涉及社会问题和经济问题，它批判增长经济学，为实现社会公正而斗争。可持续运动不可自限格局，将自身定位成一门心思盯着气候变化的单一事业。为此，许多社会学家、环保主义者、生态学家和经济学家逐渐把讨论焦点转移到了造成生态问题的根本原因上，其中最重要的原因当属过度消费。如特雷纳等学者所说，消费主义是实现可持续性道路上一座难以逾越的障碍。实物贸易的全球化所造成的吞吐量、废弃物和能源消耗令我们几乎不可能创建一个使用可再生能源、零废弃物、生态良好的公平社会[36]。因此，很多可持续主义者表达了同样的要旨：要放慢速度，要进入省电模式，要简化，最关键的是要减少消耗。霍姆格伦认为，人们需要快速适应以低消耗量、高自给度为本的"能源降档社会"（energy descent society）[37]。

同洗绿与否认产业作斗争

可持续运动的扩展过程中有一个问题最令人担忧，那就是对"洗绿"行为大开绿灯。"洗绿"指利用甚至滥用可持续性相关的话语、意象为已成惯例陈规的破坏性活动打掩护。洗绿就是夸大其词、杜撰生造某种产品、活动或服务的环保优势。很多公司有意借助流行术语发布刻意误导的错误信息来洗绿自家产品，为的是在不断增长的"绿色产品"市场上分一杯羹。这个问题相当棘手，原因是：第一，它玩弄了可持续理念；第二，它其实是营销者在利用善意误导消费者。2010年发表了一份有关洗绿的报告，列举了洗绿行为的七宗罪——暗箱利益交换、证据缺失、含糊其辞、牵强附会离题千里、宣扬两害相权取其轻实则避重就轻、小骂大帮忙小谎大忽悠，以及大搞虚假标签崇拜。报告称，多达95%的"环保"产品都触犯了这七宗罪中的一种或几种[38]。尽管绿色产品监管越来越严格，洗绿现象在逐步减少，但仍有不少产品如清洁类产品，打着"绿色""天然"甚至"有机"旗号，其实所含化学物质和非绿色产品并无二致。近年来，针对洗绿行为进行的斗争越来越普遍，这是赋权于公众，确保营销活动诚信无欺的一条途径[39]。

洗绿是在利用可持续性。还有一招更厉害，它能毁掉的可不只是可持续性的可信度，还包括可持续性据以立身的生态学、系统理论和气候变化科学基础。这一招大行其道，于是记者蒙比尔特（G. Monbiot）在2006年为其专门取了一个名字"否认产业"（the denial industry），其后成为了热词。否认产业指一些公司和极端保守组织为了搅乱气候变化对话而有目的、有计划地采取行动。"多年来，伪公民团体和假冒的科学机构沆瀣一气，宣称全球变暖尚无定论。"[40]有证据显示，否认产业这一行的主要支持者就是埃克森美孚等石油公司。蒙比尔特还说：

（2006年）埃克森美孚石油公司是世界上最赚钱的公司，日销售额达10亿多美元，且大部分来自石油，因此在应对气候变化的过程中，该公司比任何一家公司的损失都大。为了维护自身利润,埃克森美孚公司一定要做到让人们对为了应对气候变化而采取的措施产生怀疑。但真要做到这点很有难度:埃克森美孚必须对抗一个铁一般的科学共识,这个共识就像吸烟会导致肺癌与艾滋病毒会引发艾滋病一样在科学上坚强有力。

20世纪80年代后期,NASA和IPCC就"气候变化由人为因素主导"达成共识,因此敦促美国国会及其他国家政府采取措施,控制排放。泽纳说:

几家石油公司自感形势不妙,于是拉拢其他大公司组成"联军",提供经费资助大规模广告宣传机构、基金会及各类组织,如美国企业研究所(American Enterprise Institute)、全球气候联盟(Global Climate Coalition)和乔治·马歇尔研究所(George Marshall Institute)等,肆意诋毁研究气候变化科学家的学术可信度(credibility),刻意把气候变化说成科学"争论"(dispute)而非共识。它们还聘请公关、法律顾问,这些顾问中很多就来自早年间嘲笑医生警告香烟烟雾有害的那批人[41]。

最终,"贩卖怀疑的商人"(merchants of doubt)获得了成功[42]。他们发动的宣传攻势"使公众舆论出现一边倒,这对媒体报道的影响极大,还推迟了减缓气候变化影响政策的执行"。21世纪的最初10年,大多数美国人虽然接受了气候正在发生变化的现实,但又认为科学家并不能完全确定气候变化的成因,且气候变化科学的其他问题也尚无定论,然而事实上,气候科学的基本共识早在20世纪80年代后期就已经得到确立[43]。

洗绿行为和否认产业是可持续运动遭遇的两大挑战。两者都令人警醒:那些从事不可持续行业的既得利益者会使用卑鄙伎俩以求继续扩展其商业利益,即便这种狭隘的利益直接妨害全球社会的长远利益。尤其是否认产业,主要得力于化石燃料行业自私自利的蓄意推动,企图削减对能源开采标准、排放水平和消费模式的监管力度。与此同时,大气二氧化碳浓度还在继续升高。否认产业只是某些企业为了继续借生态危机发财的粗陋自私之举,无非是在凭空制造思想混乱和怀疑,完全不符合人类的利益。

激励政治行动和公众支持,但不搞政治化

第二个担忧是可持续运动被政治化,同某些政治党派纠结在一起,以致破坏可持续事业超脱于政治纷争之上的能力。虽然可持续性已经成为联合国决策的持久特色,且有些政党对其表示明确支持,但可持续运动基本上避免了毫无助益的政治化,这一点颇令人意外。

可持续运动想要成就真正的变革,就必须在不牵扯既有的政治意识形态或政党的条件下激发公众的支持。可持续主义者传播"可持续生活有益于**所有人**的思想,可以说在彰显政治中立性方面做得很成功。人类的广泛利益和全世界的福祉超越了各政党狭隘自利的境界。因此,挑战难点在于可持续运动既不能被政治化,又不能抛弃政治上的活跃度。

向变革投资

向清洁、低碳经济过渡需要大量的金融投资。必须有人为自行车道、高速列车、可再生能源项目和循环回收厂买单。问题在于,当下的主流风险投资模式要求投资必须带来即时的高额回报。这种模式也许非常适合某些经济领域,但显然并不包括着眼于长远的绿色经济。诸多有助于朝向可持续社会过渡的"清洁技术",如第三代藻基生物燃料、新型无废弃物生产及氢储存技术等都需要投入巨资进行多年研发,却不可能或基本不能产生即时投资回报,甚至有些投资可能会打水漂。有鉴于此,投资者往往不太愿意投向清洁技术。2012年,全球的清洁技术投资大幅下降[44]。虽然2012年的投资减少了,但和2004年相比,仍提高了5倍多。目前,清洁能源行业似有回暖趋势,但有一点在总体上很明显:清洁技术投资风险高又缺少即时回报,令一些潜在投资者望而却步[45]。

绿色经济想要成功,就必须涌现出投资新模式[46]。本书在此为可持续融资提供三条最普通的建议。

其一,确立并形成可靠的资本投入。里夫金认为,这就要求进一步发展小额信贷,将清洁技术行业的收益出让给传统投资机构,再有就是尽可能多地争取政府财政支持。遥想当年,西方国家的政府能出资赞助工业革命,那现在它们按理也能为朝向可持续新经济模式的转型提供过渡资金[47]。只是这笔钱得有具体落实的出资者。

其二,假以时日,持之以恒。梅森分析了2007—2008年的国际金融危机,建议重启金融监管。他还提出了"公用事业型薄利商业银行业"(low-profit, utility-style commercial banking)构想,这类银行会放弃季度利润和短期收益,注重有利于社会和环境的低收益长期投资[48]。简言之,投资新模式不应只受即时盈利能力驱动,还要兼顾社会公正、资源保护、污染水平等非市场因素。

其三,把原本投向不可持续的化石燃料的资金和补贴转投给可持续能源。所谓"撤资运动"(divestment campaign)便是转移投资的一个实例:一些大学及其他机构已放弃对化石燃料的投资[49]。但尚有更大规模的斗争,目前集中在化石燃料的政府补贴上,也就是所有那些直接的投资基金、税收优惠、材料等,还包括通过人为干预,使化石燃料维持低成本的基础设施建设项目。想要知道化石燃料行业通过政府扶持方式究竟省下了多少钱,其计算难度众所周知。不过,"全球补贴倡议组织"(Global Subsidies Initiative)还是在2010年出具了一份报告,据该报告估计,全世界化石燃料行业在这方面每年至少到手1000亿美元。如果再计入各种其他扶持方式,这个数目恐怕要大得多。为了更加切实有效地资助可持续革命,一定要把纳税人的钱从人所不欲之物(污染物、不可再生燃料等)上撤走,投到人们盼望拥有的东西上,那就是清洁、可持续、有益于所有人的经济。

显然,可持续运动正面临诸多严峻阻碍,但可持续主义者依然乐观。人们对于化石燃料陷阱的认识,对无休止增长、社会不平等和工业化的认识,从未像今天这样深刻。人类正在逐渐达成一种广泛共识:国际社会需要采用一套新的叙事,让智人这个物种得以安全舒适地存续,并实现与自然和谐共存。18世纪以来强加于人的"进步即意味着工业增长"童话已基本宣告终结。的确,2012年和2013年的强烈风暴、2010年以来令人不安的气温记录、2007—2008年的经济大灾难,以及21世纪初促人猛醒的自然资源短缺,使人们无法再对可持续派的主张保持无视,也难以继续忍受增长派绵延不断的思想教条[51]。

本书旨在说明创建可持续社会的基本思想的历史谱系绵长,至少可以追溯到1700年。本书的写作也是为了将过去、现在和未来联系起来。回顾过去,才能更好地认识现在与未来。我们将拥有一个怎样的未来已成为21世纪公民的严正关切。回顾可持续性从思想观念到实践运动的缓慢发展、沿革过程,显然大有裨益,这是因为:第一,它对资本主义工业化及其产生的全球社会与生态系统影响作出了有益的批判;第二,也是更具建设性的一点,它提供具体的实践、技术和知识体系,能够推动社会、经济朝向与当下不同,但对人类而言更可行的未来发展。第三,也是最后一点,从多方面来看,很多人心中的可持续社会就是古代智慧的现代化复苏,这些智慧此前大部分被工业增长的洪流淹没。可持续性借鉴前工业化社会的本地主义和应季膳食;采纳源于封建时代日本和18世纪早期萨克森地区的可再生资源采集的观念;巧用19世纪中叶关于稳态经济的观点;延续众多工业革命批判者所表达的对社会公正、平等的渴望。我们不可能做到真正重返工业化前的某个生态乌托邦,但我们可以认真品味先驱者塑造的"在大地上实现永久和平的长存(living in peaceful perpetuity upon the Earth)"理念;聆听拥有先见之明的批判者对肆无忌惮的工业主义所造成后果发出的警示;仔细观察并想方设法再次踏上这条过去未曾选择,因此现在需要重新去探索与发现的路径。

注 释

引言

1. 2010年，特纳在阿尔伯塔大学演讲时采用了这个说法。另参见 Turner, Chris. *The Geography of Hope: A Tour of the World We Need.* Toronto: Vintage Canada, 2007.

2. McKibben, Bill. "Buzzless Buzzword." *New York Times*, 10 April 1996. See also Silverman, Howard. "Sustainability: The S-Word." *People and Place: Perspectives*, 15 April 2009. Online: http://www.peopleandplace.net/ perspectives/2009/4/15/sustainability_the_s-word.

3. 笔者找到的最早的文献有 Stivers, Robert L. *The Sustainable Society: Ethics and Economic Growth.* Westminster: John Knox Press, 1976; Pirages, Dennis Clark, ed. *The Sustainable Society: Implications for Limited Growth.* New York: Praeger Publishers, 1977.

4. Sachs, Jeffrey D. *Common Wealth: Economics for a Crowded Planet.* New York: Penguin, 2008.

5. Intergovernmental Panel on Climate Change. *The Synthesis Report of the Fifth Assessment Report.* Geneva: IPCC, 2014. 该报告强化了2007年报告 *Climate Change 2007: Synthesis Report* 的措辞和调查结果。例如，2007年报告说，人类活动是过去几十年气候变暖的主因的可能性为90%~100%；2014年报告把这个可能性提到了95%~100%。

6. 参见 Hansen, James, Makiko Sato, Reto Ruedy, Ken Lo, David W. Lea, and Martin Medina-Elizade. "Global Temperature Change." *Proceedings of the National Academy of Sciences* 103.39（July 2006）: 14288–14293.

7. Sachs, *Common Wealth*, 139. 另见 the Millennium Ecosystem Assessment. *Ecosystems and Human Well-Being: Biodiversity Synthesis.* Washington, DC: World Resources Institute, 2005.

8. 可参见 Mason, Paul. *Meltdown: The End of the Age of Greed.* New York: Verso, 2010.

9. Rifkin, Jeremy. *The Third Industrial Revolution: How Lateral Power Is Transforming Energy, the Economy, and the World.* New York: Palgrave Macmillan, 2011.

10. 社会公正的定义尚存争议，但其基本内容就是联合国1948年《世界人权宣言》所说的人权。社会公正也包含实现繁荣的能力,生活于健康环境的权利,获取基本生活必需品的权利,以及免受压迫的自由。

11. 笔者受到乌尔里希(Hans Ulrich)的启发。乌尔里希是少数几个研究可持续性的历史的当代作者之一。参见 Grober, Ulrich. *Sustainability: A Cultural History*. Trans. Ray Cunningham. Totnes, UK: Green Books, 2012.

12. 参见 Edwards, Andres R. *The Sustainability Revolution: Portrait of a Paradigm Shift*. Gabriola, BC: New Society Publishers, 2005.

13. 洗绿就是忽悠人,搞欺骗,指某一企业或某一组织有意制造假象,让人们误以为他们的产品或服务是绿色环保的。洗绿利用了公众转变消费习惯的良好愿望。许多公司想以绿色环保的形象示人,而实际所为却并不绿色,因而被视为骗子、伪善。洗绿行为常让选民、公民、消费者不知道该相信谁。

14. 英语单词sustainability法语常译作 la durabilité(而 sustainable development 在法语中则译作 le développement persistent),西班牙语译作 sostenibilidad,意大利语译作 sostenibilità。

15. Daly, Herman E. "Introduction." In *Toward a Steady-State Economy*. Ed. Herman E. Daly. San Francisco: Freeman, 1973, 23. 也可参阅 Victor, Peter. *Managing Without Growth: Slower by Design, Not Disaster*. Cheltenham, UK: Edward Elgar Publishing, 2008, 22.

16. 关于可持续性的原则有一篇概说,写得十分精彩,请参阅 Dresner, Simon. *The Principles of Sustainability*. Earthscan, 2008.

17. The Natural Step. "The Four Systems Conditions." www.thenaturalstep.org.

18. Heinberg, Richard. "What Is Sustainability?" *The Post-Carbon Reader: Managing the 21st Century's Sustainability Crises*. Eds. Richard Heinberg and Daniel Lerch. Healdsburg, CA: Watershed Media, 2010, 13–24.

19. 不过,海因伯格肯定是借鉴了以下成果:Jessie Dillard, Veronica Dujon, and Mary C. King, eds. *Understanding the Social Dimensions of Sustainability*. New York: Routledge, 2008.

20. Bartlett, Albert A. "Forgotten Fundamentals of the Energy Crisis." *American Journal of Physics* 46 (September 1978): 876–888; Bartlett, "Reflections on Sustainability, Population Growth, and the Environment— Revisited." *Renewable Resources Journal* 15.4 (Winter 1997–1998): 6–23.

21. Foucault, Michel. *L'archéologie du savoir*. Gallimard, 1969。这本书的书名英语常译

作 Archaeology of knowledge(《知识考古学》),有多个版本。

22. Dryzek, John S. *The Politics of the Earth: Environmental Discources*. 2d ed. Oxford: Oxford University Press, 2005.

23. Worster, Donald. *Nature's Economy: A History of Ecological Ideas*. 2d ed. Cambridge, UK: Cambridge University Press, 1994.

24. 社会可持续能促进环境可持续和经济可持续。参见 Magis, Kristen, and Craig Shinn, "Emergent Principles of Social Sustainability." In Dillard, Dujon, and King, *Understanding the Social Dimensions of Sustainability*, 15–44.

25. 参见 Harris, Jonathan M. and Neva R. Goodwin. "Volume Introduction." *A Survey of Sustainable Development: Social and Economic Dimensions*. Eds. Jonathan M. Harris, Timothy A. Wise, Kevin P. Gallagher, and Neva R. Goodwin. Washington, DC.: Island Press, 2001, xxix.

26. Meadows, Donella H., Dennis L. Meadows, and Jørgen Randers. *The Limits to Growth: The 30-Year Update*. White River Junction, VT.: Chelsea Green Publishing, 2004. 引自该书第204页。

27. Diamond, Jared. *Collapse: How Societies Choose to Fail or Succeed*. New York: Viking Press, 2005.

28. Mishan, E. J. *The Cost of Economic Growth*. London: Staples, 1967; Mishan, *Economic Growth Debate: An Assessment*. London: Allen & Unwin, 1977; Meadows, Donella H., Dennis L. Meadows, Jørgen Randers, and William W. Behrens Ⅲ（Club of Rome）. *The Limits to Growth*. New York: Universe Books, 1972; Daly, Herman. *Steady-State Economics*. San Francisco: Freeman, 1977; Schumacher, E. F. *Small Is Beautiful: Economics as if People Mattered*. New York: HarperCollins Publishers, 1973.

29. 笔者所在的大学给出的可持续性定义包含了生态极限思想："可持续性即在可用的物理资源、自然资源和社会资源的限度内,按照能让人类赖以生存的生命系统永久繁荣的方式去生活。"参见 University of Alberta, Office of Sustainability. sustainability.ualberta.ca。

30. Daly, Herman E. "Toward Some Operational Principles of Sustainable Development." *Ecological Economics* 2(1990): 1–6.

31. *Our Common Future*(《我们共同的未来》)第27段。另请注意,格里格斯把此定义改为:可持续发展就是"既能满足现时需要,又能保护地球今世及后世福祉所依、所系的生命支持系统的发展"。Griggs, David, *et al.* "Sustainable Development Goals for People and

Planet." *Nature* 495 (21 March 2013): 305-307, 引自第306页。

32. Ehrenfeld, John R. *Sustainability by Design: A Subversive Strategy for Transforming Our Culture*. New Haven, CT: Yale University Press, 2008, 6.

33. Weisman, Alan. *The World Without Us*. New York: Thomas Dunne Books, 2007. 有人可能觉得韦斯曼是在提倡"生态中心论";20世纪60年代之后,内斯(Arne Naess)曾对此论做过有力的阐述,提出了"深度生态学"的概念,认为一切生物具有与生俱来的内禀价值,绝非只具有人类眼中的工具性利用价值;说得再简单些:人类不应该以自我为中心。

34. Diamond, Jared. *Guns, Germs, and Steel: The Fates of Human Societies*. New York: Norton, 1999, 147.

35. 前工业化的土著社会依然是众多可持续主义者的灵感来源,虽然鲜有人相信工业社会能真的"回归"那种对自然环境影响小的生存模式。

36. Heinberg, Richard. *Powerdown: Options and Actions for a Post-Carbon World*. Gabriola, BC: New Society Publishers, 2004.

37. Rifkin, *The Third Industrial Revolution*, 4–5.

38. Brown, Lester R. *Building a Sustainable Society*. New York: Norton, 1981, 278.

39. 根据谢伦伯格和诺德豪斯(Michael Shellenberger and Ted Nordhaus)的看法,可持续性和环保主义的区别是很明显的。参见"The Death of Environmentalism: Global Warming Politics in a Post-Environmental World." *Special Issue: Don't Fear the Reapers: On the Alleged Death of Environmentalism*. *Grist*, 13 January 2005. Online: http://grist.org/article/doe-reprint/ 最近,两人又合写了一部探讨后环保主义的著作,批评环保主义格局狭隘:Shellenberger, Michael and Nordhaus, Ted. *Break Through: From the Death of Environmentalism to the Politics of Possibility*. Boston: Houghton Mifflin, 2007.

40. 笔者一直不太接受"西方"这个词,因为它隐含了非此即彼的二元论,既不准确,也无用处。本书只把它当作对欧洲和北美工业社会的简称。

第一章

1. 这并不是说19世纪之前没有污染。许多手工业污染水道,而烧木柴(后来烧煤)弄脏了世界许多地方的城市中心区。参见 Thomas, Keith. *Man and the Natural World: Changing Attitudes in England, 1500–1800*. London: Allen Lane, 1983, 244-245.

2. Cronon, William. *Changes in the Land: Indians, Colonists, and the Ecology of New Eng-

land. New York: Hill & Wang, 1983, 11.

3. Mann, Charles C. *1493: Uncovering the New World Columbus Created*. New York: Knopf, 2011.

4. Thomas, *Man and the Natural World*, 193.

5. Williams, Michael. *Deforesting the Earth: From Prehistory to Global Crisis*. Chicago: University of Chicago Press, 2002, 269.

6. 小冰期极可能是由太阳黑子活跃度暂时降低导致太阳辐射强度减弱引起的,而有些学者认为,殖民初期新大陆生态的急速变化导致或加剧了大西洋世界的冷却过程。最主要的是气候确实变冷了一段时间,特别是在欧洲。

7. Diamond, *Collapse*, 11. 另参见 Tainter, Joseph. *The Collapse of Complex Societies*. Cambridge, UK: Cambridge University Press, 1988; reprint, 2003. 戴蒙德的大部分论述源自泰恩特(Joseph Tainter)。

8. Grove, Richard H. *Green Imperialism: Colonial Expansion, Tropical Island Edens and the Origins of Environmentalism, 1600—1860*. Cambridge, UK: Cambridge University Press, 1995, 56:"甚至到1791年,普雷斯顿(Thomas Preston)还对下院的一个委员会说,英国的橡树减少了'不必遗憾,这恰恰证明国家进步了,对皇家海军而言,把野蛮的国度拿来作苗圃是再合适不过了'。"格罗夫在书中提到:英国曾在1690—1776年向其美洲殖民地索要木材。

9. 可参阅 Mckendrick, Neil, John Brewer, and J. H. Plumb. *The Birth of a Consumer Society: The Commercialization of Eighteenth-Century England*. Bloomington: Indiana University Press, 1982; reprint 1985.

10. Richardson, David. "Involuntary Migration in the Early Modern World." In *The Cambridge World History of Slavery*. Vol. 3. Eds. Bradley, Keith and Paul Cartledge. Cambridge, UK: Cambridge University Press, 2011, 583.

11. Crosby, Alfred W. *Ecological Imperialism: The Biological Expansion of Europe, 900–1900*. Cambridge, UK: Cambridge University Press, 1986.

12. Klooster, Wim. *Revolutions in the Atlantic World: A Comparative History*. New York: New York University Press, 2009; also Hunt, Lynn. *Inventing Human Rights: A History*. New York: Norton, 2007.

13. Lang, Helen S. *Aristotle's Physics and Its Medieval Varieties*. Albany: SUNY Press,

1992.

14. 此处,笔者显然是把一个复杂主题简单化了,因为当时有几个思想流派正在同宇宙学说争锋。不过,学者间已逐渐在一些很基础的范式假设上达成一致。参见 Shapin, Steven. *The Scientific Revolution*. Chicago: University of Chicago Press, 1996.

15. 参见 Caradonna, Jeremy L. *The Enlightenment in Practice: Academic Prize Contests and Intellectual Culture in France, 1670-1794*. Ithaca, NY: Cornell University Press, 2012.

16. Thomas, *Man and the Natural World*, 15.

17. Worster, *Nature's Economy*, 36. 请注意,学界对宗教与环境破坏之间的关系看法不一。

18. Descartes, René. *Discourse on Method and Meditations on First Philosophy*. 4th ed. Trans. Donald. A. Cress. Indianapolis: Hackett, 1998, 35. 格罗贝尔认为,笛卡儿的读者斯宾诺莎(Baruch Spinoza)背离了笛卡儿的人类中心主义,他的泛神论暗示,人类是自然的一部分(或由同一物质构成)。也许斯宾诺莎应该在生态思想史上拥有更高的地位。参见 Grober, *Sustainability*, 55.

19. 培根在其多篇作品里谈论过该问题,不过,这句话出自他1605年写的文章"The Masculine Birth of Time"。

20. Worster, *Nature's Economy*, 53. 这些话是沃斯特用来描述亚当·斯密的。

21. Baron d'Holbach, Paul Henri Thiry. *Système de la nature, ou Des loix du monde physique et du monde moral*. Londres: M.-M. Rey, n.p., 1770.

22. Comte de Buffon, Georges-Louis Leclerc. *Histoire naturelle, générale et particulière, avec la description du Cabinet du Roi*. 36 vols. Paris: Impr. Royale, 1749-1788.

23. Linnaeus, Carl. *Systema Naturae*. London: Natural History Museum, 1991. 初版为1735年至18世纪90年代出版的多卷本。

24. Diderot, Denis and Jean le Rond d'Alembert, eds. *Encyclopédie, ou Dictionnaire raisonné des sciences, des arts et des métiers*. 28 Vols. Paris, 1751-1772.

25. Grove, *Green Imperialism*, 50-51.

26. Worster, *Nature's Economy*, 2.

27. Worster, *Nature's Economy*, 7. 另见 White, Gilbert. *The Natural History of Selbourne*. London: White, 1789.

28. 本段及后一段的大部分素材来自卡拉东纳的《论资源保护主义》(Conservationism

avant la lettre? Public Essay Competitions on Forestry and Deforestation in Eighteenth-Century France). In *Invaluable Trees: Cultures of Nature, 1660–1830*. Eds. Laura Auricchio, Elizabeth Heckendorn, Cook, and Giulia Pacini. Oxford: Voltaire Foundation, 2012, 39–54.

29. Williams, *Deforesting the Earth*, 264.

30. Evelyn, John. *Sylva, or a Discourse of Forest-Trees and the Propagation of Timber in His Majesty's Dominions*. 1st ed. London: Allestry and Martyn, 1664. 另请注意，伊夫林是近代最早论述城市空气污染问题的作者之一。参见他的 *Fumifugium, or, The Inconvenience of the Aer and Smoak of London Dissipated Together with some Remedies Humbly Proposed by J. E. esq. to His Sacred Majesty, and to the Parliament Now Assembled*. London: W. Godbid, 1661.

31. Thomas, *Man and the Natural World*, 198. 另外，格罗夫提到，农民及私有财产的维护者经常反对这类保护工作，有些地方甚至还发生了骚乱。Grove, *Green Imperialism*, 56-57.

32. 参见 Grober, *Sustainability*, 64–70, cited on 70.

33. *Ordonnance sur le fait des Eaux et Forêts*. Paris: Chez P. Le Petit, 1669.

34. Whited, Tamara L. *Forests and Peasant Politics in Modern France*. New Haven, CT: Yale University Press, 2000, 22.

35. Whited, *Forests and Peasant Politics*, 23, 26. 请参阅卡拉东纳《论资源保护主义》（*Conservationism*）的注释援引的关于此问题的多种资料。

36. Grober, *Sustainability*, 75.

37. Carlowitz, Hans Carl von. *Sylvicultura oeconomica, oder haußwirthliche Nachricht und Naturmäßige Anweisung zur wilden Baum-Zucht*. Leipzig: Braun, 1713. 据笔者所知，这部著作只有一部分译成了英文。

38. Grober, Ulrich. "Der Erfinder der Nachhaltigkeit." *Die Zeit* 48（25 November 1999）: 98. Online: http://www.zeit.de/1999/48/Der_Erfinder_der_Nachhaltigkeit. See also Grober. *Deep Roots: A Conceptual History of "Sustainability."* Berlin: Wissenschaftszentrum Berlin für Sozialforschung, 2007. Grober is the undisputed expert on Carlowitz.

39. Grober, *Deep Roots*, 17–18.

40. Grober, *Sustainability*, 83.

41. Carlowitz, *Sylvicultura oeconomica*, 105–106.

42. Grober, *Deep Roots*, 21–22; Grober, *Sustainability*, 116–118.

43. Grober, "Der Erfinder," n.p.

44. Grober, *Deep Roots*, 19.

45. Grober, *Deep Roots*, 19–20.

46. Labrousse, Ernst. *Esquisse du mouvement des prix et des revenus en France au XVIIIe siècle*. Vol. 2. Paris: Librairie Dalloz, 1933, 343–348.

47. 此段是卡拉东纳的文章《论资源保护主义》(*Conservationism*)的摘要。这几位随笔家参加了由巴黎及各省的学院主办并评审的写作比赛。

48. 参见 Diamond, *Collapse*, 277–306.

49. 参见 Mann, Charles C. *1493: Uncovering the New World Columbus Created*. New York: Vintage, 2011.

50. Diamond, *Collapse*, 299–304.

51. Diamond, Collapse, 300–304; see also Richards, John F. *The Unending Frontier: An Environmental History of the Early Modern World*. Berkeley: University of California Press, 2006, 184–185.

52. Diamond, *Collapse*, 304.

53. Diamond, *Collapse*, 304; Iwamoto, Junichi. "The Development of Japanese Forestry." In *Forestry and the Forest Industry in Japan*. Ed. Yoshiya Iwai. Vancouver: UBC Press, 2002, 9.

54. Iwamoto, "The Development," 8.

55. Grove, *Green Imperialism*, 61.

56. Grove, *Green Imperialism*, 62, 387.

57. Grove, *Green Imperialism*, 6.

58. Grove, *Green Imperialism*, 15. See also 23.

59. Grove, *Green Imperialism*, 67, 155, 166.

60. Grove, *Green Imperialism*, 168.

61. Rifkin, *The Third Industrial Revolution*, 193.

62. Smith, Adam. *An Inquiry into the Nature and Causes of the Wealth of Nations*. London: Printed for W. Strahan and T. Cadel, 1776。请注意，曼德维尔(Bernard Mandeville)在1705年发表的《蜜蜂的寓言》(*The Fable of the Bees: Or, Private Vices, Public Benefits*)(London: Printed for Sam Ballard, at the Blue-Ball, in Little-Britain)，预告了亚当·斯密的很多经济学思想，如劳动分工与看不见的手等。两位思想家对利用贪婪和自利为社会谋福利饶有

兴趣。

63. 引于 Rifkin, *The Third Industrial Revolution*, 194.

64. 参见 Caradonna, *The Enlightenment in Practice*, 170.

65. Brewer, Anthony. *The Making of the Classical Theory of Economic Growth*. London: Routledge, 2010, preface（n.p.）.

66. Mokyr, Joel. *The Enlightened Economy: An Economic History of Britain, 1700–1850*. New Haven, CT: Yale Univ. Press, 2009, 13. 莫基尔在该书第487页总结："启蒙运动就是现代经济增长这间屋子里的那只600磅的大猩猩。"

67. Brewer, *The Making of the Classical Theory*, 3–4, 12–13.

68. 参见 Caradonna, "Conservationism."

69. 其实,荷兰人在17世纪就摆脱了重商主义。英国人在18世纪朝着相同的方向发展,虽然直到19世纪英国才实现了经济管制放开。

70. Shovlin, John. *The Political Economy of Virtue: Luxury, Patriotism, and the Origins of the French Revolution*. Ithaca, NY: Cornell University Press, 2006.

71. Bibliothèque Municipale de Bordeaux, 828（C）（essay #3, 1787）.

72. 近年关于重农派的研究表明,他们提出的经济、法律和政治主张遭遇了很大阻力。参见 Vardi, Liana. *The Physiocrats and the World of the Enlightenment*. New York: Cambridge University Press, 2012.

73. Rousseau, Jean-Jacques. *Discours sur les sciences et les arts*. Geneva: Barillot, 1750. 同样的主题有些出现在卢梭1762年出版的教育名著《爱弥尔》(*Émile, ou de l'éducation*)中。

74. 有些作者已先于卢梭提出了"人生而平等"的观点,最著名的一位是斯宾诺莎,在其著作《伦理学》(*Ethics*)中有此表述。

75. Rousseau, Jean-Jacques. *Discours sur l'origine et les fondements de l'inégalité parmi les hommes*, 1754.

第二章

1. Mokyr, *The Enlightened Economy*, 489.

2. 有关叙事和历史意识,参见 White, Hayden. *The Content of the Form: Narrative Discourse and Historical Representation*. Baltimore: Johns Hopkins University Press, 1987.

3. 有关启蒙运动的叙事,参见 Edelstein, Dan. *The Enlightenment: A Genealogy*. Chica-

go: University of Chicago Press, 2010.

4. 引自 the EPA's website, "The Causes of Climate Change," April 2013: http://www.epa.gov/climatechange/science/causes.html.

5. Sale, Kirkpatrick. *Rebels Against the Future: The Luddites and Their War on the Industrial Revolution: Lessons for the Computer Age.* Reading, MA: Addison-Wesley, 1995, 23.

6. Sale, *Rebels*, 199.

7. Ortiz, Isabel and Matthew Cummins. *Global Inequality: Beyond the Bottom Billion: A Rapid Review of Income Distribution in 141 Countries.* New York: UNICEF, 2011, 19.

8. Sachs, *Common Wealth*, 6, 247.

9. Sale, *Rebels*, 26-27.

10. Mokyr, *Enlightened Economy*, 100.

11. 据沃斯特说，英格兰在18世纪末和19世纪初圈占农业土地（私有化）达650万英亩。Worster, *Nature's Economy*, 13.

12. Sale, *Rebels*, 53.

13. 本段大部分材料出自 Sale, *Rebels*, 27-55.

14. Sale, *Rebels*, 1-13. The quote comes from the "Author's Note."

15. Sale, *Rebels*, 16.

16. Munby, Lionel M., ed. *The Luddites and other Essays.* London: Micheal Katanka, 1971, 34; 另参见同一卷中 Jenkinn, Aflred J. "Chartism and the Trade Unions," 76-77.

17. Munby, *The Luddites and other Essays,* 50.

18. Wordsworth, *Excursion*, Book 8, lines 105-109, 128-130, cited in Sale, *Rebels*, 54.

19. Worster, *Nature's Economy*, 82.

20. 超验主义指19世纪20—30年代新英格兰兴起的哲学思潮，它与奥尔科特（Bronson Alcott）、富勒（Margaret Fuller）、里普利（George Ripley）、梭罗、爱默生等人关系密切；它强调人类的仁慈与生俱来，崇尚独立自主自立、自给自足。

21. Thoreau, Henry David. *Walden; Or, Life in the Woods.* Boston: Ticknor and Fields, 1854.

22. Emerson, Ralph Waldo. "Self-Reliance." *Essays: First Series.* Boston, MA: [n.p.], 1841.

23. Thoreau, Henry David. "A Winter Walk." *The Dial* 4 (October 1843): 221-226; Thoreau, *The Maine Woods.* Boston: Ticknor and Fields, 1864. 另见 Worster, *Nature's Economy*,

58–63.

24. Steiguer, J.E. de. *The Origins of Modern Environmental Thought*. Tucson: University of Arizona Press, 2006, 8.

25. Nash, Roderick. *The Rights of Nature: A History of Environmental Ethics*. Madison: University of Wisconsin Press, 1989, 36.

26. Edwards, *Sustainability Revolution*, 12.

27. Engels, Friedrich. *The Condition of the Working-Class in England 1844*. Trans. Florence Kelley Wischnewetzky. London: Allen and Unwin, 1968, 20. 此处引用的是1845年版的重印本,内有恩格斯写的英文献词。

28. Engels, *Condition*, 43.

29. Engels, *Condition*, 49–50.

30. Gottlieb, Robert. *Forcing the Spring: The Transformation of the American Environmental Movement. Washington*, DC: Island Press, 1993, 278.

31. 本章稍后和第四章举出若干例子。请读者注意,穆勒在政治上、哲学上是自由派,并非社会主义者,也不是工人运动的拥趸,虽然他提到了傅立叶及其建立乌托邦工人合作社的构想。

32. Malthus, Thomas Robert. *An Essay on the Principle of Population: Or a View of Its Past and Present Effects on Human Happiness; with an Inquiry into Our Propsects Respecting the Future Removal or Mitigation of the Evils Which It Occasions*. 6th ed. London: John Murray, 1798; reprint 1826, I.I.16. Online: http://www.econlib.org/library/Malthus/malPlong1.html.

33. Malthus, *Essay*, I.Ⅱ.1–I.Ⅱ.9.

34. Malthus, *Essay*, I.Ⅱ.8–I.Ⅱ.11.

35. Wrigley, E. A. "The Limits to Growth: Malthus and the Classical Economists." *Population and Development Review*, 14 (1988): 30–48. See pages 34–35.

36. Brewer, *The Making of the Classical Theory of Economic Growth*, 4.

37. 参见本书第四章。

38. Mishan, *Economic Growth Debate*, 81.

39. Skidelsky, Robert and Edward Skidelsky. *How Much Is Enough? Money and the Good Life*. New York: Other Press, 2012, 53. Steiguer, Origins, 6.

40. Mokyr, *Enlightened Economy*, 5–6.

41. 关于马尔萨斯、他的理论学说及其适用性,一直存在争议;有关这些争议的研讨,可参见 Sachs, *Common Wealth*, 73; Dryzek, *Politics of the Earth*, 28; 以及 Bartlett, "Reflections on Sustainability," 15.

42. Diamond, *Collapse*, 311.

43. 戴蒙德认为,胡图族和图西族的种族矛盾是导致种族屠杀的主要原因,但是,"为什么胡图族内部会在毫无种族动机的情况下将至少5%的本族人杀掉?这一点还有待说明"。戴蒙德说,种族矛盾只是种族屠杀暴力行为的一个原因。他指出,土地稀缺、粮食产量低、人口过剩等因素造成人口压力,激发内部冲突,同时加剧了种族矛盾。归根到底,这场种族暴力还是由马尔萨斯式的人口危机引发的。Diamond, *Collapse*, 319.

44. Meadows et al., *Limits to Growth: The 30-Year Update*, x–xi.

45. Ricardo, David. *On the Principles of Political Economy and Taxation*, in *The Works and Correspondence of David Ricardo*. Vol. 1. 3d ed. Ed. P. Sraffa. Cambridge, UK: Cambridge University Press, 1951, 120.

46. Wrigley, "the Limits to Growth," 40.

47. Brown, *Building a Sustainable Society*, 117–118.

48. Jevons, William Stanley. *The Coal Question; An Inquiry Concerning the Progress of the Nation, and the Probable Exhaustion of Our Coal-Mines*. 2d ed. London: Macmillan, 1866. 初版出版于1865年。这一版未标页码。参见本书第四章。

49. Daly, *Steady-State Economics*, 121.

50. Jackson, Tim. *Prosperity Without Growth: Economics for a Finite Planet*. London: Earthscan, 2009, 54.

51. Wackernagel, Mathis and William E. Rees. "Perceptual and Structural Barriers to Investing in Natural Capital: Economics from an Ecological Footprint Perspective." *Ecological Economics*. 20.1 (January 1997): 20.

52. 值得一提的是,杰文斯对利用太阳能的潜力作了推测,他认为太阳能是未来奇迹,也会对英国的经济势力构成威胁,他说:"有朝一日人类把阳光收集起来,或发现某种现在还未知的力量之源,这种情形在未预见事件剩余的可能性里,出现的概率很大。只是,这样的发现势必会摧毁我国独具的工业霸权。也正是为此,欧洲大陆上的电学研究已经如火如荼地开展起来了。"Jevons, *The Coal Question*, 第8章。

53. 参见Steiguer, *Origins*, 7.

54. Mill, John Stuart. *Principles of Political Economy with Some of Their Ap¬plications to Social Philosophy*. 7th ed. London: Longmans, Green, 1909, Ⅳ.6.1—Ⅳ.6.2；1848年出版的初版。Online: http://www.econlib.org/library/Mill/mlP61.html.

55. Mill, *Principles*, Ⅳ.6.4.

56. Mill, *Principles*, Ⅳ.6.5.

57. Mill, *Principles*, Ⅳ.6.9.

58. Mill, *Principles*, Ⅳ.6.6.

59. Skidelsky and Skidelsky, *How Much Is Enough*, 53-54.

60. Jackson, *Prosperity Without Growth*, 124.

61. Daly, *Steady-State Economics*, 18.

62. 不过，可能有一些例外，如凡勃伦（Thorstein Veblen）的《有闲阶级论》（*The Theory of the Leisure Class*，1899年），阐述了不平等与"炫富消费"的经济因素；还有庇古的《福利经济学》（*The Economics of Welfare*，1920年），主张生产者承担生产的全部"成本"，生产所致污染、疾病和环境退化等也包括在内。庇古提议对污染环境的生产者征税，来抑制人们不愿承受的外部成本。参见 Veblen, 'Ihorstein. *The Theory of the Leisure Class*. New York: Dover Publications, 1994; Pigou, Nicolas. *The Economics of Welfare*. London: Macmillan, 1932. 19世纪后期，新古典经济学把静止态（及所有的原始生态经济学）排挤到了一边，直到20世纪60年代后期和70年代，这一思想才又隆重登场。称马歇尔（Alfred Marshall）的《经济学原理》（*Principles of Economics*，1890年）与哈耶克的《通往奴役之路》（*The Road to Serfdom*，1944年）对生态经济学卓有贡献，是相当牵强的。关于生态经济学及其对新古典经济学许多基本原理的摒弃，可参阅本书第四章的深入分析。

63. Darwin, Charles. *On the Origins of Species by Means of Natural Selection, or the Preservation of Favoured Races in the Struggle for Life*. London: Juhn Murray, 1859.

64. Worster, *Nature's Economy*, 192. Haeckel's book was called *Generelle Morphologie der Organismen*（Berlin: Reimer, 1866）.

65. 即便是达尔文的人类进化论著作《人类的由来及性选择》（*Descent of Man, and Selection in Relation to Sex*，1871年），也没有特别关注工业主义，但维多利亚时代的人却把它说成了欧洲文明进步的辩护书。值得一提的是，达尔文并不是"社会达尔文主义者"。

66. Darwin, *On the Origins of Species*, chapter 3.

67. Sachs, Aaron. *The Humboldt Current: Nineteenth-Century Exploration and the Roots of*

American Environmentalism. New York: Viking, 2006, 2.

68. Worster, *Nature's Economy*, 140–143.

69. Worster, *Nature's Economy*, 150–154.

70. Worster, *Nature's Economy*, 164.

71. Nash, *The Rights of Nature*, 22. 当然，达尔文式进化论派的科学家和宗教神创论者之间的争论在21世纪仍然存在。

72. Steiguer, *Origins*, 9.

73. "Marsh, George Perkins." In *The Encyclopedia of the Earth*. Online: http:// www. eoearth.org/view/article/154491/.

74. Marsh, George Perkins. *Man and Nature, or, Physical Geography as Modified by Human Action*. Ed. David Lowenthal. Seattle: University of Washington Press, 2003, 37. Originally published in 1864.

75. Marsh, *Man and Nature*, 29–35. 马什的著作带有强烈的人类中心论色彩。他认定人类是地球的主宰力量，并坚信人类能用这种力量保护环境。讨论环境"管理"（stewardship）的文献经常引用马什的观点即人类中心论：人类有责任（和能力）管理自然环境。

76. "Marsh, George Perkins." *The Encyclopedia of the Earth*, n.p.

77. Marsh, *Man and Nature*, 39.

78. Marsh, *Man and Nature*, 43.

79. Nash, *The Rights of Nature*, 38.

80. Marsh, *The Rights of Nature*. xvii（editor's introduction）.

81. 西奥多·罗斯福经常在面对缪尔和平肖的国家公园构想时举棋不定。尽管如此，与多数前任和众多继任者相比，罗斯福还是资源保护主义的坚定维护者。1901年12月2日，他对国会发表演讲时说："林业的基本理念就是靠利用让森林长久存续。保护森林本身并不是目的，而是增加、维持我国资源及依靠资源发展的各行业的一种手段。保存我们的森林是硬性的商业责任。"引自 Gottlieb, *Forcing the Spring*, 23.

82. 引自 Nash, *The Rights of Nature*, 40. 另见 Worster, *Nature's Economy*, 185.

83. Muir, John. *Our National Parks*. New York: Houghton Mifflin, 1901.

84. Muir, *Our National Parks*, chapter 1, n. p. Online: http://www. yosemite. ca. us/ john_muir_writings/our_national_parks/chapter_1.html.

85. 平肖的保护还有其他问题,如保护土地经常包括剥夺美洲原住民长久以来使用的土地。要是不从善意角度出发解读早期的资源保护主义,一定会认为这种保护无非是为了白人殖民列强的利益,保住盗来的土地。

86. Righter, Robert W. *The Battle over Hetch Hetchy: America's Most Controversial Dam and the Birth of Modern Environmentalism*. Oxford: Oxford University Press, 2005, 68.

87. 参见 Robinson, "Squaring the Circle? Some Thoughts on the Idea of Sustainable Development." *Ecological Economics* 48.4(2004): 369-384. preservationist(自然保护主义者)和 conservationist(资源保护主义者)的区分可以追溯到纳什(Roderick Nash)和福克斯(Stephen Fox)早期所做的历史研究;对两者进行的这种区分受到一些学者的批判,他们认为平肖和缪尔都对两派思想进行了融合。笔者觉得这一批判不无道理,不过,笔者也认为两种保护主义其实是两种不同的土地利用策略或思想传统,它们继续影响着北美和其他地方的环境政策。

88. Muir, John. "The Hetch-Hetchy Valley." *The Yosemite. Chapter* 12. New York: Century Company, 1912. 最初发表于 1908 年 *Sierra Club Bulletin* 上。另见 Righter, *Battle*, 4; Steiguer, *Origins*, 12.

89. Rigther, *Battle*, 64-66.

90. Gottlieb, *Forcing the Spring*, 26.

第三章

1. Jim Motavalli, Doug Moss, Brian C. Howard, and Karen Soucy, eds. *Green Living: The E Magazine Handbook for Living Lightly on the Earth*. London: Plume Book, 2005.

2. Williams, Raymond. "Ideas of Nature." In *Problems in Materialism and Culture: Selected Essays*. London: Verso, 1980, 67-85. 埃利希和霍尔德伦于 1971 年发表文章(下文引用),为扩展"环境"的定义提供了一个极好的例子。纵观欧洲大部分历史,有一点自不待言:人类那时也是有自然的,只是那个自然通常和文明进程的结果对立,譬如自然和"城市"相对。参见 Mumford, Lewis. *The City in History: Its Origins, Its Transformations, and Its Prospects*. New York: Harcourt, Brace & World, 1961. 也是在这一时期,洛夫洛克(James Lovelock)和马古利斯(Lynn Margulis)提出了颇具影响力的"盖亚假说"(gaia hypothesis),将地球视为一个单一的生态单位。Lovelock, James E. and Margulis, Lynn. "Atmospheric Homeostasis by and for the Biosphere: The Gaia Hypothesis." *Tellus Series A*, 26.1-2(1 February

1974): 2–10.

3. Worster, Donald. *Nature's Economy*, xiii–xiv; Worster, *The Wealth of Nature: Environmental History and the Ecological Imagination*. New York: Oxford University Press, 1994, chapter 13. 沃斯特说,生态学家不再把生态系统视为稳定的系统,而认为它们混乱、多变。显然,这一观念的改变始于20世纪70年代。沃斯特不禁发出质疑:思想的根本转变究竟会带来怎样的伦理影响呢?

4. 可参见Dryzek, *The Politics of the Earth*, 3.

5. 参见Righter, *Battle over Hetch Hetchy;* Fox, Stephen R. *John Muir and His Legacy: The American Conservation Movement*. Boston: Little, Brown, 1981. 请注意,缪尔去世后,preservationism(自然保护主义)一词用得少了。Conservationism(资源保护主义)成了关系环境保护和环境政策的主流词语。从某种意义上说,环保主义者擅用了缪尔的意旨,尽管缪尔认为自己和平肖的conservation思想唱反调。

6. Leopold, Aldo. *A Sand County Almanac: And Sketches Here and There*. Oxford: Oxford University Press, 1949, 207, 204.

7. 参见Dryzek, *The Politics of the Earth*, 51.

8. 讨论环保运动的文献可谓汗牛充栋。笔者推荐先看Steiguer的*Origins*和Gottlieb的*Forcing the Spring*; 另见Kline, Benjamin. *First along the River: A Brief History of the U.S. Environmental Movement*. 4th ed. Lanham, MD: Rowman & Littlefield, 2011; and Stoll, Steven. *U.S. Environmentalism since 1945: A Brief History with Documents*. Boston: Bedford/St. Martin's, 2007. 有一种比较偏向平民的解释,反对"环保主义始于卡森及社会精英"这一传统叙事,读者要想了解,可参阅Montrie, Chad. *A People's History of Environmentalism in the United States*. New York: Continuum, 2011, 以及Schwab, Jim. *Deeper Shades of Green: The Rise of Blue-Collar and Minority Environmentalism in America*. San Francisco: Sierra Club Books, 1994.

9. 请参看斯托尔(Mark Stoll)那篇精彩的文章《一本改变世界的书——谈蕾切尔·卡森的〈寂静的春天〉》(Rachael Carson's Silent Spring, A Book That Changed the World),该文发表在慕尼黑大学"蕾切尔·卡森环境与社会研究中心"开办的"环境与社会"门户网站:http://www. environmentandsociety. org/exhibitions/silent-spring/silent-spring-international-best-seller.

10. Carson, Rachel. *Silent Spring*. Boston: Houghton Mifflin, 1962, 8.

11. Lytle, Mark. *The Gentle Subversive: Rachel Carson, Silent Spring, and the Rise of the Environmental* Movement. Oxford: Oxford University Press, 2007. 另参见 National Resources Defense Council helpful summation of Carson's tribulations. Online: http://www.nrdc.org/health/pesticides/hcarson.asp.

12. Udall, Stewart L. *The Quiet Crisis*. New York: Holt, Rinehart and Winston, 1963. 另可参阅这本书的修订版。

13. Ehrlich, Paul R. *The Population Bomb*. New York: Buccaneer Book, 1968; reprint 1995, 3.

14. 也算是应了埃利希的话,20世纪60年代中期,局势的确到了骇人的地步。像是给埃利希的警告做背景铺垫,这一时期接连发生了几次重大的饥荒与干旱事件,造成发展中国家的数百万人死亡。另外,20世纪70年代人口增长率开始放缓,世界人口直到今天也没有从40亿(1974年)翻一番增加到80亿。还有一点,埃利希撰写这部著作时,20世纪最后几十年全球粮食产量大幅度增加这一史实还未发生。埃利希对所有这些的回答是:人类只是延缓了这场灾难而已,延缓的办法恰恰是采取破坏生态的农业实践活动和合成化学品,损伤土壤的长久肥力。

15. Ehrlich, Paul R. and Holdren, John P. "Impact of Population Growth." *Science* n.s., 171.3977 (26 March 1971). 1212–1217.

16. White, Lynn, Jr. "The Historical Roots of Our Ecological Crisis." *Science* n. s. 155.3767 (10 March 1967), 1206.

17. Hardin, Garrett. "The Tragedy of the Commons." *Science* n.s. 162.3859 (13 December 1968): 1244.

18. Commoner, Barry. *The Closing Circle: Nature, Man, and Technology*. New York: Knopf, 1971, 138. 另见论述康芒纳的二次文献,写得非常好:Egan, Michael. *Barry Commoner and the Science of Survival: The Remaking of American Environmentalism*. Cambridge, MA: MIT, 2007.

19. Commoner, *The Closing Circle*, 29–42.

20. Jacobs, Jane. *The Death and Life of Great American Cities*. New York: Random House, 1961, 5.

21. Lefebvre, Henri. *Writings on Cities*. Eds. and trans. Eleonore Kofman and Elizabeth Lebas. Malden, MA: Blackwell, 1996.

22. "Declaration of the United Nations Conference on the Human Environment," Stockholm, 16 June 1972. 也叫《斯德哥尔摩宣言》(*Stockholm Declaration*)。

23. 参见 Earth Day Network's website: www.earthday.org/about.

24. 一部分研究成果在"The Truth about Recycling."(*The Economist*, 7 June 2007)中有介绍。Online: http://www.economist.com/ node/9249262.

25. Gottlieb, *Forcing the Spring*, 96.

第四章

1. 可参阅 Club of Rome, *Limits to Growth*, 49. 因而，单纯以一概肯定或一概否定来谈论增长是毫无意义的。必须先问一下：是什么东西增长？为谁增长？增长的代价是什么？由谁偿付？真正的需求是什么？对有需求要满足的人而言，什么才是最直接、最有效的满足途径？多少才算够？要分担什么义务？对这些问题的回答，可以为走向一个充裕而平等的社会指明道路。

2. 本章中，笔者对 economist（经济学家，经济学者）一词的使用稍显随意。本章提到的学者大部分是受过专业培养的经济学者，但另有些人是工科出身，有些从事的是社会科学研究或自然科学研究，他们均在各自的著述里探讨过经济学。另外，ecological economics（生态经济学）一词是在本章所论的那个时期过后不久才创造出来的，故而笔者在此用它，时间上有点错位。好在现今有一个共识，那就是这个跨学科领域是博尔丁、奥德姆、米香和戴利等人开创的。

3. 参见 Palley, Thomas. "Milton Friedman: The Great Laissez-Faire Partisan." *Economic & Political Weekly* 41.49（9 December 2006）: 5041–5043; Friedman, Milton. *Capitalism and Freedom*. Chicago: University of Chicago Press, 1962.

4. 可参阅 Keynes, John Maynard. *General Theory of Employment, Interest and Money*. New York: Macmillan, 1936; Hayek, Friedrich. *The Road to Serfdom*. London: Routledge, 1944.

5. Daly, Herman E. Farewell Speech to World Bank. 14 January 1994. Online: http://www.whirledbank.org/ourwords/daly.html.

6. Lovins, Amory. *Soft Energy Paths: Toward a Durable Peace*. Harmondsworth, UK: Penguin, 1977.

7. Stivers, *The Sustainable Society*, 77, also 52.

8. Daly, *Steady-State Economics*, 99. 笔者曾在引言里提到，麦吉本偏爱用 maturity（成

熟)一词,不爱用 sustainability(可持续性)。

9. 参见 Keynes, John Maynard. "Economic Possibilities for Our Grandchildren." In *John Maynard Keynes, Essays in Persuasion*. New York: Norton, 1963. 358–373. 1930首版。关于亚当·斯密,可参阅 Brewer, *The Making of the Classical Theory of Economic Growth*, 137.

10. 罗马俱乐部批判增长,迅疾引发反响,人们纷纷为之辩护。参见 Renshaw, Edward F. "Sustainable Growth: Accident or Design." *The Sustainable Society: Implications for Limited Growth*. Ed. D. C. Pirages. New York: Praeger, 1977, 132. 看到罗马俱乐部关于增长极限的报告,多数经济学家的第一反应不只是对经济增长之于实现减贫、让环境更清洁等这些值得追求的目标的适切性和必要性产生了怀疑,还十分地戒备。伦肖(Edward F. Renshaw)本人重点研究的是"适应一种非增长型经济"。

11. Schumacher, *Small Is Beautiful*, 46.

12. Mishan, *The Cost of Economic Growth*, 17, 10.

13. Mishan, *The Cost of Economic Growth*, 29–30.

14. Mishan, *The Economic Growth Debate*; see also, Arndt, H. W. *The Rise and Fall of Economic Growth*, 1978.

15. Meadows, Donella H., Jørgen Randers, and Dennis L Meadows. *Limits to Growth: The 30-Year Update*. White River Junction, VT: Chelsea Green, x.

16. Club of Rome, *Limits to Growth: A Report for the Club of Rome's Project on the Predicament of Mankind*, 2d ed. New York: Universe Books, 1974, 25, 35. 该报告还用了"承载力"一词,借自造船业,指地球能够供养人口的最大数量。

17. Daly, Herman E. "Economics in a Full World." *Scientific American* 293.3(2005):100–110.

18. Daly, *Steady-State Economics*, 3.

19. 参见 Mishan, *The Cost of Economic Growth*, 27.

20. Mishan, *The Cost of Economic Growth*, 64.

21. Daly, *Toward a Steady-State Economy*, 25.

22. Lovins, *Soft Energy Paths*, 6.

23. Hubbert, M. King. "Nuclear Energy and the Fossil Fuels." 1956年3月7—9日,美国石油研究院(American Petroleum Institute)在得克萨斯州圣安东尼奥的广场酒店(Plaza Hotel)召开了南部地区春季会议(Spring Meeting of the Southern District);哈伯特的论文

Nuclear Energy and the Fossil Fuels 在会上宣读。关于石油峰值,参见 On peak oil, see Hirsch, Robert L., Bezdek, Roger, and Wendling, Robert. "Peaking of World Oil Production: Impacts, Mitigation & Risk Management." Science Applications International Corporation/US Department of Energy, February 2005. Online: www. netl. doe. gov/publications/others/pdf/Oil_Peaking_NETL.pdf;另见海因伯格关于该问题的著述,如 Heinberg, Richard. *The Party's Over: Oil, War and the Fate of Industrial Societies*. Gabriola, BC: New Society Publishers, 2003.

24. 这个词出自 Galbraith, John Kenneth. *The Affluent Society*. Boston: Houghton Mifflin, 1958. 加尔布雷思此书(中译本译名为《富裕社会》或《丰裕社会》)对生态经济学者影响很大,书中认为二战以来,美国的私营部门富了,公共部门穷了,致使社会不平等状况加剧,留给社会和基建开发的资金不多。

25. Mishan, *The Economic Growth Debate*, 29-30.

26. Daly, *Steady-State Economics*, 99-101. 戴利的这段文字探讨了非经济性增长,只是他没用这个词。另见 Schumacher, *Small Is Beautiful*, 41. 舒马赫审视了传统的经济价值观:"这就等于说,一项活动虽然糟蹋环境,却可能是经济性活动;而与之相抗的另一项活动,如果是以某种代价保护了环境,那它必定是非经济性活动。"

27. Mishan, *The Cost of Economic Growth*, 65.

28. Daly, *Steady-State Economics*, 3.

29. Hirsch, Fred. *Social Limits to Growth*. Cambridge, MA: Harvard University Press, 1976, 4.

30. Pirages, *The Sustainable Society*, 8-11. 该书第10-11页论及缓增长:"可持续增长是个很难把握的概念,但它似乎又是我们现有的走向未来的最佳指南。可持续增长就是物理环境和社会环境为达成可预见的未来所能支持的经济增长。一个理想的可持续社会里,所有能源均取自太阳,一切不可再生资源都会被循环利用。"不妨回顾一下本书的引言:巴特利特说"可持续增长"是个对顶词——它把一对矛盾捏合在了一起。

31. Mishan, *The Cost of Economic Growth*, 32-35.

32. Schumacher, *Small Is Beautiful*, chapter 4. He began developing this idea in the mid-1960s.

33. Stivers, *The Sustainable Society*, 10.

34. Daly, *Steady-State Economics*, 148.

35. Daly, *Steady-State Economics*, 14. 另请参见 Mill, *Principles of Political Economy*,

1848. 穆勒的著作有许多版本，戴利援引的是1857年版。有关稳态经济学史的简介，参见 Anderson, Mark W. "Economics, Steady State." *Berkshire Encyclopedia of Sustainability*. Vol. 10, *The Future of Sustainability*. Great Barrington, MA: Berkshire, 2012, 78-85. 概括得很精彩。

36. Daly, *Steady-State Economics*, 17.

37. Daly, *Steady-State Economics*, 53.

38. Daly, *Steady-State Economics*, 126.

39. Odum is cited below. See Holling, C. S. "Resilience and Stability of Ecological Systems." *Annual Review of Ecology and Systematics* 4 (November 1973): 1-23.

40. Mishan, *The Economic Growth Debate*, 32.

41. Mishan, *The Cost of Economic Growth*, 136.

42. Mishan, *The Cost of Economic Growth*, 82-83.

43. Mishan, *The Cost of Economic Growth*, 84. 米香认为，空气污染和水污染只会造成"局部"影响，因而污染损害容易计算。当然，米香的著作写于20世纪60年代中期，那时候人们尚未充分认识到污染物扩散带来的深远影响。另外，米香更重视污染的社会后果，而非其生态后果。参见Mishan, *The Cost of Economic Growth* 第83-84页。

44. Boulding, Kenneth. "The Economics of the Coming Spaceship Earth." In Daly, *Toward a Steady-State Economy*, 127. 本文出自 *Environmental Quality in a Growing Economy*. Ed. Henry Jarrett. Baltimore: Johns Hopkins University Press, 1966.

45. Boulding, "The Economics of the Coming Spaceship Earth," 125-127.

46. Georgescu-Roegen, Nicholas. *The Entropy Law and the Economic Process*. Cambridge, MA: Harvard University Press, 1971.

47. Odum, Howard T. and Elisabeth C. Odum. *Energy Basis for Man and Nature*. New York: McGraw-Hill Book Company, 1976, 5.

48. Daly, *Steady-State Economics*, 43.

49. Jackson, *Prosperity Without Growth*, 179.

50. Stivers, *The Sustainable Society*, 28.

51. Cited in Gore, Al. *The Future: Six Drivers of Global Change*. New York: Random House, 2013, 143.

52. Mishan, *The Cost of Economic Growth*, 39-40.

53. Daly, *Steady-State Economics*. 30. 我们常把国民生产总值(GNP)当作收益的度测标准,却没有国民会计度测标准去测量增长的成本或收益。戴利还在《迈向稳态经济》(*Toward a Steady-State Economy*)的第4—5页指出,在充分就业和GNP增长之间存在循环逻辑。

54. Daly, *Steady-State Economics*, 94.

55. Turner, *The Geography of Hope*, 278–279.

56. Daly, *Steady-State Economics*, 99.

57. Daly, *Steady-State Economics*, 9.

58. Mishan, *The Economic Growth Debate*, 32. 舒马赫的表述则不那么平淡无奇:"人的本质不可能用GNP来测度。" Schumacher, *Small Is Beautiful*, 18.

59. Boulding, "The Economics of the Coming Spaceship Earth," 127.

60. Stivers, *The Sustainable Society*, 31.

61. Schumacher, *Small Is Beautiful*, 17.

62. Schumacher, *Small Is Beautiful*, 18.

63. Lovins, *Soft Energy Paths*, 12–14, 26.

64. Odum and Odum, *Energy Basis for Man and Nature*, 63.

65. Odum and Odum, *Energy Basis for Man and Nature*, 20–32; 另见舒马赫《小的是美好的》开头的几章。

66. Lovins, *Soft Energy Paths*, 38–39.

67. Daly, *Steady-State Economics*, 12.

第五章

1. 米歇尔能源开发公司(Mitchell Energy & Development Corp)在得克萨斯州的休斯敦附近举办了三届伍德兰兹(Woodlands)会议(1975年、1977年、1979年)。该问题是第一届会议的主题。参见会议文集:Coomer, James, C., ed. *Quest for a Sustainable Society*. New York: Pergamon, 1979, ix; Cleveland, Harlan, ed. *The Management of Sustainable Growth*. New York: Pergamon, 1981.

2. 可参见 Meadows, Dennis L., ed. *Alternatives to Growth—I. A Search for Sustainable Futures*. Cambridge, MA: Ballinger, 1977; Coomer, *Quest for a Sustainable Society*; Cleveland, *The Management of Sustainable Growth*; Brown, *Building a Sustainable Society*. 本书第四章对这些

著述多有引用。

3. Hamrin, Robert. "The Road to Qualitative Growth." In Cleveland, *The Management of Sustainable Growth*, 115.

4. Grober, *Sustainability*, 155.

5. Cleveland, Harlan. "We Changed Our Minds in the 1970s." In Cleveland, *The Management of Sustainable Growth*, 3.

6. World Commission on Environment and Development. *Report of the World Commission on Environment and Development: Our Common Future.* New York: United Nations, 1987, n.p. "Chairman's Foreword" by Brundtland。另见她的回忆录：Brundtland, Gro Harlem. *Madam Prime Minister: A Life in Power and Politics.* New York: Farrar, Straus and Giroux, 2005.

7. United Nations, "Declaration of the United Nations Conference on the Human Environment," 1972. 此处提到的几份联合国文件可见于 Rauschning, Dietrich, Katja Wiesbrock, and Martin Lailach. *Key Resolutions of the United Nations General Assembly: 1946–1996.* Cambridge, UK: Cambridge University Press, 1997.

8. International Union for the Conservation of Nature. *World Conservation Strategy: Living Resource Conservation for Sustainable Development.* Gland, Switzerland: IUCN, 1980, iv.

9. International Union for the Conservation of Nature. *World Conservation Strategy*, n.p., introduction.

10. World Commission on Environment and Development, *Our Common Future*, n.p., "Chariman's Foreword."

11. World Commission on Environment and Development, *Our Common Future*, n.p., "Chariman's Foreword."

12. World Commission on Environment and Development, *Our Common Future*, n.p., "From One Earth to One World."

13. Gordon, Lincoln. "Changing Growth Patterns and World Order." In Cleveland, *The Management of Sustainable Growth*, 276; also, Goodland, Robert, Herman E. Daly, Salah El Sarafy, and Bernd von Droste, eds. *Environmentally Sustainable Economic Development: Building on Brundtland.* Paris: UNESCO, 1991. 后一本书甚至在20世纪90年代初就认为要区别看待西方的经济增长和贫穷国家的可持续发展；也就是说，该书的撰稿人不希望工业化国家把发展变成另一个剥削社会和环境的赚钱计划。

14. Robinson, "Squaring the Circle?," 370. 沃斯特的《自然的财富》(*The Wealth of Nature*)和维克托的《无增长的管理》(*Managing Without Growth*)这两本书也探讨了可持续性和可持续发展之间的价值冲突。

15. Robinson, "Squaring the Circle?," 369–371.

16. Bartlett, "Reflections on Sustainability," 4–7.

17. International Union for the Conservation of Nature, *World Conservation Strategy*, Introduction, 32–33, 62.

18. World Commission on Environment and DevelopmentWorld Commission on Environment and Development, *Our Common Future*, parts 1 and 2. 世界环境与发展委员会(World Commission on Environment and Development)支持发达国家和发展中国家实现增长，就这一点看，它与生态经济学的大部分研究是相抵触的。不过，戴利认为，发展中国家需要实现经济些许增长才能摆脱赤贫，从而减少破坏当地的生态。参见本书第四章。以下是《我们共同的未来》对该问题的论述："贫困本身不只是一种罪恶，而可持续发展则要求满足所有人的基本需求，让所有人都有机会实现对美好生活的向往。一个遍地贫困的国度极易遭受生态灾难和其他灾难。"参见该书第一部分(part 1)。

19. Dryzek, *Politics of the Earth*, 147.

20. 参见 the National Oceanic and Atmospheric Administration. "International Treaty Designed to Restore/Protect Ozone Layer Working, Say Scientists," 4 May 2006. Online: http://www.noaanews.noaa.gov/stories2006/s2624.htm.

21. 20世纪70年代之前，科学家就已开始研究工业污染与全球变暖的关系。但是，在20世纪70年代，全球变暖的长期趋势暂时减缓，一些(但肯定不是所有)科学家便认为地球在逐渐变凉。好在大家很快意识到，这段"冷却"期只不过是变暖大趋势中的一个小插曲。参见 Peterson, Thomas C., William M. Connolley, and John Fleck. "The Myth of the 1970s Global Cooling Scientific Consensus." *Bulletin of the American Meterological Society* 89 (2008): 1325–1337.

22. United Nations. "Rio Declaration on Environment and Development." Principle 3. 另见 Foo, Kim Boon. "The Rio Declaration and Its Influence on International Environmental Law." *Singapore Journal of Legal Studies* 1992(1992): 347–364.

23. 参见 Beatley, Timothy. *Green Urbanism: Learning From European Cities*. Washington, DC: Island Press, 2000, 345–347; Robèrt, Karl-Henrik. *The Natural Step Story: Seeding a Qui-*

et Revolution. Gabriola Island, BC: New Society, 2002, 184.

24. United Nations, "Kyoto Protocol". 对于大多数签署国而言,减排量是以1990年的温室气体水平为参照的。参见《东京议定书》第3条。另外,虽然该议定书在附件中提到了若干种温室气体,但其正文显然是把二氧化碳当作主要靶标。

25. United Nations, "Kyoto Protocol," Article 17. 碳排放交易,又叫"碳排放总量控制交易",是基于市场运作的减少污染(主要是空气污染和水污染)的办法。通常情况下,政府机构对某个行业或一批行业合法排放的污染物总量设定限额或上限。该限额分为"准许量"或"碳信用"(以碳交易为例),它们被分配给参与该系统的企业。准许量同该企业的预期(和法律允许的)排放量相对应。准许量可以在市场上买卖。污染超过其分配额度的公司就必须购买更多的准许量,污染较少的公司可以出售其准许量。在给定期限结束前用完准许量,新的准许量才能入市交易。许可量是买的,可以激励一些企业努力减少污染,出售其多余的排放准许量,获得收益。这一举措还意在推动工业领域开展绿色环保的工业实践。未遵守限额的公司会被罚款或受到各种处罚。"碳排放总量控制交易"可追溯到20世纪70—80年代。那时,美国发起了一项旨在减少二氧化硫排放的交易计划,因为二氧化硫引发了酸雨。目前,最为宏大的温室气体交易系统是"欧盟碳排放交易计划"(European Union Emission Trading Scheme)。根据该计划,污染重的企业可以从卖家那里购买碳排准许量,也可以使用联合国"清洁发展机制"(Clean Development Mechanism)为发展中国家的减排计划提供资金,从而"冲抵"排放。这个交易系统设定了"硬上限",规定公司或行业必须在低于规定排放水平的条件下运作。欧盟之外,还有"以强度为准"的"软上限"碳排放交易计划,也就是说,可接受的碳排水平并非绝对数,而是与生产量挂钩。加拿大阿尔伯塔省的软上限碳排放计划允许企业选择三种方式中的一种以遵守碳排放法规:一是达标。二是向某个气候基金捐钱。三是冲抵碳排放。碳排放总量控制交易系统是否有效地减少了污染,目前还存在争议。企业比较倾向这种依托市场运作实现减排的办法。但这种办法经常受到批判,被认为无效,徒有其表,而且容易被操纵。参见Shapiro, Mark. "Conning the Climate: Inside the Carbon-Trading Shell Game." *Harper's Magazine*, February 2010: 31–39.

26. 参见Coomer, *The Quest for a Sustainable Society* 及 Cleveland, *The Management of Sustainable Growth*.

27. Brown, *Building a Sustainable Society*, 139–281. 引文出自第278页.

28. Brown, *Building a Sustainable Society*, 319–345.

29. Pearce, David, Anil Markandya, and Edward B. Barbier. *Blueprint 1: For a Green Economy.* London: Earthscan, 1989.

30. 有些课程开设得比较早,譬如瑞典的隆德大学(Lund University)、美国的滑石大学(Slippery Rock University)和阿巴拉契亚州立大学(Appalachian State University)开设的课程,但大部分学士、硕士、博士课程是在2000年后开设的。

31. Pezzey, John. *Sustainable Development Concepts.* Washington, DC: World Bank, 1992. 阿什雷(Mohamad T. El—Ashry)在该书的前言中引用。

32. Pezzey, *Sustainable Development Concepts*, 5.

33. Pezzey, *Sustainable Development Concepts*, 20, 60.

34. Carley, Michael and Ian Christie. *Managing Sustainable Development.* 2d ed. London: Earthscan, 2000, 27–28. 这本书提供的可持续发展定义(第27页)不再是唯经济增长论,而是把重心放在环境管理和社会福祉上,书中写道:"发展就是一个过程,借此过程,社会成员可以提高调动、管理资源的个人能力和制度能力,以产生与其愿望相符的生活质量的改善,且这种改善既是可持续的,又是公平分配的。"

35. Carley and Christie, *Managing Sustainable Development*, 90, 111.

36. 滴滴涕(DDT)禁用之前,秃鹰等很多鸟类因该杀虫剂的生物放大作用而深受毒害。2013年,杀虫剂噻虫胺(Clothianidin)被认定为北美等地蜜蜂种群衰落的主要原因。Carrington, Damian. "Insecticide 'Unacceptable' Danger to Bees, Report Finds." *The Guardian* 16 January 2013. Online: http://www.guardian.co.uk/environment/2013/jan/16/insecticide-unacceptable-danger-bees/print.

37. Winter, Carl K. and Sarah F. Davis. "Scientific Status Summary: Organic Foods." *Journal of Food Science* 71: 9 (2006): R117–R124.

38. Winter and Davis, "Scientific Status Summary," R117.

39. 该报告可于Grist.org网站阅读:Laskawy, Tom. "Miracle Grow: Indian Farmers Smash Crop Yield Records Without GMOs." *Grist* 22 February 2013. Online: http://grist.org/food/miracle-grow-indian-farmers-smash-crop-yield-records-without-gmos/.

40. Mollison, Bill and David Holmgren. *Permaculture One: A Perennial Agriculture for Human Settlements.* Tyalgum, Australia: Tagari, 1981; also, Holmgren, *Permaculture: Principles and Pathways Beyond Sustainability.* Hepburn, Australia: Holmgren Design Services, 2002; reprint 2011.

41. Heinberg, Richard. *Peak Everything: Waking Up to the Century of Declines*. Gabriola Island, BC: New Society, 2007; reprint 2010, 59.

42. 参见 Kai Kockerts, "The Fair Trade Story." Online: http://www.fairtrade.at/fileadmin/user_upload/PDFs/Fuer_Studierende/oikos_winner2_2005.pdf.

43. 参见 Fairtrade Foundation 网站: "Fairtrade Bucks Economic Trend with 19% Sales Growth," 25 February 2013. Online: http://www.fairtrade.org.uk/press_office/press_releases_and_statements/february_2013/fairtrade_bucks_economic_trend.aspx.

44. 参见"The Truth about Recycling."

45. 引自"The Truth about Recycling."

46. Lovins, *Soft Energy Paths*; Brown, *Building a Sustainable Society*.

47. 这三个风电场是阿尔塔蒙特(Altamont)山口风电场、蒂哈查皮(Tehachapi)山口风电场和圣戈尔戈尼奥(San Gorgonio)山口风电场。

48. 关于微藻基生物燃料的文献很多。可参阅 Kovacevic, V. and J. Wessler. "Cost-Effectiveness Analysis of Algae Energy Production in the EU." *Energy Policy* 38.10 (October 2010): 5749-5757.

49. 参见 Tinsley, Dillard B. "Business Organizations in the Sustainable Society" in Coomer, *Quest for a Sustainable Society*, 164-167.

50. Brown, *Building a Sustainable Society*, 322-324.

51. Robèrt, *The Natural Step Story*, 65.

52. Hawken, Paul. *The Ecology of Commerce: A Declaration of Sustainability*. New York: Harper Business, 1993, xii.

53. Hawken, *The Ecology of Commerce*, xiii.

54. Hawken, *The Ecology of Commerce*, 10.

55. Hawken, *The Ecology of Commerce*, 1.

56. Hawken, *The Ecology of Commerce*, 144.

57. Hawken, Paul, Amory Lovins, and L. Hunter Lovins. *Natural Capitalism: Creating the Next Industrial Revolution*. New York: Little, Brown, 1999, 151.

58. Hawken, Paul, Amory Lovins, and L. Hunter Lovins. *Natural Capitalism: Creating the Next Industrial Revolution*. Boston: Little, Brown, 1999, 10-11.

59. Elkington, John. *Cannibals with Forks: The Triple Bottom Line of 21st Century Busi-*

ness. Gabriola Island, BC: New Society, 1998, 70.

60. Elkington, *Cannibals with Forks*, 74–85.

61. 参见这份2013年发布的报告：*Environmental Leader*: "Companies Increasingly 'Pursue Triple Bottom Line,'" 1 May 2013. Online: http://www.environmentalleader.com/2013/05/01/companies-increasingly-pursue-triple-bottom-line/. 查阅时间为2013年5月。

62. 可参见 The National Textile Center. "Annual Report: Strategic Sustainability and the Triple Bottom Line," November 2008. Online: http://www.ntcresearch.org/pdf-rpts/AnRp08/S06-AC01-A8.pdf.

63. 戴利还写过一本书，记述了他在世界银行工作时的感悟：Daly, Herman E. *Beyond Growth: The Economics of Sustainable Development*. Boston: Beacon Press, 1996.

64. Wackernagel, Mathis and William E. Rees. *Our Ecological Footprint: Reducing Human Impact on the Earth*. Gabriola Island, BC: New Society, 1996, 51–52.

65. Rees, William E. "Ecological Footprints and Appropriated Carrying Capacity: What Urban Economics Leaves Out." *Environment and Urbanization* 4.2 (October 1992): 121–130. See page 121.

66. Rees, "Ecological Footprints," 125–126.

67. Rees, "Ecological Footprints," 129.

68. 参见全球生态足迹网络的网站：http://www.foot-printnetwork.org/en/index.php/GFN/。关于生态足迹的重要批评，请参见 Fiala, Nathan. "Measuring Sustainability: Why the Ecological Footprint Is Bad Economics and Bad Environmental Science." *Ecological Economics*. 67.4 (2008): 519-525. 菲亚拉(Nathan Fiala)认为，生态足迹分析有一个致命错误：它忽略了土地的利用性质，认定使用土地越少越好。菲亚拉举了几个例子，说明一个社会使用土地越多，可持续性反倒更高，如多用一些土地进行作物轮作，而不是在小面积农田里施用化肥和杀虫剂。

69. 参见 Grober, *Sustainability*, 143.

70. 博帕尔灾难(Bhopal disaster)是1984年发生在印度的毒气泄漏事件，毒死了近4 000人，伤害数十万人。泄漏毒气的工厂为印度联合碳化物有限公司(Union Carbide India Limited)所有，该公司是美国联合碳化物公司(Union Carbide Corporation)的子公司，专门生产杀虫剂。切尔诺贝利灾难(Chernobyl disaster)是位于乌克兰的切尔诺贝利核电站发生的重大核事故。1986年4月26日，该核电站发生爆炸，向地球大气释放了大量放射性物质。

第六章

1. Wackernagel, Mathis, *et al.* "Tracking the Ecological Over-Shoot of the Human Economy." *Proceedings of the National Academy of Sciences* 99.14 (9 July 2002): 9269.

2. 遗传修饰生物,即基因经过工程改造的生物。遗传修饰食品即基因做了修改,具有抗病、抗旱能力,耐杀虫剂、除草剂的食品。遗传修饰生物和遗传修饰食品引发了生态担忧;欧洲多数国家立法规定:遗传修饰食品必须明确标识。美国尚未实行遗传修饰标识政策,但是,近90%的美国人盼望实行。目前,全世界超过10%的耕地种植遗传修饰作物。遗传修饰食品并没有增加粮食产量,反而让粮食供应又多了一些脆弱因素。参见 Gore, *The Future*, 261–267.

3. "Agenda 21," section 8.41, called "Establishing Systems for Integrated Environmental and Economic Accounting."

4. 关于可持续测量新工具的比较全面的讨论,可参见 Bosselmann, Klaus, Daniel S. Fogel, and J.B. Ruhl, eds. *Berkshire Encyclopedia of Sustainability*. Vol. 6, *Measurements, Indicators, and Research Methods for Sustainability*. Great Barrington, MA: Berkshire Publishing Group, 2012.

5. 参见全球生态足迹网络的网站: http://www.footprintnetwork.org/en/ index.php/GFN/. 该网站还有生态足迹和碳足迹计算器。

6. 参见 Braungart, Michael and William McDonough. *Cradle to Cradle: Remaking the Way We Make Things*. North Point Press, 2002.

7. 参见 Redefining Progress: http://rprogress.org/sustainability_indicators/genuine_progress_indicator.htm.

8. Anielski, Mark. *The Economics of Happiness: Building Genuine Wealth*. Gabriola, BC: New Society Publishers, 2007, 6 and xviii.

9. 参见 Elkington, *Cannibals with Forks*, 1997. TBL只是一种企业道德和另类会计方法,但无疑也是最有名的企业道德和另类会计方法。

10. 参见 the US Green Building Council: http://www.usgbc.org/. 还有其他工具对绿色建筑进行测量和倡导,例如加拿大常用BOMA BEST体系对已有建筑作环保认证(BOMA是 the Building Owners and Managers Association 的缩写,意为"建筑业主与管理者协会")。

11. 参见 AASHE 的网站：https://stars.aashe.org/.

12. 这是从韧性角度批判最大持续产量。"韧性分析、适应性资源管理及适应性治理"的构想就是为了替代收获最大化的观念，因为收获最大化把生态系统看成静态的，这是很成问题的。适应性资源管理更适合可再生资源（如渔业）的变化和调整。参见 Walker, Brian, C. S. Holling, Stephen R. Carpenter, and Ann Kinzig. "Resilience, Adaptability and Transformability in Social-Ecological Systems." *Ecology and Society* 9.2（2004）: article 5. 有关 EBFM 的讨论，参见 Zolli, Andrew and Ann Marie Healy. *Resilience: Why Things Bounce Back*. New York: Free Press, 2012, 36–37.

13. 参见 EcoLogo: http://www.ecologo.org/en/.

14. 参见 http://www.organic.org/articles/showarticle/article-201.

15. 参见 Fairtrade International: http://www.fairtrade.net/aims-of-fairtradestandards.html.

16. 参见 Ocean Wise: http://www.oceanwise.ca/about.

17. 参见 the Marine Steward Council: http://www.msc.org/.

18. 参见 the Organic Trade Association's 2011 Organic Industry Survey. 可在线查看摘要：http://www.ota.com/pics/documents/2011OrganicIndustrySurvey.pdf. 总之，有机产业和有机认证体系遭受很多批评，要么是批评认证成本太高，要么是批评"使用有机原料制成的"产品、"有机"产品、"100% 有机"产品让人难以分辨。

19. "LEED Buildings Grow by 14% Despite Market Crash." GreenBiz.com, 17 November 2010. Online: http://www.greenbiz.com/news/2010/11/17/leed-buildings-grow-14-percent-despite-market-crash.

20. Heinberg, *End of Growth*, 3–5, 16.

21. 核能问题很多。其一，核能产生的能源只占世界能源的很一小部分，但在20世纪中叶，它被捧为解决世界能源困境的好办法。IPCC 表示，核能占世界能源的2%；国际能源署表示占5.7%。参见 Intergovernmental Panel on Climate Change. *Renewable Energy Sources and Climate Change Mitigation*, 2011. Online: http://srren.ipcc-wg3.de/report；另见 International Energy Agency. *Key World Energy Statistics*, 2012. Online: https://www.iea.org/publications/freepublications/publication/kwes.pdf. 其二，核电属于不可再生资源，因为铀矿是有限资源。其三，多数国家没有大型铀矿，核电无助于很多国家实现能源独立。其四，到2013年，全世界只有31个国家拥有核电站。多数国家要么不想建核电站，要么建不起核电站，因而这种能源不适用于世界多数地区。其五，核电与可再生能源不一样，它和破坏性的战争潜力有着千丝万缕的联系。其六，核废料具有危险的放射性，难以(或不可能)做到安全储存；核废料需要数十万年才能失去放射性。凡是拥有核电站的国家，如何处理核废料都是个棘手的重大问题。其七，核电站容易遭受严重的灾害，例如1979年宾夕法尼亚州三哩岛核电站事故、1986年乌克兰切尔诺贝利核电站事故、2011年日本福岛第一核电站事故等。鉴于上述种种问题，把核电说成是安全的可持续、可再生能源，这样的观点大可严肃质疑。

22. Intergovernmental Panel on Climate Change, *Renewable Energy Sources and Climate Change Mitigation*, 10.

23. Sachs, *Common Wealth*, 96.

24. 参见 Intergovernmental Panel on Climate Change, *Climate Change 2007: Synthesis Report*, 2007. Online: http://www.ipcc.ch/pdf/assessment-re-port/ar4/syr/ar4_syr.pdf.

25. 海洋能指海水产生的动能、热能和化学能，可以转化为电能、热能或饮用水。Intergovernmental Panel on Climate Change, *Renewable Energy Sources and Climate Change Mitigation*, 9.

26. 可再生能源、可持续能源、能源独立这三个术语经常被(错误地)换用，故有必要作出区分。可再生能源指能够不断获得补充的能源，如树木(燃烧生物质)、太阳能、玉米(可转化为乙醇燃料)等。但是，并非所有的可再生能源都能做到真正的可持续利用。如有人指出，生产玉米乙醇所需要的能量要大于玉米乙醇产生的能量，也就是说，玉米乙醇的EROI很低。其他生物质燃料，如美国的微藻基生物柴油和巴西的甘蔗乙醇可持续性可能会高一些。还有，如果森林未复植树木，未能做到可持续管理，森林便不可能永续更替。一种可再生能源也可能具有很强的污染力，因而不宜视为可持续。可持续能源更注重对可再生能源利用方式的质性评判。可再生能源是否有较高的EROI？是否安全环保？是否能满足当前需求而又不影响子孙后代？是否有利于和平、平等和正义？其成本或代价(广义)是否值得？必须要有一个评级系统来评定可再生能源是否"可持续"。最后是能源独立，指一个国家有能力生产自己需要的全部能源(汽车燃料、电力等)。能源独立可以利用可持续能源或不可持续、不可再生能源(至少是短期内)来实现。譬如，一个拥有大量的铀和石油的国家可以宣称具有能源独立能力，但是，这两种能源都是不可持续的。故可持续运动的目标通常是拥有可再生、可持续的能源，实现或接近能源独立。问题是，目前并不存在单一的、普遍认可的标准来判定某种能源(或能源装置)是否可持续，结果使该词语语义不清，频频被滥用。

27. Intergovernmental Panel on Climate Change, *Renewable Energy Sources and Climate Change Mitigation*, 9. 还有一份非常好的可再生能源讨论资料是 MacKay, David JC. *Sustainable Energy—Without Hot Air*. Cambridge, UK: UIT, 2008. Online: http://www.withouthotair.com/.

28. Intergovernmental Panel on Climate Change, *Renewable Energy Sources and Climate Change Mitigation*, 9.

29. 参见丹麦的信息发布网站,该网站声称丹麦到2050年将不再使用化石燃料。丹麦的能源由政府和能源生产商联合设立的公私合营机构"绿色国度"(State of Green)管理:http://www.stateofgreen.com/en/Intelligent-Energy.

30. Turner, *Geography of Hope*, 35.

31. 参见德国编制的2011年度国家能源报告 Federal Ministry for the Environment, Nature Conservation and Nuclear Safety, *Development of Renewable Energy Sources in Germany 2011*, 2011–2012. Online: http://www. erneuerbare-energien. de/fileadmin/Daten_EE/Bilder_Startseite/Bilder_Datenservice/PDFs_XLS/20130110_EEiZIU_E_ PPT_2011_FIN.pdf.

32. Turner, *Geography of Hope*, 309–312.

33. 参见联合国"Factsheet: The Need for Mitigation",文本第2页有全球碳排放的各部门数据: http://unfccc.int/files/press/backgrounders/application/pdf/press_factsh_mitigation.pdf.

34. US Department of Energy. *Building Technologies Program*. Washington, DC: US Department of Energy, Energy Efficiency and Renewable Energy, 2008.

35. 参见 the US Green Building Council's LEED website: http://www.usgbc.org/leed.

36. 参见 the US Green Building Council's LEED website: http://www.usgbc.org/leed.

37. 这是美国市场研究机构 Navigant Research 所做的行业预测,如美国商业资讯(Business Wire)所论,到2020年,绿色建材的年市场价值将达到2540亿美元。Forecasts Navigant Research, 2 May 2013. Online: http://www.marketwatch.com/story/green-building-materials-will-reach-254-billion-in-annual-market-value-by-2020-forecasts-navigant-research-2013-05-02.

38. "German Solar Power Installations at Record High in 2012." Reuters, 5 January 2013. Online: http://www.reuters.com/article/2013/01/05/us-germany-solar-idUSBRE90406C20130105.

39. Federal Ministry for the Environment, Nature Conservation and Nuclear Safety, *Development of Renewable Energy Sources in Germany* 2012, 8: http://www.erneuerbare-energien.de/

fileadmin/Daten_EE/ Dokumente_PDFs/ee_in_zahlen_ppt_en_bf.pdf.

40. 热电联产一般指发电站同时生产热量(用于建筑取暖)和电力。以丹麦为例,它有多个新型的互连工业区,区内的生物质发电厂将余热输送给附近的建筑物。"区内供暖"实际就是利用本来要白白排放到空气中的热能。

41. Senick, Jennifer. "Green Building Benefits: By the Numbers." Rutgers Center for Green Building, 2011. Online: http://rcgb.rutgers.edu/uploaded_documents/Green.pdf.

42. 参见 United Nations Human Settlements Programme. *State of the World's Cities Report 2008/2009: Harmonious Cities*. London: UN-HABITAT, 2008.

43. Hallsmith, Gwendolyn and Bernard Lietaer. *Creating Wealth: Growing Local Economies with Local Currencies*. Gabriola, BC: New Society Publishers, 2011.

44. 本段所用数据出自 Zovanyi, Gabor. *The No-Growth Imperative: Creating Sustainable Communities under Ecological Limits to Growth*. New York: Routledge, 2013, 12.

45. Zovanyi, *The No-Growth Imperative*, 12.

46. Hawken et al., *Natural Capitalism*, 22.

47. Zovanyi, *No-Growth Imperative*, 11–12.

48. 参见 Wackernagel and Rees, *Our Ecological Footprint*.

49. Turner, *Geography of Hope*, 247–251. 请注意,新城市主义因为在一些地方创建了昂贵的利基社区而受到批评,那些社区并非都与周围的环境相融洽。

50. Beatley, *Green Urbanism*, 6–8.

51. Beatley, *Green Urbanism*, 16–22.

52. Gehl, Jan. *Cities for People*. Washington, DC: Island Press, 2010, 7.

53. Gehl, *Cities for People*, 7.

54. 可参见威斯康星大学麦迪逊分校(the Univeristy of Wisconsin—Madison)的城市与区域规划系(Urban and Regional Planning Department)撰写的关于"城市农业"的研究报告: http://urpl.wisc.edu/ecoplan/content/lit_urbanag.pdf.

55. Zovanyi, *No-Growth Imperative*, 60.

56. 参见 Fodor, Eben. *Better Not Bigger*. Stony Creek, CT: New Society, 1999.

57. Florida, Richard. "Cities and the Creative Class." *City & Community* 2.1 (March 2003): 8.

58. Kagan, Sacha and Julia Hahn. "Creative Cities and (Un)Sustainability: From Creative

Class to Sustainable Creative Cities." *Culture and Local Governance* 3.1-2（2011）: 11-27; 另见 Jones, Alison. "Selbstbestimmtes Leben: Hamburg's Rote Flora and the Roots of Autonomie in Twentieth-Century Germany." MA Thesis. University of Alberta, 2013.

59. 参见联合国发布的能源报告 *Fact Sheet: The Need for Mitigation* 第2页: http://unfccc.int/files/press/backgrounders/application/pdf/press_factsh_mitigation.pdf. 以下是各部门的最终用途排放的统计数据: 化石燃料供应（5%）, 废物（3%）, 电力供应（21%）, 工业（19%）, 林业（17%）, 农业（14%）, 交通（13%）, 建筑（8%）。

60. 这些数据取自 Hawken *et al.*, *Natural Capitalism*, 22-23.

61. 参见 the Surface Transportation Policy Project. *Factsheet on Transportation and Climate Change*. Online: http://www.transact.org/library/factsheets/equity.asp.

62. Gehl, *Cities for People* 对该问题作了全面阐述。

63. 可参见彭博社网站 Bloomberg.com; Downing, Louise. "Airlines Prepare to Take Off on Fuel Made from Algae, WoodChips," 6 July 2011. Online: http://www.bloomberg.com/news/2011-07-07/airlines-prepare-to-take-off-on-fuel-made-from-algae-wood-chips.html. 另参见《福布斯》(*Forbes*) 杂志: Woody, Todd. "The U.S. Military's Great Green Gamble Spurs Biofuel Startups," 24 September 2012. Online: http://www.forbes.com/sites/toddwoody/2012/09/06/the-u-s-militarys-great-green-gamble-spursbiofuel-startups/.

64. 参见 AASHE 网站: http://www.aashe.org/.

65. The Talloires Declaration: http://www.ulsf.org/programs_talloires.html.

66. 参见 Columbia's program: http://gsas.columbia.edu/content/academic-programs/sustainable-development.

67. Rees, William E. "Impeding Sustainability? The Ecological Footprint of Higher Education?" *Planning for Higher Education* 31.3 (2003): 88-98.

68. Jackson, *Prosperity Without Growth*, 13.

69. Skidelsky and Skidelsky, *How Much Is Enough?*, 127.

70. Victor, *Managing Without Growth*, 22.

71. Heinberg, *The End of Growth*, 7, 189.

72. 这些都是杰克逊、维克托、海因伯格等可持续经济学家研究的主题。

73. 讨论由工业不可持续状态向可持续经济和可持续社区转变的路线图、蓝图、操作指南的著述越来越多。可参见 Lewis, Michael and Pat Conaty. *The Resilience Imperative: Co-*

operative Transitions to a Steady State Economy. Gabriola, BC: New Society Publishers, 2012; Ehrenfeld, Sustainability by Design; Johnson, Huey D. Green Plans: Greenprint for Sustainability. Lincoln: University of Nebraska Press, 2008; Schendler, Auden. Getting Green Done: Hard Truths from the Front Lines of the Sustainability Revolution. New York: PublicAffairs, 2009；以及后文援引的霍普金斯关于转型城镇的研究。其他此类著述在本书第七章讨论。

74. Stern, Nicholas. "Stern Review: The Economics of Climate Change. Executive Summary." London: HM Treausry, 2006；另见 Jowit, Juliette and Patrick Wintour. "Cost of Tackling Climate Change has Doubled, Warns Stern." The Guardian, 26 June 2008. Online: http://www.guardian.co.uk/environment/2008/jun/26/climatechange.scienceofclimatechange. 报告提出的想法是,把大气二氧化碳浓度稳定在550 ppm。斯特恩和许多生态经济学家不同,他对增长念念不忘。不过,他的报告的有趣之处在于明确指出气候变化会妨碍未来的经济增长。表达的意思即便是增长派也看得明明白白:不顾气候变化,经济就不可能长期繁荣。不作为的代价比预防的代价高多了。

75. McKibben, Bill. Deep Economy: The Wealth of Communities and the Durable Future. New York: Henry Holt, 2007.

76. Jackson, Prosperity Without Growth, 200; Rifkin, Third Industrial Revolution, 107.

77. Easterlin, Richard. "Does Economic Growth Improve the Human Lot? Some Empirical Evidence." Nations and Households in Economic Growth: Essays in Honor of Moses Abramowitz. Eds. Paul A. David and Melvin W. Reder. New York: Academic Press, 1974, 89–125; Anielski, The Economics of Happiness; Layard, Richard. Happiness: Lessons from a New Science. New York: Penguin, 2006; Stiglitz, Joseph E., Amartya Sen, and Jean-Paul Fitoussi. Report by the Commission on the Measurement of Economic Performance and Social Progress, 2009. Online: http://www.neweconomics.org/. 请注意:米香的《经济增长辩论》(Economic Growth Debate)、维克托的《无增长的管理》(Managing Without Growth)和杰克逊的《无增长的繁荣》(Prosperity Without Growth)也论述了幸福经济学(economics of happiness)。

78. Anielski, The Economics of Happiness, 220; Happy Planet Index. The (Un) Happy Planet Index. Online: http://www.happyplanetindex.org/.

79. Skidelsky and Skidelsky, How Much Is Enough?, 105–113.

80. Rees, William E. "True Cost Economics." Berkshire Encyclopedia of Sustainability. Vol. 2, The Business of Sustainability. Eds. Chris Laszlo, Karen Christensen, and Daniel Fogel.

Great Barrington, MA: Berkshire Publishing Group, 2010, 468. 维克托也说："如果对生态系统服务实行付费制,计算生态系统服务对全球经济的价值贡献,那么,全球的价格体系一定和今天大不一样。"Victor, *Managing Without Growth*, 42.

81. Rees, "True Cost Economics," 469.

82. 这一估计出自国家资源保护委员会(National Resource Defense Council)2012年关于化石燃料补贴的报告。 Online: http://endfossilfuelsubsidies.org/ files/2012/05/fossilfuel-subsidies_report-nrdc.pdf.

83. 参见the Rocky Mountain Instititue: http://www.rmi.org/Walmartsfleet-operations.

84. 参见 Green Analytics: http://greenanalytics.ca/index.php.

85. 参见 The Green Life. Online: http://site.thegreenlifeonline.org/greenwash101/.

86. 参见 Southern Energy Management: http://www.southern-energy.com.

87. Jones, Van. *The Green-Collar Economy: How One Solution Can Fix Our Two Biggest Problems*. New York: HarperOne, 2008. n.p.（opening pages）, 5.

88. Federal Ministry for the Environment, Nature Conservation and Nuclear Safety. *Renewable Energy Sources in Figures: National and International Development*. 2011, 36. Online: http://www.erneuerbare-energien.de/fileadmin/ee-import/files/english/pdf/application/pdf/ broschuere_ee_zahlen_en_bf.pdf.

89. Turner, *Geography of Hope*, 288.

90. Turner, *Geography of Hope*, 380-388; for Kiva, see http://www.kiva.org/.

91. 参见 Hopkins, Rob. *The Transition Companion: Making Your Community More Resilient in Uncertain Times*. White River Junction, VT.: Chelsea Green Publishing, 2011, 288-289.

92. 即使投资结构不变,有了伦理意识、生态意识,也能改变投资方向。例如,过去几年,"撤资"运动得到许多人支持。越来越多的实体(常常是大学和城市)在逐渐减少对化石燃料及相关行业的金融投资,努力实现绿色金融。

93. 参见 the Capital Institute: http://www.capitalinstitute.org/about.

94. Cardwell, Diane. "For Solazyme, a Side Trip on the Way to Clean Fuel." *The New York Times*, 22 June 2013. 卡德韦尔(Diane Cardwell)引用the Cleantech Group's i3 Platform(专用数据库)作为其资料来源。

95. Hawken, *Ecology of Commerce*, 1.

96. Stren, Richard E. and Mario Polèse. "Understanding the New Sociocultural Dynamics

of Cities: Comparative Urban Policy in a Global Context." In *The Social Sustainability of Cities: Diversity and the Management of Change*. Eds. Mario Polèse and Richard E. Stren. Toronto: University of Toronto Press, 2000, 3.

97. Harris, Jonathan M. and Neva R. Goodwin. "Volume Introduction." In *A Survey of Sustainable Development: Social and Economic Dimensions*. Eds. Jonathan M. Harris, Timothy A. Wise, Kevin P. Gallagher, and Neva R. Goodwin. Washington, DC: Island Press, 2001, xxvii.

98. Harris and Goodwin, "Volume Introduction," xxix.

99. Gehl, *Cities for People*, 109.

100. 参见 Cavanagh, J. and J. Mander, eds. *Alternatives to Economic Globalization: A Better World is Possible*. 2d ed. San Francisco: Barret-Koehler Publishers, 2004.

101. Owusu, K. and F. Ng'ambi. *Structural Damage: The Causes and Consequences of Malawi's Food Crisis*. Ed. Mark Ellis-Jones. London: World Development Movement, 2002, 20; Turner, *Geography of Hope*, 384.

102. 参见 Daly, *Beyond Growth*, 5.

103. Harris and Goodwin, "Volume Introduction," xxxii.

104. Griggs et al., "Sustainable Development Goals for People and Planet," 306. 作者还与时俱进，提出了新的"千年发展目标"（MDGs），但整个框架几乎不提实现经济平衡，也没说要摆脱以增长为中心的经济体系。

105. Sachs, *Common Wealth*, 131.

106. 例如，联合国认为2015年前有望实现饮用水目标，而学界却怀疑联合国没有这个能力按时实现卫生目标。目前，全球约25亿人没有良好的卫生条件。参见 Beavis, Sara G. "Water." In *Berkshire Encyclopedia of Sustainability*. Vol. 10, *The Future of Sustainability*. Ed. Daniel E. Vasey et al. Great Barrington, MA: Berkshire Publishing Group, 2012, 235.

107. Sachs, *Common Wealth*, 239-240.

108. UN MDGs: http://www.un.org/millenniumgoals/aids.shtml.

109. Diamond, *Collapse*, 497.

110. Diamond, *Collapse*, 329.

111. Daly, *Beyond Growth*, 31.

112. Jones, *Green-Collar Economy*, 56-57, quote on 58.

113. Hawken et al., *Natural Capitalism*, 23.

114. Robert, *Natural Step Story*, 26.

115. Smith, Alisa and J. B. Mackinnon. *The 100-Mile Diet: A Year of Local Eating*. Toronto: Random House Canada, 2007.

116. US Department of Agriculture. *Local Food Systems*, 2010, iii. Online: http://permanent.access.gpo.gov/lps125302/ERR97.pdf.

117. Hopkins, *The Transition Companion*, 44–60; see also, James, Sarah L., and Torbjorn Lahti. *The Natural Step for Communities: How Cities and Towns can Change to Sustainable Practices*. Gabriola, BC: New Society, 2009.

118. Local Food Systems, iii.

119. 可参见 Baroni, L., *et al*. "Evaluating the Environmental Impact of Various Dietary Patterns Combined with Different Food Production Systems." *European Journal of Clinical Nutrition* 61(2006): 279–286. 总之，有机素食主义"对环境造成的影响最小"。参见第5页。

120. 参见 the European Commission: http://ec.europa.eu/environment/eussd/escp_en.htm; and the City of Vancouver: http://vancouver.ca/files/cov/Greenest-city-action-plan.pdf.

121. Rifkin, Third Industrial Revolution, 42.

122. Nahi, Paul. "Government Subsidies: Silent Killer of Renewable Energy." *Forbes*, 14 February 2013.

123. 参见 www.resilience.org 和霍林对韧性的论述。

第七章

1. 有关这些问题的比较全面的探讨，请参见 Goldblatt, David. *Sustainable Energy Consumption and Society: Personal, Technological, or Social Change?* Dordrecht: Springer, 2005.

2. Hallsmith, Gwendolyn and Bernard Lietaer. *Creating Wealth: Growing Local Economies with Local Currencies*. Gabriola Island, BC: New Society Publishers, 2011, 10.

3. Lowe, Ian. "Shaping a Sustainable Future—An Outline of the Transition." *Civil Engineering and Environmental Systems* 25.4（December 2008）: 247–254; Boyd, David R. *Sustainability Within a Generation: A New Vision for Canada*. Vancouver: David Suzuki Foundation, 2004.

4. 绿色经济有多个思想流派。生态现代化理论认为，市场经济需要采用生态原则和生态过程实现"现代化";反增长派强调要减少消费,要回归本地化,要抑制经济增长;而生态经济学家则志在彻底重塑资本主义的概念。这些思想进径小异而大同。

5. 参见 Schendler, Auden. *Getting Green Done: Hard Truths from the Front Lines of the Sustainability Revolution*. New York: PublicAffairs, 2009.

6. Ehrenfeld, *Sustainability by Design*, xix.

7. 这种对增长不加批判的热爱,不仅见于新古典经济学和商业界,而且弥漫于政府决策。用霍姆格伦的话来说:"对能够摆脱消费成瘾的重大社会变革,政府一般是不予支持的,即便变革后社会和环境效益都很好也不行,因为增长型经济与失常的过度消费是难分难解的一对儿(前者离不开后者)。"Holmgren, *Permaculture*, 113.

8. 20世纪80年代,美国总统里根便开始着手削弱金融监管,后来克林顿总统继承甚至强化了他的两位共和党前任(里根和老布什)所奉行的很多新自由主义政策。英国的情况与美国相似,布莱尔(Tony Blair)和戈登·布朗(Gordon Brown)当政时,把撒切尔夫人实行的一些放松监管和私有化政策又往前推进了一步。

9. Mason, Paul. *Meltdown: The End of the Age of Greed*. New York: Verso, 2010, 56–58, 在第58页上引用。

10. Hawken, Paul. *Blessed Unrest: How the Largest Movement in the World Came into Being and Why No One Saw It Coming*. New York: Viking, 2007, 132.

11. 加拿大当然感受到了这场危机的威力。不少工作岗位消失了,有些银行如加拿大帝国商业银行(Canadian Imperial Bank of Commerce)蒙受了巨大损失,倒是没出现美国那种银行业崩溃。人们普遍认为,危机的破坏力没有到达最大程度,正是因为加拿大有比较严格的银行监管措施。

12. 参见本书第四章、第六章。关于债务问题,参阅 Mason, *Meltdown*, and Dienst, Richard. *The Bonds of Debt*. New York: Verso, 2011.

13. 这段话摘自 Zovyani, *The No-Growth Imperative* 中的一段推介语,无页码。

14. 参见 Anderson, "Economics, Steady State."

15. 参见 Zovyani, *The No-Growth Imperative*, 182;本书第六章提到的几位生态经济学家的著述。

16. 本书前面几章援引了海因伯格、刘易斯和科纳蒂、福多尔及霍普金斯的著作,本书的参考文献也有提及。特雷纳的著述在澳大利亚很有名。参见 Trainer, Ted. *The Transition: To a Sustainable and Just World*. Canterbury, Australia: Envirobook, 2010.

17. Zehner, Ozzie. *Green Illusions: The Dirty Secrets of Clean Energy and the Future of Environmentalism*. Lincoln: University of Nebraska Press, 2012; Trainer, Ted. *Renewable Energy Cannot Sustain a Consumer Society*. Dordrecht: Springer, 2007.

18. 关于韧性，有一本入门读物写得很精彩：Zolli, Andrew and Ann Marie Healy. *Resilience: Why Things Bounce Back*. New York: Free Press, 2012. 该书的作者将韧性和可持续性当作解决生态问题的两种对立的办法（见第21页），而笔者认为，韧性和可持续性属于同一种广义话语。只有漫画式地把可持续状态想象为静止态，才会觉得有必要区分两者。韧性应当被看作对可持续运动的有益补充。

19. Brown, Lester R. *Plan B 2.0: Rescuing a Planet under Stress and a Civilization in Trouble*. New York: Norton, 2006, 109. 布朗援引美国地质调查局（US Geological Survey）的数据，认为到2024年，世界有可能耗尽铅矿，2026年耗尽锡矿，2031年耗尽铜矿，2070年铁矿石，2075年铝土矿。

20. Walker et al., "Resilience, Adaptability and Transformability in Social-Ecological Systems."

21. Lewis and Conaty, *The Resilience Imperative*, 19–20.

22. 见 resilience.org 网站；后碳研究所网站(http://www.postcarbon.org/); Intergovernmental Panel on Climate Change, *The Synthesis Report of the Fifth Assessment Report*; and Gore, *The Future*, 294. 戈尔援引了世界银行2012年的一份报告。

23. Jones, *Green-Collar Economy*, 94.

24. Gore, *The Future*, 303.

25. 这是萨克斯《共同财富》(*Common Wealth*)的一个核心主题。

26. Mason, *Meltdown*, chapters 1–6.

27. Gore, *The Future*, 303.

28. Rees, William E. "Thinking 'Resilience.'" In *The Post-Carbon Reader: Managing the 21st Century's Sustainability Crisis*. Eds. R. Heinberg and D. Lerch. Healdsburg, CA: Watershed Media, 2010, 29–30.

29. Walker *et al.*, "Resilience, Adaptability and Transformability in Social-Ecological Systems."

30. Rees, "Thinking 'Resilience,'" 31.

31. 参见 Griggs *et al.*, "Sustainable Development Goals for People and Planet," 305–307;

Postell, Sandra. "Water: Adapting to a New Normal." In *The Post-Carbon Reader: Managing the 21st Century's Sustainability Crisis*. Eds. R. Heinberg and D. Lerch. Watershed Media, 2010, 93.

32. 参见 Hansen, James, Makiko Sato Reto Ruedy Ken Lo, David W. Lea and Martin Medina-Elizade. "Global Temperature Change." *PNAS* 103.39 (26 September 2006): 14288-14293; Flannery, Tim. *The Weather Makers: How We Are Changing the Climate and What It Means for Life on Earth*. New York: HarperCollins, 2006; *Climate Change and Biodiversity*. Eds. T. E. Lovejoy and L. Hannah. New Haven, CT: Yale University Press, 2006.

33. Crist, Eileen. "Beyond the Climate Crisis: A Critique of Climate Change Discourse." *Telos* 141 (Winter 2007), 33.

34. Crist, "Beyond the Climate Crisis," 40.

35. Crist, "Beyond the Climate Crisis," 36.

36. Trainer, Ted. "Can Renewable Energy Sustain Consumer Societies? A Negative Case." Simplicity Institute Report 12e, 2012, 15.

37. Holmgren, *Permaculture*.

38. Terra Choice. *The Sins of Greenwashing: Home and Family Edition*. 2010. Online: http://sinsofgreenwashing.org/index.html.

39. 现在有很多组织和网站在追踪、打击洗绿行为。2012年《环球邮报》(*Globe and Mail*)曾刊文介绍了相关资源：Batista, Candice. "How Green Is It? How to Sort Out the Environmental Hype." *Globe and Mail*, 20 April 2012. Online: http://www.theglobeandmail.com/life/home-and-garden/spring-cleaning/how-green-is-it-how-to-sort-out-the-environmental-hype/article4101512/.

40. Monbiot, George. "The Denial Industry." *The Guardian*, 19 September 2006. 另见 Monbiot, George. *Heat: How to Stop the Planet from Burning*. New York: Random House, 2009.

41. Zehner, *Green Illusions*, 157.

42. Oreskes, Naomi and Erik M. Conway. *Merchants of Doubt: How a Handful of Scientists Obscured the Truth on Issues from Tobacco Smoke to Global Warming*. New York: Bloomsbury, 2010.

43. Zehner, *Green Illusions,* 157-158.

44. 参见皮尤研究中心(Pew Research Center)的报告：*Who's Winning the Clean Energy*

Race: 2012. Online: http://www.pewenvironment.org/news-room/reports/whos-winning-the-clean-energy-race-2012-edition-85899468949.

45. 参见 Cardwell, Diane. "For Solazyme, a Side Trip on the Way to Clean Fuel." *The New York Times*. 22 June 2013. Online: http://www.nytimes.com/2013/06/23/business/for-solazyme-a-side-trip-on-the-way-to¬clean-fuel.html?r=0. 另外，请读者注意，这种清洁技术近些年在发展中国家应用得很多："全球发展中心（Center for Global Development）的惠勒（David Wheeler）说，2002年以来，可再生能源的新增产能有2/3在发展中国家，总计占全球可再生能源装机容量的一半以上。" Gore, *The Future*, 346.

46. Tasch, Woody. *Inquiries into the Nature of Slow Money: Investing as if Food, Farms, and Fertility Mattered*. Chelsea Green Publishing, 2010.

47. Rifkin, *Third Industrial Revolution*, 120, 134–135.

48. Mason, *Meltdown*, 162–164.

49. 可参见 Fossil Free Campaign: http://gofossilfree.org/.

50. Global Subsidies Initiative. "A How-To Guide: Measuring Subsidies to Fossil Fuel Producers," July 2010. Online: http://www.iisd.org/gsi/sites/default/files/pb7_ffs_measuring.pdf.

51. 社会学、生态经济学等领域常用该词。一些经济学家无视这种思想的负面影响，固执于放松监管和无休止的经济增长。

参考文献

AASHE. https://stars.aashe.org/.

Anderson, Mark W. "Economics, Steady State." In *Berkshire Encyclopedia of Sustainability*. Vol. 10, *The Future of Sustainability*. Eds. Spellerberg, I. and Vasey, D. Great Barrington, MA: Berkshire Publishing, 2012.

Anielski, Mark. *The Economics of Happiness: Building Genuine Wealth*. Gabriola, BC: New Society, 2007.

Arndt, H. W. *The Rise and Fall of Economic Growth*. Melbourne: Longman Cheshire, 1978.

Bacon, Francis. "The Masculine Birth of Time." In *The Philosophy of Francis Bacon: An Essay on Its Development from 1603 to 1609, with New Translations of Fundamental Texts*. By Farrington, Benjamin. Liverpool: Liverpool University Press, 1964. Originally published in 1605.

Baroni, L., Cenci, L., Tettamanti, M. and Berati., M. "Evaluating the Environmental Impact of Various Dietary Patterns Combined with Different Food Production Systems." *European Journal of Clinical Nutrition* 61: 279–286. 2006.

Bartlett, Albert A. "Forgotten Fundamentals of the Energy Crisis." *American Journal of Physics* 46: 876–888. September 1978.

Bartlett, Albert A. "Reflections on Sustainability, Population Growth, and the Environment—Revisited." *Renewable Resources Journal* 15 (4): 6–23. Winter 1997–1998.

Beatley, Timothy. *Green Urbanism: Learning from European Cities*. Washington, DC: Island Press, 2000.

Beavis, Sara G. "Water." In *Berkshire Encyclopedia of Sustainability*. Vol. 10, *The Future of Sustainability*. Eds. Spellerberg, I. and Vasey, D. Great Barrington, MA: Berkshire Publishing, 2012.

Bibliothèque Municipale de Bordeaux, 828 (C).

Bosselmann, Klaus, Daniel S. Fogel, and J. B. Ruhl, eds. *Berkshire Encyclopedia of Sustainability*. Vol. 6, *Measurements, Indicators, and Research Methods for Sustainability*. Great

Barrington, MA: Berkshire Publishing, 2012.

Boulding, Kenneth. "The Economics of the Coming Spaceship Earth." In *Toward a Steady-State Economy*. Ed. Herman E. Daly. New York: Freeman, 1973. Originally published in Boulding, *Environmental Quality in a Growing Economy*. Ed. Henry Jarrett. Baltimore: Johns Hopkins University Press, 1966.

Boyd, David R. *Sustainability Within a Generation: A New vision for Canada*. Vancouver: David Suzuki Foundation, 2004.

Braungart, Michael and William McDonough. *Cradle to Cradle: Remaking the Way We Make Things*. New York: North Point Press, 2002.

Brewer, Anthony. *The Making of the Classical Theory of Economic Growth*. London: Routledge, 2010.

Brown, Lester R. *Building a Sustainable Society*. New York: Norton, 1981.

Brown, Lester R. *Plan B 2.0: Rescuing a Planet under Stress and a Civilization in Trouble*. New York: Norton, 2006.

Brundtland, Gro Harlem. *Madam Prime Minister: A Life in Power and Politics*. New York: Farrar, Straus and Giroux, 2005.

Capital Institute. http://www.capitalinstitute.org/about.

Caradonna, Jeremy L. "Conservationism avant la lettre? Public Essay Competitions on Forestry and Deforestation in Eighteenth-Century France." In *Invaluable Trees: Cultures of Nature, 1660–1830*. Eds. Laura Auricchio, Heckendorn Elizabeth Cook, and Giulia Pacini. Oxford: SVEC, 2012, 39–54.

Caradonna, Jeremy L. *The Enlightenment in Practice: Academic Prize Contests and Intellectual Culture in France, 1670–1794*. Ithaca, NY: Cornell University Press, 2012.

Cardwell, Diane. "For Solazyme, a Side Trip on the Way to Clean Fuel." *New York Times*, 22 June 2013.

Carley, Michael and Ian Christie. *Managing Sustainable Development*. 2d ed. London: Earthscan, 2000.

Carlowitz, Hans Carl von. *Sylvicultura oeconomica, oder haußwirthliche Nachricht und Naturmäßige Anweisung zur wilden Baum-Zucht*. Leipzig: Braun, 1713.

Carrington, Damian. "Insecticide 'Unacceptable' Danger to Bees, Report Finds." *The*

Guardian, January 16, 2013. Online: http://www.guardian.co.uk/environment/2013/jan/16/insecticide-unacceptable-danger-bees/print.

Carson, Rachel. *Silent Spring*. Boston: Houghton Mifflin, 1962.

Cavanag, J. and Mander, J. *Alternatives to Economic Globalization: A Better World is Possible*. 2d ed. San Francisco: Barret-Koehler, 2004.

City of Vancouver. "Greenest City: 2020 Action Plan." Online: http://vancouver.ca/files/cov/Greenest-city-action-plan.pdf.

Cleveland, Harlan, ed. *The Management of Sustainable Growth*. New York: Pergamon, 1981.

Columbia University, Graduate School of Arts and Sciences, Sustainable Development. http://gsas.columbia.edu/content/academic-programs/sustainable-development.

Commoner, Barry. *The Closing Circle: Nature, Man, and Technology*. New York: Knopf, 1971.

"Companies Increasingly 'Pursue Triple Bottom Line,'" *Environmental Leader*, May 1, 2013. Online: http://www.environmentalleader.com/2013/05/01/companies-increasingly-pursue-triple-bottom-line/.

Comte de Buffon, "Georges-Louis Leclerc." *Histoire naturelle, générale et particulière, avec la description du Cabinet du Roi*. 36 vols. Paris: Impr. Royale, 1749–1788.

Coomer, James C., ed. *Quest for a Sustainable Society*. New York: Pergamon, 1979.

Crist, Eileen. "Beyond the Climate Crisis: A Critique of Climate Change Discourse." *Telos* 141 (Winter 2007): 29–55.

Cronon, William. *Changes in the Land: Indians, Colonists, and the Ecology of New England*. New York: Hill & Wang, 1983.

Crosby, Alfred W. *Ecological Imperialism: The Biological Expansion of Europe, 900–1900*. Cambridge, UK: Cambridge University Press, 1986.

Daly, Herman E. *Steady-State Economics*. San Francisco, Freeman, 1977.

Daly, Herman E. "Toward Some Operational Principles of Sustainable Development." *Ecological Economics* 2 (1990): 1–6.

Daly, Herman E. "Farewell Speech to World Bank, 14 January 1994." Online: http://www.whirledbank.org/ourwords/daly.html.

Daly, Herman E. *Beyond Growth: The Economics of Sustainable Development*. Boston: Beacon Press, 1996.

Daly, Herman E. "Economics in a Full World." *Scientific American* 293.3（2005）:100–107.

Daly, Herman E., ed. *Toward a Steady-State Economy*. New York: Freeman, 1973.

Darwin, Charles. *On the Origins of Species by Means of Natural Selection, or the Preservation of Favoured Races in the Struggle for Life*. London: J. Murray, 1859.

Darwin, Charles. *Descent of Man, and Selection in Relation to Sex*. London: J. Murray, 1871.

Descartes, René. *Discourse on Method and Meditations on First Philosophy*. 4th ed. Trans. Donald. A. Cress. Indianapolis: Hackett, 1998.

Diamond, Jared. *Guns, Germs, and Steel: The Fates of Human Societies*. New York: Norton, 1999.

Diamond, Jared. *Collapse: How Societies Choose to Fail or Succeed*. New York: Viking Press, 2005.

Diderot, Denis and Jean le Rond d'Alembert, eds. *Encyclopédie, ou Dictionnaire raisonné des sciences, des arts et des métiers*. 28 vols. Paris: Briasson, 1751–1772.

Dienst, Richard. *The Bonds of Debt*. New York: Verso, 2011.

Dillard, Jessie, Veronica Dujon, and Mary C. King, eds. *Understanding the Social Dimensions of Sustainability*. London: Routledge, 2008.

Downing, Louise. "Airlines Prepare to Take Off on Fuel Made from Algae, Wood Chips," July 6, 2011. Online: http://www.bloomberg.com/news/2011-2007-07/airlines-prepare-to-take-off-on-fuel-made-from-algae-wood-chips.html.

Dresner, Simon. *The Principles of Sustainability*. Earthscan, 2008.

Dryzek, John S. *Politics of the Earth: Environmental Discourses*, 2d ed. Oxford: Oxford University Press, 2005.

Earth Day Network. http://www.earthday.org/about.

Easterlin, Richard. "Does Economic Growth Improve the Human Lot? Some Empirical Evidence." In *Nations and Households in Economic Growth: Essays in Honor of Moses Abramowitz*. Eds. Paul A. David and Melvin W. Reder. New York: Academic Press, 1974.

EcoLogo. http://www.ecologo.org/en/.

Edelstein, Dan. *The Enlightenment: A Genealogy*. Chicago: University of Chicago Press, 2010.

Edwards, Andres R. *The Sustainability Revolution: Portrait of a Paradigm Shift*. Gabriola, BC: New Society Publishers, 2005.

Egan, Michael. *Barry Commoner and the Science of Survival: The Remaking of American Environmentalism*. Cambridge, MA: MIT, 2007.

Ehrenfeld, John R. *Sustainability by Design: A Subversive Strategy for Transforming our Culture*. New Haven, CT: Yale University Press, 2008.

Ehrlich, Paul R. *The Population Bomb*. New York: Buccaneer Book, 1995. Originally published in 1968.

Ehrlich, Paul R. and Holdren, John P. "Impact of Population Growth." *Science* n. s. 171.3977 (26 March 1971): 1212–1217.

Elkington, John. *Cannibals with Forks: The Triple Bottom Line of 21st Century Business*. Gabriola, BC: New Society, 1998.

Emerson, Ralph Waldo. "Self-Reliance." In *Essays: First Series*. Boston, MA:[n.p.], 1841.

Engels, Friedrich. *The Condition of the Working-Class in England 1844*. Trans. Florence Kelley Wischnewetzky. London: Allen and Unwin, 1968.

European Commission. Sustainable Development. http://ec.europa.eu/environment/eussd/escp_en.htm.

Evelyn, John. *Fumifugium, or, The Inconvenience of the Aer and Smoak of London Dissipated Together with some Remedies Humbly Proposed by J. E. esq. to His Sacred Majesty, and to the Parliament Now Assembled*. London: W. Godbid, 1661.

Evelyn, John. *Sylva, or a Discourse of Forest-Trees and the Propagation of Timber in His Majesty's Dominions*. 1st ed. London: Allestry and Martyn, 1664.

Fairtrade Foundation. "Aims of Fairtrade Standards." Online: http://www.fairtrade.net/aims-of-fairtrade-standards.html.

Fairtrade Foundation. "Fairtrade Bucks Economic Trend with 19% Sales Growth," February 25, 2013. Online: http://www.fairtrade.org.uk/press_office/press_releases_and_statements/february_2013/fairtrade_bucks_economic_trend.aspx.

Federal Ministry for the Environment, Nature Conservation and Nuclear Safety. Development of Renewable Energy Sources in Germany 2011, 2011-2012. Online: http://www.erneuerbare-energien.de/fileadmin/Daten_EE/Bilder_Startseite/Bilder_Datenservice/PDFs__XLS/20130110_EEiZIU_E_PPT_2011_FIN.pdf.

Federal Ministry for the Environment, Nature Conservation and Nuclear Safety. Development of Renewable Energy Sources in Germany 2012. Online: http://www.erneuerbare-energien.de/fileadmin/Daten_EE/Dokumente__PDFs_/ee_in_zahlen_ppt_en_bf.pdf.

Federal Ministry for the Environment, Nature Conservation and Nuclear Safety. Renewable Energy Sources in Figures: National and International Development, 2011. Online: http://www.erneuerbare-energien.de/fileadmin/ee-import/files/english/pdf/application/pdf/broschuere_ee_zahlen_en_bf.pdf.

Fiala, Nathan. "Measuring Sustainability: Why the Ecological Footprint Is Bad Economics and Bad Environmental Science." *Ecological Economics* 67.4 (2008): 519-525.

Flannery, Tim. *The Weather Makers: How We Are Changing the Climate and What It Means for Life on Earth*. Toronto: HarperCollins, 2006.

Florida, Richard. "Cities and the Creative Class." *City & Community* 2.1 (March 2003): 3-19.

Fodor, Eben. *Better Not Bigger*. Stony Creek, CT: New Society, 1999.

Foo, Kim Boon. "The Rio Declaration and Its Influence on International Environmental Law." *Singapore Journal of Legal Studies* 1992 (1992): 347-364.

Fossil Free Campaign. http://gofossilfree.org/.

Foucault, Michel. *L'archéologie du savoir*. Paris: Gallimard, 1969.

Fox, Stephen R. *John Muir and His Legacy: The American Conservation Movement*. Boston: Little, Brown, 1981.

Friedman, Milton. *Capitalism and Freedom*. Chicago: University of Chicago Press, 1962.

Galbraith, John Kenneth. *The Affluent Society*. Boston: Houghton Mifflin, 1958.

Gehl, Jan. *Cities for People*. Washington, DC: Island Press, 2010.

Georgescu-Roegen, Nicholas. *The Entropy Law and the Economic Process*. Cambridge, MA: Harvard University Press, 1971.

"German Solar Power Installations at Record High in 2012." *Reuters*, January 5, 2013. Online: http://www.reuters.com/article/2013/01/05/us-germany-solar-idUSBRE90406C20130105.

Global Footprint Network. http://www.footprintnetwork.org/en/index.php/GFN/.

Global Subsidies Initiative. "A How-To Guide: Measuring Subsidies to Fossil Fuel Producers." July 2010. Online: http://www.iisd.org/gsi/sites/default/files/pb7_ffs_measuring.pdf.

Goldblatt, David. *Sustainable Energy Consumption and Society: Personal, Technological, or Social Change?* Dordrecht: Springer, 2005.

Goodland, Robert, Herman E. Daly, Salah El Sarafy, and Bernd von Droste, eds. *Environmentally Sustainable Economic Development: Building on Brundtland*. Paris: UNESCO, 1991.

Gore, Al. *The Future: Six Drivers of Global Change*. New York: Random House, 2013.

Gottlieb, Robert. *Forcing the Spring: The Transformation of the American Environmental Movement*. Washington, DC: Island Press, 1993.

Green Analytics. http://greenanalytics.ca/index.php.

"Green Building Materials Will Reach $254 Billion in Annual Market Value by 2020, Forecasts Navigant Research," May 2, 2013. Online: http://www.marketwatch.com/story/green-building-materials-will-reach-254-billion-in-annual-market-value-by-2020-forecasts-navigant-research-2013-05-02.

Griggs, David, et al. "Sustainable Development Goals for People and Planet." *Nature*. 495 (21 March 2013): 305–307.

Grober, Ulrich. "Der Erfinder der Nachhaltigkeit." *Die Zeit* 48 (November 1999): 98. Online: http://www.zeit.de/1999/48/Der_Erfinder_der_Nachhaltigkeit.

Grober, Ulrich. *Deep Roots: A Conceptual History of "Sustainability."* Berlin: Wissenschaftszentrum Berlin für Sozialforschung, 2007.

Grober, Ulrich. *Sustainability: A Cultural History*. Trans. Ray Cunningham. Totnes, UK: Green Books, 2012.

Grove, Richard H. *Green Imperialism: Colonial Expansion, Tropical Island Edens and the Origins of Environmentalism, 1600–1860*. Cambridge, UK: Cambridge University Press, 1995.

Haeckel, Ernst. *Generelle Morphologie der Organismen*. Berlin: Reimer, 1866.

Hallsmith, Gwendolyn and Bernard Lietaer. *Creating Wealth: Growing Local Economies with Local Currencies*. Gabriola, BC: New Society, 2011.

Hansen, James, Makiko Sato Reto Ruedy Ken Lo, David W. Lea and Martin Medina-

Elizade. "Global Temperature Change." *PNAS* 103.39 (26 September 2006): 14288-14293.

Happy Planet Index. The (Un)Happy Planet Index. Online: http://www.happyplanetindex.org/.

Hardin, Garrett. "The Tragedy of the Commons." *Science* n.s. 162.3859 (13 December 1968): 1243-1248.

Harris, Jonathan M., Timothy A. Wise, Kevin P. Gallagher, and Neva R. Goodwin, eds. *A Survey of Sustainable Development: Social and Economic Dimensions*. Washington, DC: Island Press, 2001.

Hawken, Paul. *The Ecology of Commerce: A Declaration of Sustainability*. New York: Harper Business, 1993.

Hawken, Paul. *Blessed Unrest: How the Largest Movement in the World Came into Being and Why No One Saw It Coming*. New York: Viking, 2007.

Hawken, Paul, Amory Lovins, and L. Hunter Lovins. *Natural Capitalism: Creating the Next Industrial Revolution*. Boston: Little, Brown, 1999.

Hayek, Friedrich. *The Road to Serfdom*. London: Routledge, 1944.

Heinberg, Richard. *The Party's Over: Oil, War and the Fate of Industrial Societies*. Gabriola, BC: New Society, 2003.

Heinberg, Richard. *Powerdown: Options and Actions for a Post-Carbon World*. Gabriola, BC: New Society, 2004.

Heinberg, Richard. *Peak Everything: Waking Up to the Century of Declines*. Gabriola, BC: New Society, 2007; reprint 2010.

Heinberg, Richard. *The End of Growth: Adapting to Our New Economic Reality*. Gabriola, BC: New Society, 2011.

Heinberg, Richard and Daniel Lerch, eds. *The Post-Carbon Reader: Managing the 21st Century's Sustainability Crises*. Healdsburg, CA: Watershed Media, 2010.

Hirsch, Fred. *Social Limits to Growth*. Cambridge, MA: Harvard University Press, 1976.

Hirsch, Robert L., Bezdek, Roger, and Wendling, Robert. "Peaking of World Oil Production: Impacts, Mitigation and Risk Management." Science Applications International Corporation/U.S. Department of Energy, February 2005. Online at: http://www.resilience.org/stories/2005-03-06/peaking-world-oil-production-impacts-mitigation-and-risk-management.

Holbach, Paul Henri Thiry, baron de. *Système de la nature, ou Des loix du monde physique et du monde moral.* London: M.-M. Rey, 1770.

Holling, C. S. "Resilience and Stability of Ecological Systems." *Annual Review of Ecology and Systematics* 4 (November 1973): 1–23.

Holmgren, David. *Permaculture: Principles and Pathways Beyond Sustainability.* Hepburn, Australia: Holmgren Design Services, 2002; reprint 2011.

Hopkins, Rob. *The Transition Companion: Making Your Community More Resilient in Uncertain Times.* White River Junction, VT: Chelsea Green Publishing, 2011.

"How Green Is It? How to Sort Out the Environmental Hype." *Globe and Mail*, 20 April 2012.

Hunt, Lynn. *Inventing Human Rights: A History.* New York: Norton, 2007.

International Energy Agency. 2012 Key World Energy Statistics. Paris: International Energy Agency, 2012. Online: https://www.iea.org/publications/freepublications/publication/kwes.pdf.

Intergovernmental Panel on Climate Change. *Climate Change 2007: Synthesis Report.* Geneva: IPCC, 2007.

Intergovernmental Panel on Climate Change. *Renewable Energy Sources and Climate Change Mitigation.* Geneva: IPCC, 2011. Online: http://srren.ipcc-wg3.de/report.

Intergovernmental Panel on Climate Change. *The Synthesis Report of the Fifth Assessment Report.* 2014.

International Union for Conservation of Nature. *World Conservation Strategy: Living Resource Conservation for Sustainable Development.* Gland, Switzerland: IUCN, 1980.

Iwamoto, Junichi. "The Development of Japanese Forestry." In *Forestry and the Forest Industry in Japan.* Ed. Yoshiya Iwai. Vancouver: UBC Press, 2002.

Jackson, Tim. *Prosperity Without Growth: Economics For a Finite Planet.* London: Earthscan, 2009.

Jacobs, Jane. *The Death and Life of Great American Cities.* New York: Random House, 1961.

James, Sarah L. and Torbjorn Lahti. *The Natural Step for Communities: How Cities and Towns Can Change to Sustainable Practices.* Gabriola, BC: New Society, 2009.

Jevons, William Stanley. *The Coal Question: An Inquiry concerning the Progress of the Nation, and the Probable Exhaustion of our Coal-mines*. 2d ed. London: Macmillan, 1866. Originally published in 1865.

Johnson, Huey D. *Green Plans: Greenprint for Sustainability*. Lincoln: University of Nebraska Press, 2008.

Jones, Alison. "Selbstbestimmtes Leben: Hamburg's Rote Flora and the Roots of Autonomie in Twentieth-Century Germany." MA Thesis. University of Alberta, 2013.

Jones, Van. *The Green-Collar Economy: How One Solution Can Fix Our Two Biggest Problems*. New York: HarperOne, 2008.

Jowit, Juliette and Patrick Wintour. "Cost of Tackling Climate Change Has Doubled, Warns Stern." The Guardian, June 26, 2008. Online: http://www.guardian.co.uk/environment/2008/jun/26/climatechange.scienceofclimatechange.

Kagan, Sacha and Julia Hahn. "Creative Cities and (Un)Sustainability: From Creative Class to Sustainable Creative Cities." *Culture and Local Governance* 3.1–2 (2011): 11–27.

Keynes, John Maynard. *General Theory of Employment, Interest and Money*. New York: Macmillan, 1936.

Keynes, John Maynard. "Economic Possibilities for Our Grandchildren" (1930). In John Maynard Keynes, *Essays in Persuasion*. New York: Norton, 1963.

Hubbert, M. King. "Nuclear Energy and the Fossil Fuels." Presented at the Spring Meeting of the Southern District, American Petroleum Institute, Plaza Hotel, San Antonio, Texas, 7–9 March 1956.

Kiva. http://www.kiva.org/.

Kline, Benjamin. *First along the River: A Brief History of the U.S. Environmental Movement*. 4th ed. Lanham, MD: Rowman & Littlefield, 2011.

Klooster, Wim. *Revolutions in the Atlantic World: A Comparative History*. New York: New York University Press, 2009.

Kockerts, Kai. "The Fair Trade Story." Online: http://www.fairtrade.at/fileadmin/user_upload/PDFs/Fuer_Studierende/oikos_winner2_2005.pdf.

Kovacevic, V. and J. Wessler. "Cost-Effectiveness Analysis of Algae Energy Production in the EU." *Energy Policy* 38.10 (October 2010): 5749–5757.

Labrousse, Ernst. *Esquisse du mouvement des prix et des revenus en France au xvIIIe siècle*. Vol. 2. Paris: Librairie Dalloz, 1933.

Lang, Helen S. *Aristotle's Physics and its Medieval varieties*. Albany: SUNY Press, 1992.

Laskawy, Tom. "Miracle Grow: Indian Farmers Smash Crop Yield Records Without GMOs." Grist February 22, 2013. Online: http://grist.org/food/miracle-grow-indian-farmers-smash-crop-yield-records-without-gmos/.

Layard, Richard. *Happiness: Lessons from a New Science*. New York: Penguin, 2006.

"LEED Buildings Grow by 14% Despite Market Crash." Greenbiz.com, November 17, 2010. Online: http://www.greenbiz.com/news/2010/11/17/leed-buildings-grow-14-percent-despite-market-crash.

Lefebvre, Henri. *Writings on Cities*. Eds. and trans. Eleonore Kofman and Elizabeth Lebas. Malden, MA: Blackwell, 1996.

Leopold, Aldo. *A Sand County Almanac: And Sketches Here and There*. Oxford: Oxford University Press, 1949.

Lewis, Michael and Pat Conaty. *The Resilience Imperative: Cooperative Transitions to a Steady State Economy*. Gabriola, BC: New Society, 2012.

Linnaeus, Carl. *Systema Naturae*. London: Natural History Museum, 1991. Originally published in multiple editions and volumes between the 1735 and the 1790s.

Lovejoy, T. E. and L. Hannah, eds. *Climate Change and Biodiversity*. New Haven, CT: Yale University Press, 2006.

Lovelock, James E. and Margulis, Lynn. "Atmospheric Homeostasis by and for the Biosphere: the Gaia Hypothesis." *Tellus Series A*, 26.1–2 (1 February 1974): 2–10.

Lovins, Amory. *Soft Energy Paths: Toward a Durable Peace*. New York: Penguin, 1977.

Lowe, Ian. "Shaping a Sustainable Future—An Outline of the Transition." *Civil Engineering and Environmental Systems*. 25.4 (December 2008): 247–254.

Lytle, Mark. *The Gentle Subversive: Rachel Carson, Silent Spring, and the Rise of the Environmental Movement*. Oxford: Oxford University Press, 2007.

MacKay, David J. C. *Sustainable Energy—Without Hot Air*. Cambridge, UK: UIT, 2008. Online: http://www.withouthotair.com/.

Malthus, Thomas Robert. *An Essay on the Principle of Population: Or a view of Its Past and*

Present Effects on Human Happiness; with an Inquiry into Our Prospects Respecting the Future Removal or Mitigation of the Evils which It Occasions*. 6th ed. London: J. Murray, 1798; reprint 1826.

Mandeville, Bernard. *The Fable of the Bees: or, Private vices, Public Benefits.* London: Printed for Sam Ballard, at the Blue-Ball, in Little-Britain, 1705.

Mann, Charles C. *1493: Uncovering the New World Columbus Created.* New York: Knopf, 2011.

Marine Steward Council. http://www.msc.org/.

Marsh, George Perkins. *Man and Nature, or, Physical Geography as Modified by Human Action.* Ed. David Lowenthal. Seattle: University of Washington Press, 2003.

"Marsh, George Perkins." In The Encyclopedia of the Earth. Online: http://www.eoearth.org/view/article/154491/.

Marshall, Alfred. *Principles of Economics.* New York: Macmillan, 1890.

Mason, Paul. *Meltdown: The End of the Age of Greed.* New York: Verso, 2010.

Mckendrick, Neil, John Brewer, and J. H. Plumb, eds. *The Birth of a Consumer Society: The Commercialization of Eighteenth-Century England.* Bloomington: Indiana University Press, 1982; reprint 1985.

McKibben, Bill. "Buzzless Buzzword." *New York Times*, 10 April 1996.

McKibben, Bill. *Deep Economy: The Wealth of Communities and the Durable Future.* New York: Henry Holt, 2007.

Meadows, Dennis L. *Alternatives to Growth—I. A Search for Sustainable Futures.* Cambridge, MA: Ballinger, 1977.

Meadows, Donella H., Dennis L. Meadows, and Jørgen Randers (The Club of Rome). *The Limits to Growth: The 30-Year Update.* White River Junction, VT: Chelsea Green Publishing, 2004.

Meadows, Donella H., Dennis L. Meadows, Jørgen Randers, and William W. Behrens Ⅲ (The Club of Rome). *The Limits to Growth.* New York: Universe Books, 1972.

Meadows, Donella H., Dennis L. Meadows, Jørgen Randers, and William W. Behrens Ⅲ (The Club of Rome). *Limits to Growth: A Report for the Club of Rome's Project on the Predicament of Mankind.* 2d ed. New York: Universe Books, 1974.

Mill, John Stuart. *Principles of Political Economy*. London: John W. Parker, 1848.

Mill, John Stuart. *Principles of Political Economy with Some of Their Applications to Social Philosophy*. 7th ed. London: Longmans, Green, 1909.

Millennium Ecosystem Assessment. *Ecosystems and Human Well-Being : Biodiversity Synthesis*. Washington, DC: World Resources Institute, 2005.

Mishan, E. J. *The Cost of Economic Growth*. London: Staples, 1967.

Mishan, E. J. *Economic Growth Debate: An Assessment*. London: Allen & Unwin, 1977.

Mokyr, Joel. *The Enlightened Economy: An Economic History of Britain, 1700–1850*. New Haven, CT: Yale University Press, 2009.

Mollison, Bill and David Holmgren. *Permaculture One: A Perennial Agriculture for Human Settlements*. Tyalgum, Australia: Tagari, 1981.

Monbiot, George. "The Denial Industry." *The Guardian*, 19 September 2006.

Monbiot, George. *Heat: How to Stop the Planet from Burning*. New York: Random House, 2009.

Montrie, Chad. *A People's History of Environmentalism in the United States*. New York: Continuum, 2011.

Motavalli, Jim, Doug Moss, Brian C. Howard, and Karen Soucy, eds. *Green Living: The E Magazine Handbook for Living Lightly on the Earth*. London: A Plume Book, 2005.

Muir, John. *Our National Parks*. New York: Houghton Mifflin, 1901.

Muir, John. "The Hetch-Hetchy Valley." In *The Yosemite*. Chapter 12. New York: Century Company, 1912. Originally published in 1908 in the Sierra Club Bulletin.

Mumford, Lewis. *The City in History: Its Origins, Its Transformations, and Its Prospects*. New York: Harcourt, Brace & World, 1961.

Munby, Lionel M. *The Luddites and other Essays*. London: Micheal Katanka Books, 1971.

Nahi, Paul. "Government Subsidies: Silent Killer of Renewable Energy." *Forbes*, 14 February 2013.

Nash, Roderick. *The Rights of Nature: A History of Environmental Ethics*. Madison: University of Wisconsin Press, 1989.

National Resources Defense Council. "The Story of Silent Spring," December 5, 2013. Online: http://www.nrdc.org/health/pesticides/hcarson.asp.

National Resources Defense Council. "Governments Should Phase Out Fossil Fuel Subsidies or Risk Lower Economic Growth, Delayed Investment in Clean Energy and Unnecessary Climate Change Pollution," June 2012. Online: http://endfossilfuelsubsidies.org/files/2012/05/fossilfuelsubsidies_report-nrdc.pdf.

Ocean Wise. http://www.oceanwise.ca/about.

Odum, Howard T. and Elisabeth C. Odum. *Energy Basis for Man and Nature*. New York: McGraw-Hill, 1976.

Ordonnance sur le fait des Eaux et Forêts. Paris: Chez P. Le Petit, 1669.

Oreskes, Naomi and Erik M. Conway. *Merchants of Doubt: How a Handful of Scientists Obscured the Truth on Issues from Tobacco Smoke to Global Warming*. New York: Bloomsbury, 2010.

Organic.org. "Certified Organic Label Guide." Online: http://www.organic.org/articles/showarticle/article-201.

Organic Trade Association. Organic Trade Association's 2011 Organic Industry Survey. See document summary online: http://www.ota.com/pics/documents/2011OrganicIndustrySurvey.pdf.

Ortiz, Isabel and Matthew Cummins. *Global Inequality: Beyond the Bottom Billion: A Rapid Review of Income Distribution in 141 Countries*. New York: UNICEF, 2011.

Owusu, K. and F. Ng'ambi. *Structural Damage: The Causes and Consequences of Malawi's Food Crisis*. London: World Development Movement, 2002.

Palley, Thomas. "Milton Friedman: The Great Laissez-Faire Partisan." *Economic & Political Weekly* 41.49 (9 December 2006): 5041-5043.

Pearce, David, Anil Markandya, and Edward B. Barbier. *Blueprint 1: For a Green Economy*. London: Earthscan, 1989.

Peterson, Thomas C., William M. Connolley, and John Fleck. "The Myth of the 1970s Global Cooling Scientific Consensus." *Bulletin of the American Meterological Society*. 89 (2008): 1325-1337.

Pew Research Center. Who's Winning the Clean Energy Race: 2012. Online: http://www.pewenvironment.org/news-room/reports/whos-winning-the-clean-energy-race-2012-edition-85899468949.

Pezzey, John. *Sustainable Development Concepts*. Washington, DC: World Bank, 1992.

Pigou, Arthur C. *The Economics of Welfare*. London: Macmillan, 1932.

Pirages, Dennis Clark, ed. *The Sustainable Society: Implications for Limited Growth*. New York: Praeger, 1977.

Polèse, Mario and Richard E. Stren, eds. *The Social Sustainability of Cities: Diversity and the Management of Change*. Toronto: University of Toronto Press, 2000.

Postell, Sandra. "Water: Adapting to a New Normal." In *The Post-Carbon Reader: Managing the 21st Century's Sustainability Crisis*. Eds. R. Heinberg and D. Lerch. Healdsburg, CA: Watershed Media, 2010.

Rauschning, Dietrich, Katja Wiesbrock, and Martin Lailach. *Key Resolutions of the United Nations General Assembly: 1946–1996*. Cambridge, UK: Cambridge University Press, 1997.

Redefining Progress. Genuine Progress Indicator. Online: http://rprogress.org/sustainability_indicators/genuine_progress_indicator.htm.

Rees, William E. "Ecological Footprints and Appropriated Carrying Capacity: What Urban Economics Leaves Out." *Environment and Urbanization* 4.2 (October 1992): 121–130.

Rees, William E. "Impeding Sustainability? The Ecological Footprint of Higher Education?" *Planning for Higher Education* 31: 3 (2003): 88–98.

Rees, William E. "Thinking 'Resilience.'" In *The Post-Carbon Reader: Managing the 21st Century's Sustainability Crisis*. Eds. R. Heinberg and D. Lerch. Healdsburg, CA: Watershed Media, 2010.

Rees, William E. "True Cost Economics." In *Berkshire Encyclopedia of Sustainability*. Vol. 2, *The Business of Sustainability*. Eds. Chris Laszlo, Karen Christensen, and Daniel Fogel. Great Barrington, MA: Berkshire Publishing, 2010.

Resilience.org. http://www.resilience.org.

Ricardo, David. "On the Principles of Political Economy and Taxation." In *The Works and Correspondence of David Ricardo*. 3rd ed. Ed. P. Sraffa. Vol. 1. Cambridge, UK: Cambridge University Press, 1951.

Richards, John F. *The Unending Frontier: An Environmental History of the Early Modern World*. Berkeley: University of California Press, 2006.

Richardson, David. "Involuntary Migration in the Early Modern World." In *The Cambridge World History of Slavery, Vol. 3. Eds. Keith Bradley and Paul Cartledge. Cambridge, UK: Cambridge University Press, 2011.

Rifkin, Jeremy. *The Third Industrial Revolution: How Lateral Power is Transforming Energy, the Economy, and the World.* New York: Palgrave Macmillan, 2011.

Righter, Robert W. *The Battle over Hetch-Hetchy: America's Most Controversial Dam and the Birth of Modern Environmentalism.* Oxford: Oxford University Press, 2005.

Robèrt, Karl-Henrik. *The Natural Step Story: Seeding a Quiet Revolution.* Gabriola, BC: New Society, 2002.

Robinson, John A. "Squaring the Circle? Some Thoughts on the Idea of Sustainable Development." *Ecological Economics* 48.4 (2004): 369–384.

Rocky Mountain Institute. http://www.rmi.org/Walmartsfleetoperations.

Rousseau, Jean-Jacques. *Discours sur les sciences et les arts.* Geneva: Barillot, 1750.

Rousseau, Jean-Jacques. *Discours sur l'origine et les fondements de l'inégalité parmiles hommes.* 1754.

Rousseau, Jean-Jacques. *Émile, ou de l'éducation.* Leipzig, Germany: Weidmann & Reich, 1762.

Sachs, Aaron. *The Humboldt Current: Nineteenth-Century Exploration and the Roots of American Environmentalism.* New York: Viking, 2006.

Sachs, Jeffrey D. *Common Wealth: Economics for a Crowded Planet.* New York: Penguin, 2008.

Sale, Kirkpatrick. *Rebels Against the Future: The Luddites and Their War on the Industrial Revolution: Lessons for the Computer Age.* Reading, MA: Addison-Wesley, 1995.

Schawb, Jim. *Deeper Shades of Green: The Rise of Blue-Collar and Minority Environmentalism in America.* San Francisco: Sierra Club Books, 1994.

Schendler, Auden. *Getting Green Done: Hard Truths from the Front Lines of the Sustainability Revolution.* New York: PublicAffairs, 2009.

Schumacher, E. F. *Small Is Beautiful: Economics as if People Mattered.* New York: HarperCollins, 1973.

Senick, Jennifer. "Green Building Benefits: By the Numbers." Rutgers Center for Green Building, 2011. Online: http://rcgb.rutgers.edu/uploaded_documents/Green.pdf.

Shapin, Steven. *The Scientific Revolution*. Chicago: University of Chicago Press, 1996.

Shapiro, Mark. "Conning the Climate: Inside the Carbon-Trading Shell Game." *Harper's Magazinez*, February 2010: 31-39.

Shellenberger, Michael and Ted Nordhaus. "The Death of Environmentalism: Global Warming Politics in a Post-Environmental World." *Special Issue: Don't Fear The Reapers: On the Alleged Death of Environmentalism. Grist*, 13 January 2005. Online: http://grist.org/article/doe-reprint/.

Shellenberger, Michael and Ted Nordhaus. *Break Through: From the Death of Environmentalism to the Politics of Possibility*. Boston: Houghton Mifflin, 2007.

Shovlin, John. *The Political Economy of virtue: Luxury, Patriotism, and the Origins of the French Revolution*. Ithaca, NY: Cornell University Press, 2006.

Silverman, Howard. "Sustainability: The S-Word." People and Place: Perspectives, 15 April 2009. Online: http://www.peopleandplace.net/perspectives/2009/4/15/sustainability_the_s-word.

Skidelsky, Robert and Edward Skidelsky. *How Much Is Enough? Money and the Good Life*. New York: Other Press, 2012.

Smith, Adam. *An Inquiry into the Nature and Causes of the Wealth of Nations*. London: Printed for W. Strahan; and T. Cadell, 1776.

Smith, Alisa and J. B. Mackinnon. *The 100-Mile Diet: A Year of Local Eating*. Toronto: Random House Canada, 2007.

Southern Energy Management. http://www.southern-energy.com.

State of Green (Government of Denmark and energy producers). http://www.stateofgreen.com/en/Intelligent-Energy.

Steiguer, J. E. de. *The Origins of Modern Environmental Thought*. Tucson: University of Arizona Press, 2006.

Stern, Nicholas. "Stern Review: The Economics of Climate Change. Executive Summary." London: HM Treasury, 2006.

Stiglitz, Joseph E., Amartya Sen, and Jean-Paul Fitoussi. Report by the Commission on the Measurement of Economic Performance and Social Progress, 2009. Online: http://www.new-economics.org/.

Stivers, Robert L. *The Sustainable Society: Ethics and Economic Growth*. Philadelphia: Westminster, 1976.

Stoll, Mark. "Rachael Carson's Silent Spring, A Book That Changed the World." Environment and Society Portal, Rachel Carson Center for Environment and Society at the University of Munich. Online: http://www. environmentand-society. org/exhibitions/silent-spring/silent-spring-international-best-seller.

Stoll, Steven. *U.S. Environmentalism Since 1945: A Brief History With Documents*. Boston: Bedford/St. Martin's, 2007.

Surface Transportation Policy Project. Factsheet on Transportation and Climate Change. Online: http://www.transact.org/library/factsheets/equity.asp.

Tainter, Joseph. *The Collapse of Complex Societies*. Cambridge, UK: Cambridge University Press, 1988; reprint 2003.

Talloires Declaration. http://www.ulsf.org/programs_talloires.html.

Tasch, Woody. *Inquiries into the Nature of Slow Money: Investing as if Food, Farms, and Fertility Mattered*. Chelsea Green Publishing, 2010.

TerraChoice. *The Sins of Greenwashing: Home and Family Edition*, 2010. Online: http://sinsofgreenwashing.org/index.html.

The Green Life Online. "Greenwashing 101." Online: http://site.thegreenlifeonline.org/greenwash101/.

The National Textile Center. "Annual Report: Strategic Sustainability and the Triple Bottom Line," November 2008. Online: http://www.ntcresearch.org/pdf-rpts/AnRp08/S06-AC01-A8.pdf.

The Natural Step. "The Four Systems Conditions." Online: http://www.thenaturalstep.org.

The Post-Carbon Institute. http://www.postcarbon.org/.

"The Truth About Recycling." *The Economist*. 7 June 2007. Online: http://www.economist.com/node/9249262.

Thomas, Keith. *Man and the Natural World: Changing Attitudes in England, 1500–1800*. London: Allen Lane, 1983.

Thoreau, Henry David. "A Winter Walk." *The Dial* 4 (October 1843): 221–226.

Thoreau, Henry David. *Walden; Or, Life in the Woods*. Boston: Ticknor and Fields,1854.

Thoreau, Henry David. *The Maine Woods*. Boston: Ticknor and Fields, 1864.

Trainer, Ted. *Renewable Energy Cannot Sustain a Consumer Society*. Dordrecht: Springer, 2007.

Trainer, Ted. *The Transition: To a Sustainable and Just World*. Sydney: Envirobook, 2010.

Trainer, Ted. "Can Renewable Energy Sustain Consumer Societies? A Negative Case." Simplicity Institute Report 12e, 2012.

Turner, Chris. *The Geography of Hope: A Tour of the World We Need*. Toronto: Vintage Canada, 2007.

Udall, Stewart L. *The Quiet Crisis*. New York: Holt, Rinehart and Winston, 1963.

United Nations. Declaration of the United Nations Conference on the Human Environment. New York: United Nations, 1972.

United Nations. Agenda 21. New York: United Nations, 1992.

United Nations. Rio Declaration on Environment and Development. New York: United Nations, 1992.

United Nations. Kyoto Protocol to the United Nations Framework Convention on Climate Change. New York: United Nations, 1997.

United Nations. *State of the World's Cities Report 2008/2009: Harmonious Cities*. New York: United Nations, 2008.

United Nations. United Nations Millennium Development Goals. New York: United Nations. Online: http://www.un.org/millenniumgoals/aids.shtml.

United Nations Framework Convention on Climate Change. "Fact Sheet: The Need for Mitigation." Online: http://unfccc. int/files/press/backgrounders/application/pdf/press_factsh_mitigation.pdf.

United Nations World Commission on Environment and Development. *Report of the World Commission on Environment and Development: Our Common Future*. New York: United Nations, 1987.

University of Alberta, Office of Sustainability. http://sustainability.ualberta.ca/.

University of Wisconsin Madison Urban and Regional Planning Department."Urban Agriculture." Online: http://urpl.wisc.edu/ecoplan/content/lit_urbanag.pdf.

US Green Building Council. http://www.usgbc.org/ and http://www.usgbc.org/leed.

US Department of Agriculture. *Local Food Systems: Concepts, Impacts, and Issues*. Washington, DC: USDA, 2010. Online: http://permanent.access.gpo.gov/lps125302/ERR97.pdf.

US Department of Energy. *Building Technologies Program*. Washington, DC: US Department of Energy, Energy Efficiency and Renewable Energy, 2008.

US Environmental Protection Agency. "Causes of Climate Change." Online: http://www.epa.gov/climatechange/science/causes.html.

Vardi, Liana. *The Physiocrats and the World of the Enlightenment*. New York: Cambridge University Press, 2012.

Veblen, Thorstein. *The Theory of the Leisure Class*. New York: Dover Publications, 1994.

Victor, Peter. *Managing Without Growth: Slower by Design, Not Disaster*. Cheltenham, UK: Edward Elgar Publishing, 2008.

Wackernagel, Mathis, et al. "Tracking the Ecological Over-Shoot of the Human Economy." *Proceedings of the National Academy of Sciences* 99.14 (9 July 2002): 9266–9271.

Wackernagel, Mathis and William E. Rees. "Perceptual and Structural Barriers to Investing in Natural Capital: Economics from an Ecological Footprint Perspective." *Ecological Economics* 20.1 (January 1997): 3–24.

Wackernagel, Mathis and William E. Rees. *Our Ecological Footprint: Reducing Human Impact on the Earth*. Gabriola, BC: New Society, 1996.

Walker, Brian, C. S. Holling, Stephen R. Carpenter, and Ann Kinzig. "Resilience, Adaptability and Transformability in Social-Ecological Systems." *Ecology and Society*. 9.2 (2004): article 5.

Weisman, Alan. *The World Without Us*. New York: Thomas Dunne Books, 2007.

White, Gilbert. *The Natural History of Selbourne*. London: White, 1789.

White, Jr., Lynn. "The Historical Roots of Our Ecological Crisis." *Science* n.s. 155.3767 (10 March 1967): 1203–1207.

White, Hayden. *The Content of the Form: Narrative Discourse and Historical Representation*. Baltimore: Johns Hopkins University Press, 1987.

Whited, Tamara L. *Forests and Peasant Politics in Modern France*. New Haven, CT: Yale University Press, 2000.

Williams, Michael. *Deforesting the Earth: From Prehistory to Global Crisis*. Chicago: University of Chicago Press, 2002.

Williams, Raymond. "Ideas of Nature." In *Problems in Materialism and Culture: Selected Essays*. London: Verso, 1980.

Winter, Carl K. and Sarah F. Davis. "Scientific Status Summary: Organic Foods." *Journal of Food Science* 71.9 (2006): R117–R124.

Woody, Todd. "The U.S. Military's Great Green Gamble Spurs Biofuel Start-ups." *Forbes*, September 24, 2012. Online: http://www.forbes.com/sites/toddwoody/2012/09/06/the-u-s-militarys-great-green-gamble-spurs-biofuel-startups/2/.

World Commission on Environment and Development. *Report of the World Commission on Environment and Development: Our Common Future*. New York: United Nations, 1987.

Worster, Donald. *Nature's Economy: A History of Ecological Ideas*. 2d ed. Cambridge, UK: Cambridge University Press, 1994.

Worster, Donald. *The Wealth of Nature: Environmental History and the Ecological Imagination*. Oxford: Oxford University Press, 1994.

Wrigley, E. A. "The Limits to Growth: Malthus and the Classical Economists." *Population and Development Review* 14 (1988): 30–48.

Zehner, Ozzie. *Green Illusions: The Dirty Secrets of Clean Energy and the Future of Environmentalism*. Lincoln: University of Nebraska Press, 2012.

Zolli, Andrew and Ann Marie Healy. *Resilience: Why Things Bounce Back*. New York: Free Press, 2012.

Zovanyi, Gabor. *The No-Growth Imperative: Creating Sustainable Communities under Ecological Limits to Growth*. New York: Routledge, 2013.

汉英人名对照表

（按汉译人名的汉语拼音排序）

阿涅尔斯基	Mark Anielski
埃尔金顿	John Elkington
埃利希,安妮	Anne Ehrlich
埃利希,保罗	Paul R. Ehrlich
埃伦费尔德	John Ehrenfeld
艾克斯,马尔科姆	Malcolm X
爱默生	Ralph Waldo Emerson
爱因斯坦	Albert Einstein
安德森	Ray C. Anderson
奥德姆	Howard T. Odum
奥斯曼（男爵）	Baron Georges-Eugène Haussmann
巴比尔	Edward B. Barbier
巴师夏	Claude Frédéric Bastiat
巴特利特	Albert A. Bartlett
拜伦	George Gordon Byron
贝尔坦	Henri Bertin
贝伦斯（三世）	William W. Behrens Ⅲ
比特利	Timothy Beatley
庇古	Arthur Cecil Pigou
边沁	Jeremy Bentham
波莱塞	Mario Polèse
勃兰特	Willy Brandt
博尔丁	Kenneth Boulding
博伊德	David R. Boyd
布丰（伯爵）	Georges Louis Leclerc, Comte de Buffon

布莱克	William Blake
布朗	Lester R. Brown
布朗基	Louis Auguste Blanqui
布鲁尔	Anthony Brewer
布伦特兰夫人	Gro Harlem Brundtland
布什(小)	George Walker Bush
达尔文,查尔斯	Charles Darwin
达尔文,伊拉斯谟	Erasmus Darwin
达朗贝尔	Jean le Rond d'Alembert
戴高乐	Charles de Gaulle
戴利	Herman Daly
戴蒙德	Jared Diamond
德奎利亚尔	Javier Pérez de Cuéllar
德拉韦迪	Clément-Charles François de L'Averdy
德雷泽克	John Dryzek
德·茹弗内尔	Bertrand de Jouvenel
狄德罗	Denis Diderot
笛卡儿	René Descartes
杜尔哥	Anne-Robert-Jacques Turgot
恩格斯	Friedrich Engels
法利	Joshua Farley
范·琼斯	Van Jones
冯·卡洛维茨	Hans Carl von Carlowitz
佛罗里达	Richard Florida
弗里德曼	Milton Friedman
福多尔	Eben Fodor
福柯	Michel Foucault
傅立叶	Charles Fourier
富勒顿	John Fullerton
盖尔	Jan Gehl

盖伦	Claudius Galenus
戈德温	William Godwin
戈尔（小）	Albert "Al" A. Gore Jr.
歌德	Johann Wolfgang von Goethe
格里格斯	David Griggs
格罗贝尔	Ulrich Grober
格罗夫	Richard H. Grove
古德温	Neva R. Goodwin
古尔奈	Vincent de Gournay
哈伯特	Marion King Hubbert
哈丁	Garrett Hardin
哈里斯	Jonathan M. Harris
哈立德	Mansour Khalid
哈耶克	Friedrich Hayek
海克尔	Ernst Haeckel
海因伯格	Richard Heinberg
汉森	James Hansen
赫斯基森	William Huskisson
洪堡	Alexander von Humboldt
华兹华斯	William Wordsworth
怀特，吉尔伯特	Gilbert White
怀特，林恩（小）	Lynn White Jr.
霍尔巴赫（男爵）	Paul Heinrich Dietrich, Baron d'Holbach
霍尔德伦	John Paul Holdren
霍尔史密斯	Gwendolyn Hallsmith
霍夫曼	Abbie Hoffman
霍华德	Ebenezer Howard
霍肯	Paul Hawken
霍林	Crawford Stanley "Buzz" Holling
霍姆格伦	David Holmgren

霍普金斯	Rob Hopkins
加尔布雷思	John Kenneth Galbraith
杰奥尔杰斯库-勒根	Nicholas Georgescu-Roegen
杰克逊	Tim Jackson
杰文斯	William Stanley Jevons
金, 马丁·路德 (小)	Martin Luther King Jr.
卡拉东纳	Jeremy L. Caradonna
卡森	Rachel Carson
卡特	James Earl "Jimmy" Carter
凯恩斯	John Maynard Keynes
康芒纳	Barry Commoner
科尔贝	Jean-Baptiste Colbert
科纳蒂	Patrick Conaty
克里斯特	Eileen Crist
克林顿	William "Bill" J. Clinton
克罗农	William Cronon
克罗斯比	Alfred Crosby
肯尼迪	John F. Kennedy
孔多塞 (侯爵)	Marie Jean Antoine Nicolas de Caritat, Marquis de Condorcet
库兹涅茨	Simon Kuznets
魁奈	Francois Quesnay
莱亚德	Richard Layard
赖尔	Charles Lyell
兰德斯	Jørgen Randers
勒·柯布西耶	Le Corbusier, Charles-Edouard Jeanneret-Gris
李嘉图	David Ricardo
里夫金	Jeremy Rifkin
里格利 (爵士)	Edward Anthony Wrigley, Sir Tony Wrigley
里根	Ronald Reagan
里斯	William Rees

利奥波德	Aldo Leopold
利塔尔	Bernard Lietaer
列斐伏尔	Henri Lefebvre
林奈	Carl Linnaeus
铃木孝义（戴维·铃木）	David Takayoshi Suzuki
刘易斯	Michael Lewis
卢德	Ned Ludd
卢梭	Jean-Jacques Rousseau
罗宾逊	John A. Robinson
罗伯特	Karl-Henrik Robèrt
罗斯福	Theodore "Teddy" Roosevelt
洛	Ian Lowe
洛克	John Locke
洛文斯，艾默里（卢安武）	Amory Lovins
洛文斯，亨特	Hunter Lovins
马尔坎迪亚	Anil Markandya
马尔萨斯	Thomas Malthus
马克思	Karl Marx
马什	George Perkins Marsh
麦吉本	Bill McKibben
麦金农	James B. MacKinnon
麦康奈尔	John McConnell
麦克尼尔	James "Jim" W. MacNeill
芒比	Lionel Munby
梅多斯，丹尼斯	Dennis L. Meadows
梅多斯，德内拉	Donella H. Meadows
梅森	Paul Mason
蒙比尔特	George Monbiot
米拉波（侯爵）	Victor de Riquetti, Marquis de Mirabeau
米香	Ezra J. Mishan

缪尔	John Muir
摩西	Robert Moses
莫基尔	Joel Mokyr
莫利森	Bill Mollison
穆勒,约翰	John Stuart Mill
穆勒,詹姆斯	James Mill
拿破仑	Napoléon Bonaparte
纳德	Ralph Nader
奈斯比特	Robert A. Nisbet
尼尔森	Gaylord Nelson
尼克松	Richard Milhous Nixon
牛顿	Isaac Newton
欧文	Robert Owen
培根	Francis Bacon
佩切伊	Aurelio Peccei
皮尔斯	David Pearce
皮拉吉斯	Dennis Clark Pirages
平肖	Gifford Pinchot
蒲鲁东	Pierre-Joseph Proudhon
普林尼(老)	Pliny the Elder
普瓦夫尔	Pierre Poivre
撒切尔夫人	Margaret Thatcher
萨克斯	Jeffrey D. Sachs
萨伊	Jean-Baptiste Say
塞尔	Kirk Patrick Sale
森,阿马蒂亚	Amartya Sen
圣西门	Henride Saint-Simon
施特伦	Richard E. Stren
史密斯	Alisa Smith
舒马赫	Ernst F. Schumacher

斯宾塞	Herbert Spencer
斯蒂弗斯	Robert L. Stivers
斯基德尔斯基,爱德华	Edward Skidelsky
斯基德尔斯基,罗伯特	Robert Skidelsky
斯密,亚当	Adam Smith
斯帕什	Clive Spash
斯特恩	Nicholas Stern
斯特朗	Maurice Strong
梭罗	Henry David Thoreau
汤因比	Arnold Toynbee
特雷纳	Ted Trainer
特纳	Chris Turner
托勒玫	Claudius Ptolemaeus
托马斯	Keith Thomas
瓦克纳格尔	Mathis Wackernagel
瓦特	James Watt
威廉斯	Michael Williams
韦斯曼	Alan Weisman
韦斯特	Geoffrey West
维克托	Peter Victor
沃斯特	Donald Worster
西蒙	Julian Simon
希尔施	Fred Hirsch
希利	Ann Marie Healy
熊彼特	Joseph Alois Schumpeter
雪莱	Percy Bysshe Shelley
雅各布斯	Jane Jacobs
亚里士多德	Aristotle
伊夫林	John Evelyn
伊斯特林	Richard Easterlin

尤德尔	Stewart L. Udall
尤努斯	Muhammad Yunus
泽纳	Ozzie Zehner
佐利	Andrew Zolli
佐瓦尼	Gabor Zovanyi

致　　谢

首先感谢我的妻子Hannah,感谢她的爱和一直以来的支持;还要感谢我们的一对宝贝女儿Stella和Mia,感谢她们为我的每一步研究、每一段写作带来的灵感和启发,希望她们留给后代的世界比她们承继的这个世界更可持续。

感谢我的父母和岳父母在整个写作过程中给予我宝贵的鼓励。感谢Tim Bent、Keely Latcham和牛津大学出版社的全体工作人员,和他们合作是一种享受。在他们的指导下,这部书稿的质量大为改观。

感谢Andrew Gow(阿尔伯塔大学欧洲历史研讨会参会者)、Jake Papineau、Lily Climenhaga、Mike Kennedy、Emily Kennedy认真审阅全稿或部分文稿,并提出意见和建议。笔者对所有宝贵的意见和建议心怀感激;书中的一切谬误均由笔者负责。

另外,很多学者研讨可持续问题的著述也令笔者受益匪浅。这些学者包括Ulrich Grober、Donald Worster、Chris Turner、David A. Bell、Kurt Rohrig、Paul Hawken、Nathan Perl-Rosenthal、Philippe Lucas、Mary Lucas、David Kahane、Cressida Hayes、Kris Hansen、Sarah Donald、Chloe Pope Durier、Fabrice Durier、Thomas Shields、Kate Lackey、Jim Fenton、Ali Cowan、James Cowan、John Nelson、Jody Nelon、Terry Power、Jessie Power、James Gwinnett、Wendy Hoglund、Sarah Blais、Alex Blais、Fiona Williams、James McFarland、Phil Bell、Marcia Bell、Sean Flynn、Eric Hall、Mike Spring,在此一并表达谢忱。

还要特别感谢Stella、Mia、Sophie、Angus、Callum、Solomon、Esther、Milo Ignatius、Molly、Ana、Lily、Maya、Oliver、Bea、Sebastian、Hazel、Elliott、Francis、Linnaea等可爱的小朋友,是他们让笔者对未来充满希望。

Sustainability: A History was originally published in English in 2014.
《可持续性通史——从思想到实践》英文原版于2014年出版。
This translation is published by arrangement with Oxford University Press.
此译本经牛津大学出版社准许出版。
Shanghai Scientific & Technological Education Publishing House Co. Ltd. is solely responsible for this translation from the original work and Oxford University Press shall have no liability for any errors, omissions or inaccuracies or ambiguities in such translation or for any losses caused by reliance thereon.
上海科技教育出版社有限公司对原文的翻译承担全部责任,牛津大学出版社对翻译中的任何错误、遗漏、不准确、模糊以及由此造成的任何连带损失不承担任何责任。

责任编辑　彭容豪
封面设计　李梦雪

KECHIXUXING TONGSHI CONG SIXIANG DAO SHIJIAN
可持续性通史——从思想到实践
［美］杰里米·L.卡拉东纳　著
张大川　译

出版发行		上海科技教育出版社有限公司
		（上海市闵行区号景路159弄A座8楼　邮政编码201101）
网	址	www.sste.com　　www.ewen.co
经	销	各地新华书店
印	刷	上海新华印刷有限公司
开	本	720×1000　1/16
印	张	18.75
版	次	2023年12月第1版
印	次	2023年12月第1次印刷
书	号	ISBN 978-7-5428-7968-4/G·4763
图	字	09-2021-0382
定	价	70.00元